国家出版基金项目
NATIONAL PUBLICATION FOUNDATION

"十三五"国家重点出版物出版规划项目
"一带一路"核心区语言战略研究丛书（第一辑）
邢欣　总主编

丝绸之路上的
媒体报道标题及语篇结构研究

宫媛　著

U0362321

南开大學出版社

天　津

图书在版编目(CIP)数据

丝绸之路上的媒体报道标题及语篇结构研究 / 宫媛
著.－天津:南开大学出版社,2020.12
("一带一路"核心区语言战略研究丛书 / 邢欣总
主编.第一辑)
ISBN 978-7-310-06080-1

Ⅰ.①丝… Ⅱ.①宫… Ⅲ.①丝绸之路－新闻报道－
研究 Ⅳ.①F125②G210

中国版本图书馆 CIP 数据核字(2021)第 003311 号

版权所有　侵权必究

丝绸之路上的媒体报道标题及语篇结构研究
SICHOUZHILU SHANG DE MEITI BAODAO BIAOTI JI YUPIAN JIEGOU YANJIU

南开大学出版社出版发行
出版人:陈　敬
地址:天津市南开区卫津路 94 号　　邮政编码:300071
营销部电话:(022)23508339　营销部传真:(022)23508542
http://www.nkup.com.cn

三河市同力彩印有限公司印刷　全国各地新华书店经销
2020 年 12 月第 1 版　　2020 年 12 月第 1 次印刷
235×165 毫米　16 开本　21 印张　4 插页　322 千字
定价:98.00 元

如遇图书印装质量问题,请与本社营销部联系调换,电话:(022)23508339

"十三五"国家重点出版物出版规划项目"'一带一路'核心区语言战略研究丛书"结项成果

2017 年度国家出版基金项目"'一带一路'核心区语言战略研究丛书（第一辑)"结项成果

2016 年国家社科基金重点项目"一带一路"倡议下的中亚语言文化调查状况研究（16AZD050）结项成果

2016 年中国博士后科学基金第 59 批面上资助项目"汉维新闻标题及语篇功能"（2016M592868）结项成果

2017 年新疆维吾尔自治区社科基金一般项目"'一带一路'核心区汉维平面媒体语言及传播特征研究"（17BYY079）结项成果

深入语言生活　回答时代提问（代序）

2013 年 9 月与 10 月，习近平主席在出访哈萨克斯坦和印度尼西亚时，提出了"一带一路"倡议，这是中国向世界提出的一个新概念，也是一个涉及国内外的新行动。2015 年 3 月，《推动共建丝绸之路经济带和 21 世纪海上丝绸之路的愿景与行动》发布，"一带一路"的概念逐渐清晰，行动逐渐有序。2017 年 5 月，"一带一路"国际合作高峰论坛在北京举行，"一带一路"建设进入全面推进阶段，并产生了重要的国际影响和国际互动。

"一带一路"倡议首先是经济愿景，但经济愿景也必须与政治、文化、科技等联动并发。"一带一路"倡议不是中国的独角戏，而是互动的，共赢的。在"一带一路"建设推进的过程中，中国将构建全方位开放的新格局，深度融入世界经济体系；同时，它也强调国家间发展规划的相互对接，区域合作、国际合作将得到前所未有的加强，从而惠及他国，造福人类。

"一带一路"需要语言铺路，这已经成为四年多来关于"一带一路"建设的共识。但是，"一带一路"建设中究竟存在哪些语言问题，语言将怎样发挥"铺路"的功能，还是一个具有时代意义的课题，也是一个时代性的提问。邢欣教授主编的"'一带一路'核心区语言战略研究丛书"，正是立时代潮头，得风气之先，在研究这一时代性的课题，在尝试回答这一时代性的提问。

这套丛书有许多特点，最大的特点是其系统性和应用性。所谓系统性，是丛书较为全面地研究了"一带一路"的语言问题，涉及国家语言安全战略、对外语言传播策略、领域语言人才培养模式、媒体传播话语体系建设、语言文化冲突消解策略等话题。可以说，这套丛书已经建构起了语言战略研究的系统的学术网络。所谓应用性，是指丛书从现实入手，收集材料，透彻观察，深入分析，探索最佳发展模式，提出具体解决措施，以求应用于相关政策的制定和相关工作的实施。

　　能够在如此短暂的时间内，深入实际，发现问题，提出举措，并形成一整套丛书，是与这一研究团队的组成密切相关的。丛书主编邢欣教授，长期在新疆生活和工作，对新疆充满感情，对新疆的语言文字事业充满激情。后来，不管是求学于复旦大学，还是任教于南开大学、中国传媒大学，她都时时不忘新疆，承担了多个有关新疆的语言研究课题。特别是"一带一路"倡议的提出，更是激发了她的研究热情，促使她多次到新疆、到中亚实地调研，有亲身感受，有第一手资料，成为我国研究"一带一路"语言问题的先行者。

　　丛书各卷作者，有年长者，也有年轻人，但都是"学术老手"，在应用语言学的多个领域有学术根基，有丰富经验。同时，中国传媒大学和新疆大学、新疆师范大学几所高校在媒体传播研究、汉语国际教育等领域有平台优势，与"一带一路"沿线国家有频繁的文化、学术交流。该丛书的研究，也进一步促进了我国与中亚地区的学术合作，产生了较好的学术影响。丛书的这种工作模式是值得赞赏的。

　　语言学是经验学科，第一手研究资料，对研究对象的亲身感知，都很重要。获取第一手资料，感知研究对象，就必须多做田野工作。当然，不同的语言学科有不同的"田野"，现实语言调查、社会语言实践、古籍文献阅读、语言教学的对比实验、计算语言学的实验室等，都是语言学家的"田野"，都是现实的语言生活。本丛书的学术团队有着强烈的学术使命感，更有良好的学风，到"田野"去，到语言生活中去，去研究国家发展最需要解决的语言问题。这种学术精神，是值得提倡的。

李守明

2018 年 2 月 19 日

农历雨水之日

序

"一带一路"倡议提出以来，我国在经济、文化、教育等各领域的相关工作逐渐展开，政策沟通、设施联通、贸易畅通、资金融通、民心相通已经被明确为愿景方略和行动目标。沿线国家和地区也对我国的倡议积极响应，为展开全面合作进行对接。在这一双向交流的过程中产生的语言文化问题，引发了学术界对"一带一路"中语言的重要作用的关注和讨论。

邢欣教授主编的"'一带一路'核心区语言战略研究丛书"以学术研究服务国家发展为己任，从语言战略构建的高度，深入研究服务于"一带一路"实施的语言问题，无论于学术还是于社会实践，都具有重要的价值。

几年来，在不同场合，邢欣教授都在不断地阐释"'一带一路'核心区"的理念。她认为，"丝绸之路经济带"核心区将在"一带一路"建设中发挥窗口作用。作为重要的交通枢纽、商贸物流和文化科教中心，它涉及的多国家、多语种的语言问题尤为典型。这一判断是基于邢欣教授及其团队的大量调查而形成的。

这套丛书提出了以语言服务为主的语言战略新思路，它符合"一带一路"建设的目标和需求，是切实而有远见的。丛书中关注的国际化专业汉语人才培养、媒体报道语言热点等问题，也紧紧扣住了语言服务这一核心点，把握了"一带一路"总体布局下的语言战略问题的脉搏。同时，丛书中包含的旨在促进"民心相通"的留学生的文化碰撞与适应、语言适应和语言传承等研究内容，紧密贴合了"一带一路"的框架思路，表明了丛书作者对语言与国家方略的关系的透彻理解和深刻立意。

邢欣教授具有语言本体、民族语言和语言应用等多方面的研究经验，成果丰硕。近年来组织一批语言学、语言规划、语言教育等各方面的专家，就"一带一路"核心区之一：新疆的语言问题进行专门研究，形成了一支有机配合的研究团队，赴多个"一带一路"沿线国家进行了多次调研，组织了多场学术研讨会，陆续发表了一批有重要影响的文章。这套丛书就是在此基础上完成的。

丛书的作者有民族语言学、社会语言学方面的知名学者，有活跃在教学科研第一线的高校骨干教师，也有近几年获取博士学位走上相关岗位的青年新秀。集中多方面研究力量形成的研究成果具有视角新颖、内容丰富、应用性强的特点，将对语言战略研究理论和"一带一路"建设各领域的实践都会产生积极影响。

在这套丛书申请立项过程中，我有幸成为先读者，深为他们的精神所感动。值丛书出版之际，邢欣教授要我写几句话，就有了上面这段文字。

是为序。

2018 年 2 月 25 日

丛书前言

　　"一带一路"倡议是我国政府提出的以经济发展带动世界各国繁荣和谐的新愿景和行动纲领，是"具有原创性、时代性的概念和理论"指导下的治国新理念，具有重大而深远的意义。目前，"一带一路"建设已"逐渐从理念转化为行动，从愿景转变为现实"。截至 2018 年底，全球已有 122 个国家和 29 个国际组织积极支持和参与"一带一路"建设，在政策沟通、设施联通、贸易畅通、资金融通、民心相通五个方面全面推进。交流互鉴、合作共赢、共同发展已成为我国与沿线国家的共识，政治互信、经济融合、文化包容的利益共同体、命运共同体和责任共同体正在一步步形成。"一带一路"建设的核心点在各国共建上，而国际上的政治、经济、法律、商贸、文化、教育等交流活动都离不开"语言"这一物质载体，语言成为合作共建、民心相通的关键要素。因此，构建符合时代需求的语言发展战略，成为"一带一路"建设中的基础性工程。

　　"一带一路"倡议提出以来，国内各个领域的相关研究蓬勃开展。从 2014 年起，语言学界也逐渐投入到这一研究中来，接连发表了一系列研究成果，提出了许多有建设性的观点和建议。特别是李宇明先生于 2015 年 9 月 22 日在《人民日报》上发表的《"一带一路"需要语言铺路》一文，为"一带一路"研究中的语言政策研究提供了依据。从语言学界的研究来看，大家已经基本达成了共识，即"一带一路"建设的顺利进行离不开语言保障，围绕"一带一路"的语言研究势在必行。我们这一研究课题正是产生于"一带一路"建设的大背景下，不是只与语言学相关，而是具有跨学科的性质；其成果也将不仅应用于语言学相关领域，还将与社会各层面相对接。因此，在研究思路上，我们搭建了一个理论与应用相结合的框架。在理论上，解决好语言政策与对外语言传播政策的对接，汉语教学与汉语国际教育语言人才培养政策的对接，以及国家语言安全战略与"一带一路"

语言服务的对接；在应用上，把握服务于语言需求这一主线，在语言人才培养、媒体语言传播、"互联网+"语言公共服务平台建设等方面提供策略建议。在研究方法上，以实地调查为重心，深入调研，充分占有第一手资料。

根据基本的研究框架，我们先后组建了"'一带一路'核心区语言战略研究"课题组和"面向中亚国家的语言需求及语言服务研究"项目组，获得了国家语委重大项目、国家社科基金重点项目，以及新疆大学和中国传媒大学"双一流"大学专项建设资金的支持；同时，规划了预期研究成果，形成了"'一带一路'核心区语言战略研究丛书"。南开大学出版社以该套丛书申报了"十三五"国家重点出版物出版规划项目和2017年度国家出版基金项目，并顺利获批，为丛书的出版和成果的传播提供了保障。

我们希望这套丛书可以实现它的预期价值，主要包括以下几个方面：第一，提出面向"一带一路"沿线国家，以语言服务为主的语言发展战略，为国家语言规划和语言政策的新布局提供理论依据，为"一带一路"语言战略智库建设提供策略建议；第二，丰富和完善语言文化研究的内涵，为对外语言文化交流提供建议，为促进民心相通提供语言服务；第三，研究语言文化冲突消解策略，为"一带一路"建设中潜在的，或可能出现的语言文化冲突提供化解方案，为跨文化交际的研究提供理论和实践的补充；第四，提出满足"一带一路"建设需求的语言人才培养模式和急需人才语言培训模式，为领域汉语教学提供理论依据；第五，为汉语国际传播提供新的思路；第六，在"互联网+"思维下，提出建立语言需求库、人才资源库，以及搭建"语言公共服务+语言咨询服务"平台的理论方案。

在丛书撰写过程中，研究团队的各位作者发挥资源和平台优势，以严谨的科研态度和务实的工作作风开展研究，希望这些成果能经得起实践的检验。我们的研究团队成员主要是新疆大学、新疆师范大学、新疆教育学院、新疆喀什大学等新疆高校的研究者和中国传媒大学的硕士生和博士生，感谢这些高校的大力支持，特别是新疆大学和中国传媒大学的大力支持。在本研究进行过程中，同行专家、各领域相关研究者给予了很多支持、帮助和指导；在实地调研中接受访谈和咨询的中资企业、孔子学院、高校、语言学院、华商协会组织、媒体等相关人员给予了大力配合和宝贵建议，这些都为本研究提供了实施条件和重要启发，在此一并深致谢忱！还要特别感谢李宇明教授、郭熙教授为丛书慨然作序，沈家煊先生在国家出版基金项目申请时对丛书给予肯定和推荐，给了我们莫大的鼓励和支持。最后要感谢南开大学出版社的无私相助，特别是田睿等编辑为本丛书出版殚精竭虑，付出了大量精力和心血，特此表示诚挚的谢意。

　　在编写本套丛书的过程中，我国提出的"一带一路"倡议得到了国际上越来越多国家的响应和支持，"一带一路"建设正在全面而深入地推进。这对语言应用研究提出了更多的课题和更高的要求。服务于"一带一路"建设，服务于国家和社会的发展需求，希望我们的研究能起到一定的积极作用。学术研究服务于社会发展和时代需要，是科研工作者的使命。我们最大的荣幸，是能得到广大读者的反馈和指正，使我们在研究的道路上能循着正确的方向探索，并获得源源的动力，坚持到底。

邢欣

2019 年 1 月

本书前言

随着国家"一带一路"倡议的提出与推进,"丝绸之路经济带"核心区新疆的社会信息化进程不断加快,与内地发达地区的距离逐步拉近,新疆的传统媒体与新媒体也在深度融合,这些都使得区域性交际手段更加多元化、信息传播更加迅捷化,受众对新闻的报道手段及传播效能也提出了更高的要求。

本书是南开大学出版社 2017 年度国家出版基金项目"'一带一路'核心区语言战略研究丛书(第一辑)"中的一册,以"丝绸之路经济带"核心区新疆最大的平面媒体《新疆日报》为主要研究对象,旨在对新疆本土平面媒体做语言本体分析和动态描述,对新闻语篇的语法、语义、语用认知等方面进行系统梳理。

第一,在对新闻语篇研究进行综述的基础上概述了新闻标题语言研究的特点,分析了新闻标题的性质与功能。首先概括出《新疆日报》标题语言结构具有明显的构式特征及标记性、递归性、可生成性。其次,从事件语义的角度分析出《新疆日报》标题具有动态性、话题性、隐喻性。最后,分析了《新疆日报》标题结构的语力和语效。

第二,从词本位入手进行分类分析。经统计发现,《新疆日报》的标题结构绝大部分是主谓结构和述宾结构。主谓结构的标题以动词为事件的支配点。新闻标题中的核心动词与其后的名词论元往往构成相对固定的构式,具有相应的语义特征,形成特定的语用功能,表达一定的主观情态和意识潜势。我们系统分析了《新疆日报》标题中最为常用的 40 余类以动词为核心的构式,每一类动词都有与其相对应的名词论元,形成标题的固定构式,这些构式可以重复嵌套使用。我们把这些动词视为标题构式的焦点标记。读者在阅览新闻标题时就能根据标题中的动词,预设到与这一动词相配对的语义角色。我们将这些动词称为动词类焦点,构成动词焦点标题构式。

以介词结构为新闻标题的构式在语篇中数量不算很多，却是很有特色的一类。这是因为这类标题体现出显著的话题焦点、目标焦点表征。在语篇中引出、凸显话题，使读者能即时聚焦到语篇新闻的主题上来。本书将这些介词性焦点标记列为标题构式范域，形成介词焦点标题构式。

第三，本书以结构分析为抓手，探讨新闻标题中常用的 9 类新闻短语结构，它们是主谓结构、述宾结构、"的"字结构、数量结构、介词结构、疑问结构、比况结构、祈使结构和"成为"结构。我们概括了这几类结构在标题中的语义特征、语用功能及其与语篇整体结构的关系，结合语篇实例从构式语法的角度论述标题的语义特征和语用功能，可以看出，新闻语篇从整体结构上也是一类构式，由标题构式和语篇构式构成。因此，分析新闻语篇，可以在标题与语篇构式框架下解读构式语义和语用，这与范·迪克（Van Dijk，1988）提出的语言交际的宏观结构有相似之处。

第四，本书以语篇衔接理论为参考，从衔接方式、手段及关联度等层面论述标题与语篇、语篇内部的衔接方式和关联紧密度。新闻标题与语篇正文构成新闻主题，标题与语篇正文的衔接方式主要从衔接位置和距离紧密度体现出来，如篇首衔接、篇中衔接、篇尾衔接，还有隐含衔接、重复衔接。处在不同位置上的衔接表现出不同程度的衔接紧密性，标题与语篇正文间距离紧密的，其衔接紧密度就高。标题与语篇正文的具体衔接表现主要有回指、直引、提取和隐含等。新闻语篇的内部衔接主要就是语篇同形回指、指示代词回指、逻辑衔接词指称等。

第五，本书论述了《新疆日报》及一些新媒体语言的语用手段及功能，如流行语、方言、借用、省略、长短句、复句以及网络高频结构在《新疆日报》及新媒体中的运用。

综上，本书对新疆平面媒体语言结构做了本体研究，同时对"互联网+"模式下新闻语言的使用特点和效能进行了分析，对新闻语言研究者、高校语言学研究者及语言爱好者有一定的参考价值。借助图书馆馆藏报纸以及网络平台，我们全面查阅了 2000 年至 2018 年《新疆日报》中的标题，建立了标题语料库，标题量达 43694 条；同时，收集整理了《新疆日报》新闻语篇资料 2000 余篇；此外，利用网络平台，收集了新疆本土网络媒体的新疆日报集团、天山网、红山网、亚心网等相关语料，调查了受众关注的新疆本土微信公众平台"最后一公里""新疆我的家""新疆好"等媒体的新闻语料。

　　本书在新闻语言研究方面做了初步尝试，期待有更多的专家关注当下媒体语言，关注身边的语言现象，透视社会语言生活，了解语言发展变化规律。特别是在新疆这样一个多民族、多语言的汇集地，从媒体语言的动态变化可以观照新疆社会的发展，积极传导正能量，为新时代新疆的民族团结、社会稳定和长治久安提供舆论宣传和智力支持，促进各民族铸牢中华民族共同体意识，谱写中华民族伟大复兴中国梦的新疆篇章。

　　本书的写作与出版得到了南开大学出版社的大力支持，特别感谢田睿老师的全程帮助。我的博士导师邢欣教授对本书进行了审读和修改，感谢恩师的一路扶持和教导。本书仍有许多不足之处，恳请专家批评指正。

新疆大学中国语言文学学院

宫媛

2020 年 6 月

目　录

绪　论

　　本书以"一带一路"核心区内最大的平面媒体《新疆日报》为研究视角，对汉语版《新疆日报》的新闻标题结构及语义特征进行了分析。首先，概括出《新疆日报》标题语言结构具有明显的构式特征及标记性、递归性、可生成性。其次，从事件语义的角度分析出《新疆日报》标题具有动态性、话题性、隐喻性。最后，分析了《新疆日报》标题结构的语力和语效。

　　《新疆日报》是新疆维吾尔自治区最重要、最具代表性的官方纸媒，是新疆的第一大报。它政策性强，可信度高，信息量大，覆盖面广。它以主流媒体的姿态主导当地舆论和人们的生活意识观念，深度影响着社会主流阶层，在新疆读者群体中具有无可替代的影响力，因而其拥有广泛的高层次读者群。

　　关于新闻语篇的构式及语用功能研究的成果并不多见。随着国家"一带一路"倡议的提出与推进，处于核心区的新疆社会信息化进程不断加快，新疆传统媒体与新媒体也在深度融合，这些都使得区域性交际手段更加多元化、信息传播愈加迅捷化，因而受众对新闻的报道及功能也提出了新的更高的要求。基于此，本书将《新疆日报》纳入研究视野，试图从社会语言学的角度出发，对《新疆日报》的语言结构特征及功能进行全景式观察分析。同时，从本体描述到动态分析，对《新疆日报》的语篇结构在语法、语义、语用、认知等方面做系统梳理。

　　前人从不同角度对新闻语言做了研究，成果有很多。有的以新闻标题为研究对象，分析新闻标题的结构特点、语义特征及语用功能等（尹世超，1998；刘云，2002a）；有的结合功能理论，研究语篇的概念功能、人际功能和语篇功能（王莉娟，2013）；有的从语篇衔接与关联角度论述新闻语篇的衔接方式和连贯性（梁鲁晋，2003）；还有的从新闻写作及修辞的角度阐述新闻语言的特色等（彭朝丞，2010；辛斌，2012）。从上述可以看出，学界对新闻语言的研究虽然有不少成果，然而目前还没有形成一个较为系统的新闻语言研究模式和理论。本书运用社会语言学的调查方法，对新闻标题及语篇进行统计分析、归类，将新闻语篇视为社会与大众沟通的媒介，研究新闻语言中的变异（variation）与社会环境（social context）之间的相互关系（祝畹瑾，1992），透过新闻语篇观察社会生活。同时，运用构式理论和标记理论，提出新闻标题的构成特征及模式，即以动词为焦点标记的构式标题、以介词为焦点标记的构式标题及其他常见的特殊构式标题。此外，运用语篇衔接理论和关联理论，分析新闻标题及语篇正文间的衔接方式和关联度。最后，运用认知理论分析新闻语言的隐喻表征。

首先，从整体结构看，新闻语篇由标题和语篇正文构成，标题又分为主标题和副标题。标题在新闻语言中的特性和功能究竟如何体现和表征？应从哪些角度来分析新闻中的标题？新闻中语篇正文与标题如何衔接？语篇正文之间又该如何衔接？存在哪些衔接方式？这些衔接方式是否具有其独特的语用功能？应从哪些方面分析新闻语篇正文和标题的内在关系？这些问题都值得我们深入探索。其次，从交际信道上看，新闻语言的沟通传信手段日益多元化，新闻传媒语言也呈现多姿多彩的特点，并深入影响传统媒体语言，甚至是规范语言，对传统媒介及书面语研究起到了反拨和促进的作用。通过调查分析，我们认为新闻语篇有其结构特征，是可以概括、归纳的，它是成系统的。因此，对新闻语言的研究可以不仅仅局限于语体方面或隶属于某一类语言学的研究范畴，而且可以将其上升为一个系统。我们知道语言是成系统的规约，那么新闻语言或语篇作为对语言符号工具的具体运用，也一定是成系统的，它可以有自身的研究对象。

随着新媒体、数字化时代的到来，新闻语言呈多元化发展趋势，信息传播的快捷、网络传媒的快速发展打破了传统媒体的优势，媒体语言应怎样发展、规范以适应现代社会？这些都对新闻传媒语言的研究提出了新的课题，需要我们对研究对象重新整合。

据此，是否可以将新闻语言作为一个系统（这一系统包括标题、语篇正文两个子系统）独立研究呢？我们认为有必要对新闻语言的标题和语篇正文做系统研究，具体可以从标题和语篇正文的结构、语义和功能三个方面进行多层次、多维度探究。

《新疆日报》是新疆的官方纸媒，对新疆政治、经济、文化、民族、民生等社会生活的各个层面均有全面呈现和报道。特别是近些年，随着现代媒体的发展，《新疆日报》除在宣传党和政府各项政策方面加大力度外，更关注社会现实，反映群众关心的问题，如民情民生、经济发展、援疆、去极端化、民族团结、适应新常态等，这些都需要借助报刊等媒体向受众传播，而这些社会问题在新闻语言中以什么样的结构方式和内容呈现出来就是本书研究和关注的重点。新闻标题有哪些结构特征？它起到什么样的语用功能？标题如何照应语篇话题，使标题和语篇更好地传信，反映新闻主旨？基于以上问题，本书力图围绕《新疆日报》等媒体语言进行全景式的了解和论述，以期发现一些规律，从而为新闻传媒语言的发展做理论论证和概括，同时也为语言学研究提供研究方向和语料。

据统计，目前有关《新疆日报》的语言学研究成果很少。截至 2018 年，在知网上标注含有《新疆日报》的文章有 136 篇，专门研究《新疆日报》的硕士论文有 28 篇，博士论文仅有 1 篇。其中以《新疆日报》为例研究新闻语言的硕士论文仅有 3 篇，针对《新疆日报》（汉语版）的语言研究目前还没有。基于此，本书对《新疆日报》语篇结构及功能进行系统分析，为《新疆日报》语言研究提供新思路，为新疆的新闻语言研究提供理论参考和语料支持，同时也为新疆本土新闻媒体的发展提供语言学指导。从这方面看，本书的研究具有实用性和应用性价值。

新闻标题是新闻的重要语言结构形式。标题要直接运用句子、词组乃至单个词来概事达意，它是标明文章、作品等内容的简短语句。新闻标题在新闻语篇中列于显眼位置，是用来揭示新闻语篇本质内容的文字。

新闻标题有两个特征。第一，长度通常很短。新闻标题的长度一般不超过 20 个字符。第二，很少出现同样的词。即在一个新闻标题内，每个词的词频几乎都是 1。据此，本书收集整理了《新疆日报》的新闻标题，建立了《新疆日报》标题语料库，统计出 2000 年至 2018 年近 19 年的新闻标题，数量达 43694 条，其中长度最短的新闻标题有两个字符，最长的达 68 个字符，新闻标题平均长度在 20 个字符以内，标题语料库字数达 60 余万字。同时，我们对标题做了构式归并和分类。

研究新闻语篇结构，离不开对新闻标题结构、语义和功能的分析。

从结构上看，新闻标题是以相对固定的结构构成的，并且有特定的语词标记在新闻标题中占据相当的位置，这些固定结构经过不断运用固化为新闻标题的表达式，成为新闻事件的话题或焦点成分。《新疆日报》的标题绝大部分以主谓结构和述宾结构构成。在主谓结构的标题中也以动词为事件支配点。本书以动词为分析标题结构的出发点，发现以动词为核心的标题与其后的名词论元往往构成相对固定的构式，形成形式和语义的配对，起到特定的语用功能，表达一定的主观情态和发话者的意识潜势。同时，本书分析了介词结构构成的新闻标题，这类标题体现出显著的焦点标记功能，在语篇中引出、凸显话题，使读者能即时聚焦到语篇新闻的主题上来，因此将这些介词性焦点标记列为标题构式的范域。本书结合实例还论述了新闻标题中的主谓结构、述宾结构、"的"字结构、数量结构、介词结构、疑问结构、比况结构、祈使结构及"成为"结构。

从语义的角度看，新闻标题中的语词标记不是一个动词或名词，而是由动词或名词成分构成的语义事件。

从功能的角度看，作为事件的话题，这些动词性或名词性标题是作为新闻语篇或内容的凝练，它是新闻语篇的一个构式话题。从关联理论的角度看，新闻标题与语篇间存在衔接关系，具体表现在标题与语篇正文的衔接范式、手段及衔接关联度。标题与语篇内部衔接词位置越近的，复现率越高，其关联度越高。

第一章
新闻语篇结构特征及功能研究

第一节　新闻语篇研究文献综述

一、对新闻语篇的多角度研究

对新闻语篇的研究，大多结合本体结构、语义关系、语法及语用功能等方面进行了多角度探索，取得了不少成果。

1. 新闻语篇本体结构研究

从本体结构入手，结合语用认知及其他理论的文章较多见，结合汉语分析新闻语篇词汇和句式结构的文章则较少。例如，王丽《英语新闻语篇及词汇特点分析》（2010），詹全旺《新闻词汇语用过程的关联论阐释》（2012），张谊生《"一"和"该"在当代新闻语篇中的指称功用与照应方式——兼论"该"与"本"在语篇中的指称纠葛》（2009），钱建成《英语新闻报道的语篇结构和文体特征》（2011），翁玉莲《新闻评论话语动词选择中的功能差异》（2012），谭卫国《英语新闻的用词特点初探》（2004），端木义万《解释性报道的文体功能及语篇结构特点》（2002）。

2. 新闻语篇的隐喻研究

运用认知隐喻理论揭示新闻语篇隐含意义，不同的概念隐喻表征不同的认知潜势和心理。这方面的代表文章有：连晓慧《中西方新闻语篇中隐喻的对比》（2010），廖美珍《隐喻语篇组织功能研究——标题与正文之间的组织关系》（2007），沈继荣《新闻语篇中语法隐喻的工作机制及功能》（2010），张蕾、苗兴伟《英汉新闻语篇隐喻表征的比较研究——以奥运经济隐喻表征为例》（2012），董革非《英汉新闻中的概念隐喻所体现的认知策略对比》（2010），周静《新闻标题与隐喻——以危机传播新闻语篇为例》（2008），赵霞、尹娟《中英经济语篇中概念隐喻映射模式的比较分析》（2010）。

3. 新闻语篇的对话性和转述性研究

语篇对话理论是苏联语言学家巴赫金（Bakhtin）1986 年提出的，他认为对话性是人类语言的一个基本属性，是人类生存的本质属性，具体是指语篇中存在两个以上相互作用的声音，它们形成同意和反对、肯定和补充、问和答等关系，是具有同等价值的不同意识之间相互作用的特殊形式。我们对对话理论的理解是不单把新闻语篇看作一个独白型语篇或语体，它不同于口头话语交际，新闻语篇本质上是作者与实际的或潜在的读者协商意义的场所，这种协商甚至斗争是通过带有不同特质的声音来完成的。新闻语篇的转述性也是从对话的角度来研究的，相关文章有：李曙光《新闻语篇对话性初探——情态语言资源视角》（2006）、《语篇对话性与英语书面新闻语篇分析》（2007），辛斌《〈中国日报〉和〈纽约时报〉中转述方式和消息来源的比较分析》（2006），尚智慧《新闻语篇的对话性及其对意识形态的构建》（2011），吕晶晶《转述事件框架与转述的多维研究》（2011）。

4. 新闻语篇的语用、修辞及互文性研究

互文性理论也是用来研究语篇的。互文性（intertextuality）是指可以让我们从某一语篇与其他语篇的相互关系中来分析和评价该语篇结构成分的功能以及整个语篇的意义与价值（辛斌，2012），它也被当作一种修辞手段用来分析新闻语篇，构建语篇与语篇资源或语篇与语篇受众之间存在的相互关系。这类文章有：赖彦、辛斌《英语新闻语篇互文修辞功能分析——从评价理论的视角》（2012），任凤梅《互文视域下的英汉新闻语篇分析》（2012），王莉娟《系统功能语言学在新闻语篇分析和阅读中的应用》（2013），侯福莉《英语新闻语篇中的互文性与语义隐含》（2008），赖彦《新闻语篇的互文中介性分析》（2009），张秀伟《修辞结构理论在能源新闻语篇中的应用》（2009），娄开阳、徐赳赳《新闻语体中连续报道的互文分析》（2010），管志斌、田银滔《指称与语篇互文——兼论互文概念向语言学的转化》（2012）。还有从元话语的角度分析新闻语篇的文章，例如，董育宁《新闻评论语篇的语用标记语》（2007），黄敏《事实报道与话语倾向——新闻中引语的元语用学研究》（2008），熊学亮《语篇程式、知识结子及话语分析》（1992）。

5. 新闻语篇的批评性研究

批评性语篇分析旨在透过表面的语言形式，从语言学、社会学、心理学和传播学的角度，揭示语言、权力和意识形态的关系，包括意识形态对语篇生成过程的影响，语篇对意识形态的反作用。（辛斌，2000）相关文章有：任芳《新闻语篇句式模型的批评性分析》（2002），辛斌《新闻语篇转述引语的批评性分析》（1998）、《批评语言学与英语新闻语篇的批评性分析》（2000），王金玲《俄语政治新闻语篇的批评分析》（2009），单胜江《新闻语篇的批评性话语分析》（2011），陈海英《新闻标题的批评性语篇分析》（2011），许丽芹、杜娟《批评语篇分析视角下的新闻解读》（2009），董又能《英文新闻标题的批评话语分析》（2010），吕万英《英文新闻标题批评性分析》（2005）。

6. 新闻语篇的主观性研究

新闻语篇的主观性是指新闻话语带有意识倾向色彩。有的作者运用评价系统的理论框架分析新闻语篇的主观性，认为新闻语篇是用来表达作者的观点、建立并且保持作者与读者之间关系的事件结构，它具有比较、主观和价值负荷的特性，有利于我们理解语篇中的主观性态度。代表文章有：林纲《网络新闻语言的主观性与新闻事实构建》（2011）、《新闻来源与网络新闻话语的主观性》（2013），滕翀《从态度系统理论看英语新闻的主观性》（2007），高晴《英语新闻语篇的主观性》（2010），李凌燕《新闻叙事的主观性研究》（2010）。

7. 网络新闻语篇研究

这类文章主要涉及网络流行语或新闻报道语体研究。例如，赵俊海、李世强《新闻语篇中流行语"××门"的模因论阐释》（2011），侯东阳、黄璀《新闻文本的网络流行语分析》（2010），黄敏、李昇兰《网络新闻的语用学分析——以中、美官方网站有关中东和会的新闻报道为例》（2003），陈明瑶、莫莉莉《网上新闻英语篇章特殊性探析》（2001），林纲《网络新闻语言的隐性功能分析》（2008）、《网络新闻语言中的预设解读》（2009）。

8. 新闻语篇的衔接研究

新闻语篇研究主要基于韩礼德（Halliday）和哈桑（Hasan）于 1976年首次提出的语篇衔接理论。围绕这一理论展开了许多研究，或者是对英语新闻语篇衔接进行分析，或者是将汉英两种语言结合对比分析。但是针对汉语新闻语篇衔接研究的文章确实不多，这有待于我们更多地关注当代多元媒介视域下的新闻语篇衔接研究。代表文献有：朱昱《英汉新闻语篇衔接手段对比分析》（2004），娄开阳《连续新闻报道和系列新闻报道的语篇联结方式》（2007），林纲《略论网络新闻语篇的衔接手段》（2012），谭文辉《新闻评论语篇中的隐性衔接研究》（2012），梁鲁晋《新闻英语中的连贯》（2003）。

9. 其他视角研究

除上述几类研究方向外，学者们对新闻语篇还展开了多层面的论述。有人对新闻语篇的论证结构进行研究，还有的与语境相结合进行分析。代表文章有：廖秋忠《篇章中的论证结构》（1988），娄开阳《连续统：从新闻语篇的叙述结构到论证结构》（2008a）、《试论新闻要素之间的形式关系》（2008b）、《从篇章结构看新闻主线与副线之间的连续统关系》（2010），聂仁发、杜纯梓《新闻语篇的语境分析》（2002），范红《报刊新闻语篇及其宏观、微观结构》（2002），王怿旦、张雪梅《从合作原则看新闻语篇中的模糊限制语》（2012），裴燕萍、洪岗《新闻语篇中部分引用评价功能的实现》（2012），惠天罡《新闻发言人的语篇传播模式初探》（2013），郎曼《预设连贯功能的认知研究——以德语新闻报道语篇为例》（2013），柳淑芬《中美新闻评论语篇中的元话语比较研究》（2013），黄缅《微博新闻多模态话语的符际关系及意义建构》（2013），王国凤、庞继贤《语篇的社会认知研究框架——以新闻语篇的言据性分析为例》（2013），吴安萍、李发根《语篇主题与词汇语法评价模式间的认知研究》（2009）。

二、本书应用的相关理论文献综述

本书主要研究《新疆日报》新闻语篇结构特点、语义特征及语用功能，主要借鉴和运用不同的理论阐释《新疆日报》新闻语篇语法结构上的构式特点，言语行为中的事件实施完成的动作及与论元角色的关系，从语用上看不同词类在标题与语篇中的焦点标记特征，并借鉴衔接理论、认知中的隐喻理论分析新闻标题和语篇的衔接方式、特征及语用功能。

1. 构式语法理论及主要文献

构式语法理论把构式定义为形式与意义的配对，该理论研究的代表人物是哥德堡（Goldberg）。哥德堡认为构式是语言研究的基本单位，是语言研究的中心。他认为构成（construction）可以有多种用法：①语言使用过程中产生的任何语句；②在形式和意义上具有某些独特之处的语法模式；③具体的或带有变项的成语；④表达一定意义的音系结构或模式；⑤规律性的短语模式，如简单及物式、动词短语、被动式等，它们带有抽象的构式意义；⑥规律性的构词模式。张韧（2007）提出构式研究的主要内容包括：①一个具体的句法现象蕴含哪些构式；②所蕴含的构式相互之间如何组合；③词汇的灵活使用涉及什么样的普通认知过程，如何抓住灵活使用产生的丰富的语义效果；④相关构式之间可以建立什么样的关系；⑤任何高频率的构词或语句。

国内较早研究构式语法的是张伯江（1999），他结合构式理论分析了汉语的双及物结构式。张娟（2013）认为不同学者对构式的内涵的理解有所不同：菲尔墨（Fillmore）和凯（Kay）的框架语义学与兰盖克的（Langacker）认知语法已经限定"构式"为语言的研究单位，是形式与意义的配对，具有非转换性；而哥德堡构式语法中的"构式"强调了构式语义的不可预测性，并认为构式存在于语言的不同层面。

构式语法最大的亮点就是明确提出构式的意义不能从其组成部分或已有的构式推出，也就是我们通常所说的部分之和等于整体，在构式中并非如此，而是部分之和大于整体。

关于构式语义，陆俭明（2009）认为是人通过感官对客观世界的感知所得在人的认知域里所形成的意象图式投射到语言中所形成的，它有6个层面：

① 客观世界（客观事件、客观事物、客观现象和彼此事物间客观存在的关系）；

② 通过感觉器官感知而形成直感形象或直觉；

③ 在认知域内进一步抽象由直感形象或直觉形成意象图式（概念框架）；

④ 该意象图式投射到人类语言，形成该意象图式的语义框架；

⑤ 该语义框架投射到一个具体语言，形成反映该语义框架的构式；

⑥ 物色具体词项填入该构式，形成该构式的具体的句子。

陆俭明上述对构式的观点与本书对新闻语篇标题中以动词和介词等词类作为焦点标记构成一定的语法构式的立场是一致的。本书正是基于构式语法理论的内涵和特征，将在新闻标题语篇中形成的相对稳定的新闻标题与语篇看作一个模块，即构式结构。在基本构式框架下，成员间的语词可以替换，它不改变聚合类，语法及语用功能基本维持不变。

关于构式语法理论的主要文章有：哥德堡"Construction：a new theoretical approach to language"（《构式：语言研究的新理论》，2003），"English Constructions"（《英语构式》，2005），"Constructions at Work：The Nature of Generalization in Language"（《构式：语言概括性的本质》，2006），"The English resultative as a family of constructions"（《作为构式家族的英语动结短语》，2004），纪云霞、林书武《一种新的语言理论：构块式语法》（2002），陆俭明《"句式语法"理论与汉语研究》（2004）、《构式与意象图式》（2009），张娟《国内汉语构式语法研究十年》（2013），张韧《认知语法视野下的构式研究》（2007）等。

2. 言语行为理论及主要文献

奥斯汀（Austin，1962）和塞尔（Searle，1969）的言语行为理论阐释了人们如何运用语言表达言外之力（illocutionary force）、实施各种言语行为的语言功能观。其主要思想就是借助语言实施某种行为，包括以言指事、以言行事、以言成事。言语行为理论可以应用于语篇分析，苗兴伟（1999）认为言语行为理论为语篇分析提供了理论基础，语篇分析又促进了言语行为理论的发展和完善。本书借鉴言语行为理论来分析新闻标题中由不同词类反映出的言语行为特点，分析标题的事件性和施为性。在以事件或话题为标题的新闻中常常可以看出新闻事件的行进轨迹，这是以动词为焦点的构式显现出来的，代表了新闻事件发展的动态过程。关于言语行为理论的主要文章有：顾日国《John Searle 的言语行为理论：评判与借鉴》（1994），苗兴伟《言语行为理论与语篇分析》（1999），付习涛《论言语行为的性质》（2005），胡范铸《试论新闻言语行为的构成性规则》（2006），李连伟、邢欣《论言语行为的语篇实现》（2012），孙淑芳、王钢《21 世纪言语行为理论研究：回眸与展望》（2012）。

3. 焦点标记理论及主要文献

方梅（1995）认为一个句子的焦点是句子语义的重心所在，将其分为常规焦点和对比焦点。句末成分是常规焦点，与其他成分对比着意强调的是对比焦点。在新闻语篇中标题构式的焦点往往是对比焦点。对比焦点的位置相对灵活，由新闻标题要着意强调的成分来决定。因而，新闻标题中存在着焦点，通过对焦点成分和标记的识别，能更好地理解新闻语篇的语旨和语效。关于焦点标记理论的主要文章有：方梅《汉语对比焦点的句法表现手段》（1995），董秀芳《无标记焦点和有标记焦点的确定原则》（2003），杨娟、段业辉《新闻语言中的焦点标记词"是"与主观性》（2006），刘丹青、徐烈炯《焦点与背景、话题及汉语"连"字句》（1998），刘丹青《汉语中的框式介词》（2002），赵清永、孙刚《汉语焦点理论及其在对外汉语教学上的应用》（2005），程训令《汉语焦点标记词研究述评》（2008），熊仲儒《"是……的"的构件分析》（2007）。本书基于焦点标记的话题凸显特征将动词、介词和其他几类特殊词类视为新闻标题的标记。一是这些标记具有词汇语法意义；二是这些词类焦点标记原本的实在意义已趋于淡化，更多起到标记话题和引入话题的作用；三是这些词类在语篇或标题中具有传信功能。因此，我们将这些新闻标题中标记话题的焦点标记词称为语信标记（discourse information），即语篇传信标记，作为本书研究的一个方面。

4. 语篇衔接理论及主要文献

韩礼德和哈桑合著的《英语的衔接（中译本）》（2007）中将衔接定义为"那些组成语篇的非结构性关系"。邢欣（2007）认为语篇中（包括会话中）的一个重要标志是包含了衔接成分，并指出语篇衔接语是指包含了关联功能的各种衔接词语，这些词语不属于语篇的信息内容和命题真值意义，而是辅助语篇内容形成关联，成为连贯性语篇。结合汉语研究语篇衔接语取得了不少成果，如胡壮麟（1994）、张德禄（2002）、黄国文（1988）、朱永生（2005）、彭宣维（2000）。还有从不同角度研究衔接标记语的，如话语标记语（冉永平，2000）、语用标记语（冯光武，2004）、互文引语（朱永生，2005）等。关于语篇衔接理论的主要文章有：冯光武《汉语语用标记语的语义、语用分析》（2004），胡壮麟《语篇的衔接与连贯》（1994），黄国文《语篇分析概要》（1988）。而有关新闻语篇的衔接的文章多数是结合英语新闻语篇来论述的。例如，谭文辉《新闻评论语篇中的隐性衔接研究》（2012），张红《英语报纸与广播新闻语篇衔接的对比研究》（2009），赵芳《英汉经济新闻语篇的衔接手段对比分析》（2012），朱昱《英汉新闻语篇衔接手段对比分析》（2004），刘连芳、肖文辉《新闻英语中的词汇衔接手段分析》（2009）。本书认为衔接语是语篇的一个重要成分，新闻语篇中也存在着衔接，借鉴韩礼德和哈桑有关衔接的五种方式，将新闻标题与语篇正文的衔接作为研究的一个内容，其衔接方式包括篇首衔接、篇中衔接、篇尾衔接、隐含衔接和重复衔接。衔接标记有零形回指、指代、衔接词语等。

5. 认知语言学理论及主要文献

概念隐喻理论运用源域与目标域之间的映射以及意象图式（image schema）来解释隐喻现象。莱考夫（Lakoff，1980）列举了一个有名的例子来说明概念隐喻是从一个较熟悉、易于理解的源域映射到一个不太熟悉、较难理解的目标域，如 This surgeon is a butcher（这个外科大夫是个屠夫）。福康涅（Fauconnier，1998）提出了概念整合理论（conceptuaintegration theory），提出源域空间、目标域空间、映射和意象图式等概念，建立起隐喻的推理图式，如图 1-1 所示。

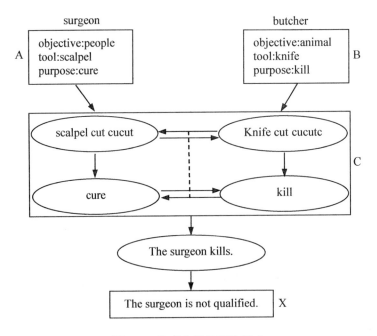

图 1-1 莱考夫概念隐喻图式

关于主观性（subjectivity）的论述参见沈家煊的《语言的"主观性"

和"主观化"》(2001)，他指出主观性是指语言的这样一种特性，即在话语中多多少少总是含有说话人"自我"的表现成分。也就是说，说话人在说出一段话的同时表明自己对这段话的立场、态度和感情，从而在话语中留下自我的印记。奥奇斯和席芙林（E. Ochs，B. Schieffelin，1989）合写的《语言亦有情》（*Language has a heart*），对语言的各种表情功能和表情方式做了全面介绍。语言中的韵律变化、语气词、词缀、代词、副词、时体标记、情态动词、词序以及重复等手段都可以用来表达情感，涉及语音、构词、语法、篇章结构等各个方面。（沈家煊，2001）

这方面的主要成果有：莱考夫、琼森《我们赖以生存的隐喻》（Lakoff, Johnson. *Metaphors we live by*，1980），福康涅《心理空间、语言模式、概念整合》（Fauconnier G. *Mental spaces，language modilities，and conceptual integration*，1998），王寅《认知语言学》（2007），岳好平、汪虹《基于空间合成理论的情感隐喻分类及认知解读》（2009），梁兴莉、罗凤文《隐喻推理机制及其认知功能》（2002），沈家煊《语言的"主观性"和"主观化"》（2001）、《如何处置"处置式"？——论把字句的主观性》（2002）、《"计量得失"和"计较得失"——再论"王冕死了父亲"的句式意义和生成方式》（2009），彭兵转《从情态角度看语言意义的主观性》（2011），匡鹏飞《语气副词"明明"的主观性和主观化》（2011），罗耀华、刘云《揣测类语气副词主观性与主观化》（2008），房红梅、马玉蕾《言据性·主观性·主观化》（2008），陈前瑞《汉语内部视点体的聚焦度与主观性》（2003）。

新闻和语篇是作者的认知心理在语言层面的反映，它侧重新闻客观性，同时也具有主观性。如新闻语篇中的情态成分的使用从不同程度上体现了新闻当事者和作者的主观情态和意识潜势。不过，由于新闻报道和评论的特殊性，这种主观性有时不是显性的，而是借助概念和语篇隐喻反映出来的。

第二节　新闻标题概述

　　新闻语篇从结构形式上看，由标题和语篇正文构成。标题可分为主标题和副标题。语篇与标题在内容上相互关联顺应，相互映衬投射。本书所指的标题主要是指在新闻最主要位置出现的主标题，引题与副标题不在本研究的视野之内。

　　标题要直接运用句子、词组乃至词来概事达意，反映出篇章的内容。关于标题的定义，主要有以下几种。在《现代汉语词典》中，标题是指标明文章、作品等内容的简短语句。在《辞海》中，标题是指新闻工作术语，报刊上新闻报道和文章的题目，通常特指新闻报道的题目。标题是新闻编辑用来概括、评价新闻内容，帮助读者阅读和理解新闻的重要语言结构形式。在《应用汉语词典》中，标题是表示文章、作品内容的简明语。尹世超（1998）认为，对现代汉语标题语言句法进行研究，具有填补空白的创新性，具有较大的学术价值和实用价值。

　　新闻标题的主要研究成果有：尹世超《标题说略》（1991）、《标题中标点符号的用法》（1992a）、《说几种粘着结构做标题》（1992b）、《报道性标题与称名性标题》（1995）、《现代汉语标题语言句法研究的价值与方法》（1998）、《标题语法》（2001）、《标题用词与格式的动态考察》（2005a）、《语体变异与语言规范及词典编纂——以标题语言为例》（2005b）、《标题中动词与宾语的特殊搭配》（2006）、《汉语标题的被动表述》（2008），晓红《新闻标题的语法结构和语用价值》（1997），刘云《汉语篇名的篇章化研究》（2002a）、《篇名中的冒号》（2002b）、《篇名中的隐含》（2002c）、《汉语的七音节篇名》（2003a）、《篇名的称名性说略》（2003b）、《篇名的话题性说略》（2003c）、《篇名的篇章化》（2003d），刘云、李菡《标题中的语词标记面面观》（2006），彭朝丞《新闻标题的辞格艺术——警策》（1995），李绍群《现代汉语"名$_1$+（的）+名$_2$"定中结构篇名研究》（2007），杨婕《新闻标题中流行语的模因论研究》（2008），顾建敏《汉英报纸新闻标题的互文性研究》（2011），莫建萍《英语新闻标题的语用特征及汉译研究》（2013），翁玉莲《新闻评论标题的语体标记性研究》（2011），楚军、周军《报纸新闻标题的功能研究》（2006），王瑞昀《英汉网络新闻标题中缩略词使用对比研究》（2005），周明强、付伊《新闻标题的语言特点》（2004），董丽梅《新闻标题中的直解修辞》（2011），赵刚健《新闻标题机智语言的机制》（2000）。

新闻标题有以下两个特征。

第一，长度通常很短。新闻标题一般在 20 字以内。据我们统计（见下表 1-1），除无标题新闻外，《新疆日报》标题中最短的是两字标题，如《年味》（2012-02-02）、《谈心》（2014-09-09）。10 字以下的标题均有呈现。3 字标题：《论感恩》（2011-06-06）、《论勤劳》（2011-06-07）；4 字标题：《新疆精神》（2011-12-01）、《年关　廉关》（2012-01-19）、《重拳反腐》（2012-11-22）、《行胜于言》（2013-02-01）；5 字标题：《也来谈谈孝》（2012-08-30）、《叙述的魅力》（2011-12-08）、《向英雄致敬》（2016-04-05）；6 字标题：《结对子　串门子》（2018-08-15）、《五个坚定不移》（2011-12-01）；7 字标题：《打铁还需自身硬》（2012-12-06）、《要做到三情援疆》（2013-02-01）；8 字标题：《坚定信心　再鼓风帆》（2013-02-01）、《扶贫重在一个扶字》（2013-02-06）、《小囊饼传播大情怀》（2014-02-20）；9 字标题：《牢牢掌握舆论主动权》（2013-09-18）、《加快构建大宣传格局》（2014-03-01）；10 字标题：《把握主动权　打好主动仗》（2014-01-23）、《唱响主旋律　传播正能量》（2014-02-15）等。

40 字以上的标题有 43 个，如《紧紧依靠各族干部群众共同团结奋斗 建设团结和谐繁荣富裕文明进步安居乐业的社会主义新疆》。最长的标题达到 68 字，即《新疆维吾尔自治区人民代表大会常务委员会关于批准〈乌鲁木齐市人大常委会关于废止四项法规的决定〉〈乌鲁木齐市人大常委会关于修改部分法规的决定〉的决定》。

表 1-1　《新疆日报》新闻标题字数分布①

字数	数量/个	百分比/%	字数	数量/个	百分比/%
1～10	19014	43.5	31～40	87	0.2
11～20	24332	55.7	41 字及以上	43	0.1
21～30	218	0.5			

　　第二，在新闻标题中，很少出现同样的词。本书把新闻标题作为研究重点是基于以下三个原因：一是在通常情况下，新闻的内容已体现在新闻标题中，多数情况下读者在阅读完标题后可以判断出新闻正文的内容；二是目前对新闻内容这种长文本的话题分析已经有比较成熟的模型，并且达到了较好效果，而对短文本（新闻标题）的主题建模还存在难度；三是随着微信、即时通信及微博等信息传递模式的流行，像新闻标题这样的短文本话题分析越来越受到关注和重视。本书把新闻标题看作语篇整体结构的一部分，视为语篇标题结构。

　　从语义的角度来看，范·迪克（Van Dijk，1988）认为新闻标题是一个宏观语义结构，是受语义驱动的，使较低层次的信息通过标题化而达到语义升级。我们赞同他的观点，新闻标题是新闻语篇信息的概括，是新闻语篇的最高层次，它体现整个语篇意义的宏观命题，并能准确地确立这种语义宏观结构，具有最强的语义关联性。

　　刘云（2002a）把新闻标题列到篇名的研究中去，他认为篇名要反映作品的内容。系统功能语言学运用功能理论和语篇分析来解读报纸新闻标题在报纸新闻语篇中所实现的概念功能、人际功能和语篇功能。其中亚罗维奇和阿梅尔（Iarovici，Amel，1989）在提出报纸新闻标题的语义-语用双重功能观时指出："（报纸新闻标题的）语义功能涉及新闻标题的所指意义，语用功能涉及新闻语篇的接受者。两种功能同时起作用，语义功能存在于语用功能之中，并通过语用功能得以实现。报纸新闻标题的主要功能是提醒读者关注新闻语篇的内容或实质。新闻标题具有多重言语功能，如敦促、警示和提供信息等。"这充分体现出报纸新闻标题是语义功能与语用功能的有机结合。本书正是在此基础上对《新疆日报》的标题从认知构式的角度

---

　　① 本书百分比计算结果均修约到一位小数，为保证表格中横、竖向计算结果逻辑一致，先按进舍规则修约横向总计一行的百分比数值，必要时对部分竖向分项百分比数值进行了微调。

做语义和语用、结构和功能、形式和意义的配对描写。

从关联理论的角度看，新闻标题是在新闻报道内容和读者解读新闻的语境之间提供最大关联性的交际手法。新闻标题在结构位置、语义衔接上都与语篇正文有紧密的关联。

新闻标题"居文之首，勾文之要"。新闻标题具有叙事性，意味着新闻标题要客观地描述事件，还具有话题性、隐喻性，通过对事件不同侧面的报道揭示语篇的主要思想，同时映射出作者的主观情态。从认知构式、语义、语用、关联等多个层面对标题、语篇及两者的关系进行探究是本书的主旨。

第三节　新闻标题的性质与功能

本书运用语言学焦点标记理论、言语行为理论、构式理论，结合语法本体分析，探讨了新闻语篇的构成部分——新闻标题的结构形式、构式类型，从构式类型中描述了不同类型标题的焦点标记，主要包括动词类焦点标记、名词类焦点标记、介词类焦点标记等。由于标记性，再加上它们在新闻标题中的出现频率，在语用层面上所具有的主观性、认知性、隐喻性、传信性等特征，为与其他标记术语相区别，本书运用了侧重新闻本体所具有的传播功能和新闻语篇的语用功能，将这些焦点标记称为语信标记。同时，运用言语行为理论结合具体标题概括分析标题的事件性、标记性、话题性、施为性及语效性等特征。

一、新闻标题的事件性

新闻语篇的标题具有事件性，每一则新闻标题都表示一个事件。那么，什么是事件？不同的领域对事件概念的解释也不同。一般认为，事件是正在发生或已经发生的事情和现象。万得勒（Vendler，1967）和杜特（Dowty，1979）认为事件是动词表达的概念。也有学者认为事件被用来描述比概念力度更大的、动态的、具有完整意义的结构化知识。张明尧在其博士论文

《基于事件链的语篇连贯研究》（2013）中提到，事件是客观世界中实际发生的事情，通常包括动作、状态或性质的变化。事件在篇章中是通过动词和其携带的论元表示的概念、命题来实现的。这一观点恰好与本书的观点相吻合，即新闻标题是对一个事件的概括，通过动词与其前后的名词形成特定的构式，构式要素间的语义关系表征新闻标题。本书在收集调查《新疆日报》标题的过程中，将新闻标题作为一个事件或事件的构成部分，以动词为事件核心实施、完成语义行为，动词是言语行为或言语交际的焦点。从 40 余类"VP+NP"结构，即动词和名词作为焦点标记构成的新闻标题来看，也完全印证了新闻标题带有明确外显的事件性。

我们认为，事件性新闻标题的区别性结构特征就是：不同语义的动词类反复使用，除了表示事件的行为过程或实施程序外，其凝固化的运用使得这一特定以动词为核心的标题中的动词成为信息传递的行为标记词，它不单单作为一个实体词语而存在，还可以作为一个语义确定的焦点标记成分在新闻标题中起到信息推进及传送的功能，也就是收信者通过已知信息认知、了解、加工并储存未知信息的作用。

二、新闻标题的标记性

本书分别列举了不同构式的新闻标题，以第二章为例。对于以核心动词作为焦点标记，以动词起首的标题，我们将它们分为 40 余类，对新闻标题中这些常用的动词构式系统进行了较为系统完整的分析。在动词构式系统中，动词居于标题的开头位置，如"做""搞（好）""确保""支持""加强""提高""铲除"等，这些动词焦点标记在语义上有词义规定，阐释了与其后面名词焦点标记的语义关系，明确了动词成分与名词论元之间的关系，不管它们是施受关系、支配关系，还是陈述、凭借、方式等关系，都表明了一点：动词与其后论元之间的行为叙事性，都是为一个事件或行为做描述。从语用表达层面看，新闻语篇中发话人对新闻事件所持的态度和实施的行为传递了发话人的主观态度和立场，向阅读者传送了带有主观性的信息。从语义上的叙事性到语用上的传信性，两者相结合，构成了新闻标题的一个结构特征——传述性。如《坚决铲除影响新疆稳定的"毒瘤"》这一标题中，"铲除"为标题起首的动词焦点标记，其词义是固定的，在新闻发信者与受信者的认知思维中都是呈固化状态的，不必言说。也就是说，这样类别的动词一出现，在受信者的头脑中就会自动化为一个语义构式，即"对某种不良事件或现象、问题的态度"，"态度"涉及心理和认知，从而带动人的行为及所采取的动作，即"铲除"，从一个事件域映射到行为范域，再从行为范域投射到事件域，两者相互映衬、相互呼应，构成一个完整的事件。"毒瘤"作为名词焦点标记就是动词关涉的对象，即要"铲除"的对象。很明显，"毒瘤"在标题中标注了引号，除了语用上的凸显表达外，它还是一个概念隐喻，具体可指给人带来害处、矛盾的事件，就像"毒瘤"一样，不仅有害，而且病毒还能蔓延至全身，从躯体投射到社会。这种语义上的事件描述，语用上的认知表达构成"铲除"类 VP 框式结构，即"铲除……毒瘤"事件语义构式。再如"是"字结构中的"是"也是一个焦点标记，它标记其前后两个词项间的语义和语用关系。

三、新闻标题的话题性

每一条新闻标题都是对新闻事件和语篇的凝练和概括，都必定会有话题，没有话题的新闻不成为有效新闻，体现在标题上就是要把语篇所要阐述的话题显现出来，使人一目了然，而且应当是在标题语句明显的位置上，能够引起读者的关注，吸引受众对事件的兴趣或强调事件的突出性、重要性、显著性。如《戳穿"宗教极端势力"的画皮》，这一标题构式中动词焦点标记"戳穿"与"揭穿"属同一构式，其后 NP 接"面目""嘴脸""本质"等类论元。可以看出，"面容""画皮""嘴脸"等论元就是认知的概念隐喻，是表象隐喻着本质。动词与论元构成的"戳穿……画皮"这一构式，中间的联结项是 NP"宗教极端势力"，也是标题的话题。在这一话题里，"宗教极端势力"是反面话题，因而要进一步在语篇中分析其危害性，从而使话题进入"戳穿……画皮"这一构式，表明作者的明确态度和立场。因此，话题性是新闻标题的又一特征。不过，本书认为标题话题性的强弱与标题的语法或句式结构有关。主谓结构是常见的汉语句法结构，其主语一般就是话题，在新闻标题中这类结构主语做话题是外显的，因而标题的话题性弱，而转述性强。述宾结构标题话题性量值明显上升，侧重彰显事件完成的过程、路径，或报道对新闻当事者完成事件的态度或决心，其话题一般是嵌在述语动词之后。如《促进交通运输事业发展》，这是一个典型的"促进"类构式，其形式是"促进……发展"，话题是"交通运输事业"，在述语和宾语之间。介词框式结构的话题性最强，因为介词框式结构的标记性最为突出、明显，其焦点标记就是不同的介词标记，如"以""用""为""把""将""关于""就"等，借用介词焦点标记将语义信息外化出来，说明实施事件的对象、方式和手段。

此外，一些特殊构式也有较强的话题性，如反问、疑问等句式的话题性也较强。一些祈使句式、否定句式则带有不同于其他构式的特点，即还有一定的主观性，或者是劝慰、警醒他人，从而引起读者或受众对那些容易忽略或忘记、熟视无睹的事件的注意。

四、新闻标题的施为性

言语行为理论强调一个事件就是一个行为，所谓"以言指事，以言行事，以言成事"就是明确事件与行为的关系。新闻标题中的事件也离不开言语行为理论这样一个过程，它往往给事件施予了事件起始、渐进/渐变、行进、完成、结果这样一个动程，或者侧重事件发生过程、变化路径、移动轨迹等的发展经过、推进方向和前行目标。因此，我们认为新闻标题具有事件施为性，即动作行为的变化动程。这不管在动词为焦点标记成分的构式中，还是在介词焦点成分如"把"字构式、"X 成/成为 Y"以及"X 是 Y"构式中都有表现。

五、新闻标题的语效性

语效性是指标题的语用效果。这里包含两方面的内容：其一，对新闻标题构式中的补充成分来说，标题中动词类焦点标记、介词类焦点标记、名词类焦点标记的前后都会有补充成分，这些补充成分是次焦点标记，它们虽然不像核心词类那样在构式中起到主焦点标记的作用，形成构式主干，也不是语信标记的重要表征，但是有了这些补充成分，可以使标题的语用功能更加显著，使读者能更直接了解新闻作者的立场和态度，表明对新闻事件的观点和主观情态。如《积极推进政协协商民主建设》《坚定不移地反对民族分裂》《深刻理解新疆工作的特殊重要性》《为新疆又好又快发展创造稳定环境》中,"积极""坚定不移""深刻""又好又快"这些补充成分的使用隐喻着新闻作者的潜在情感,可以视为语用触发语。由于新闻事件的报道要求客观准确,对报道者而言一般不提倡将自己的态度外显于新闻中,但是这并不表明新闻标题或语篇里就丝毫不能显露报道者的主观情态。相反,我们认为,报道者的主观情态渗透在新闻语篇整体的微小语用触发语里,也就是这些补充成分,它们看似可有可无,实则包含了或多或少、或明确或潜藏的主观情态。

其二,新闻标题的语效性是针对行为动词而言的,新闻事件的运行轨迹是由行为动词决定的,有"起点—运动—发展—目标终点"这样一个路径,标题中语信标记所标明的意图往往有动作完成终止后的目标,以此来表明整个语篇所要传递的信息和观点。如"确保"类动词语信标记中"确保边境地区长期稳定",其构式是"确保+工作/事件类 NP+完成类 VP",很明显可以看出"确保"的最终目标是要使社会稳定,"稳定"是目标,也是动词运动发展的方向。可见,行为动词类标题不会仅描述一个动作行为,更重要的是要有言后之效,这也正说明新闻标题中的动词是行为动词的一个佐证,动作行为的终极意图是新闻事件的结果走向和语篇主旨思想。

六、新闻标题的构式性

构式的一个重要特征就是结构在形式和意义上的相互配对,形成相对稳定的框式结构。正如建筑学中的框架建筑,先修造建筑的主体框架,框架固定之后,可以对内部要素进行填充。语言中的语法结构正如这些框架,语法结构是有限的、相对稳定的,可以层层嵌套,相互叠加使用。我们分析了 40 余类动词语信标记,概括出了这些动词语信标记及与其配对的论元成分,将它们的语义关系和搭配范围确定下来,建立起相对稳定的框架。当标题需要某一类框式结构时,只要拿来其主体结构,内部要素根据结构的语义要求来进行合理的框式填补就可以了。可以说,新闻标题中的动词类、介词类语信标记都具有此类构式特征。因此,我们说新闻标题的结构具有构式特征。

七、新闻标题的生成性

我们所指的新闻标题的生成性，是指同一范畴中有一个典型构式和若干个一般构式，确定了典型构式，其他的构式就可以在此基础上找到范畴中的共有特征，生成语义相似、语法同构的标题。如上文所举的例子《坚决铲除影响新疆稳定的"毒瘤"》，我们将新闻标题中出现的具有典型意义的"铲除……毒瘤"作为典型构式，运用认知语言学中家族相似性原则，找到家族范畴中的典型成员，再以这一成员为中心，找到并发现其他具有相同功能的一般成员。这样，与动词"铲除"和名词论元语义角色具有相同功能的成分都能够替换使用，起到相同的语义表述和语用表达作用，如"消除……隐患/影响""排除……阻碍"等都可以归到这一类事件语义构式中来，运用这种套叠结构的生成性，可以形成很多具有相同语义关系的同型结构。

八、新闻标题的主观性

新闻标题具有叙事性，它意味着描述事件要客观，对一个事件要客观报道和阐述，较少或不用带主观化倾向的时体或情态标记。不过，新闻标题也不完全是非主观性的。相反，新闻标题作为语篇的一部分存在着主观性。从结构内部来看，如标题构式主干的补充成分、心理动词、"把"字构式等都表明新闻标题具有主观性，有时其主观性还很突出。方梅（2005）认为，说话人在说出一段话的同时，表明自己对这段话的立场、态度和感情，从而在话语中留下"自我"的印记，这就是语言的主观性（subjectivity）。主观性是指语言的这样一种特性，即在话语中多多少少含有说话人自我的表现成分，说话人在说出一段话的同时表明自己对这段话的立场、态度和感情。莱昂斯（Lyons，1977）认为语言的主观性集中表现在三个方面：说话人的视角、说话人的情感和说话人的认识。语言的主观性研究近年来受到了关注，学者普遍认为语言不仅仅是客观地表达命题和思想，还要表达言语的主体即说话人的观点、感情和态度。以上所列举的新闻标题结构中，动词和介词标记都是新闻语篇构式中的有标记成分，而有标记成分一般是通过转换或隐喻来完成和表征的。可以说，有标记成分在一定程度上都表现出主观性。可以说，新闻标题就是主、客观相互联系，统一于新闻语篇整体的。

九、新闻标题的认知隐喻性

新闻标题具有认知隐喻性，这一点从不同语信标记的认知图式可以清楚地观察到。

> 提高低保户补贴标准
> 不断提升国有经济活力控制力影响力
> 增进民族团结　共建美好新疆

以上标题中动词语信标记如"提高""（不断）提升""增进"，还有"加强"等都表示程度加深的语义。从认知图式角度看，这属于容器类理想认知模式。因为这些动词焦点标记都包含了量上从低到高、由浅入深的认知心理，从可容纳物的量化多少来解释、感知事件和语篇。再来看下面的标题：

> 把残疾人事业纳入社会建设
> 把我区职工道德建设引向深入
> 向精神高地执着跋涉
> 加快房地产开发建设步伐

这些标题从构式框架来看都包含着事件向前不断前行、推进的线路图。如"把"字构式中"把……纳入……""把……引向……"，还有"向……跋涉""加快……步伐"等构式中都存在着动作的运行线路，在认知图式中是路径类图式。这类图式把事件看作一个动作"起始—运行—终点（目标）"的路径。这些具象的、可以通过我们的身体经验感知到的认知图式可以帮助我们更直观、更具体地体验语言结构。新闻标题中通过语词认知的图式化特征可以帮助我们更深入地感知标题隐喻的主观情态及其潜藏的语用含义。

第二章
新闻标题结构特征及功能
——以动词类焦点标记为例

第一节　新闻标题动词类焦点标记研究

刘云、李菡在《标题中的语词标记面面观》（2006）一文中认为语词标记是一种重要的篇章化手段，指那些只能用在标题中或者用在标题中有特殊用法和特定意义的语词，并把语词标记分为动词性语词标记和名词性语词标记。

在新闻标题中，以动词起首构成的新闻标题占有相当的比例，这些动词与其他成分构成一定的结构模式，经过不断运用固化为新闻标题的表达式，有很多动词或动词短语经过重复运用也已成为新闻标题的语词标记，作为新闻标题的固定结构模式，成为新闻事件的话题、主题或焦点成分。此外，我们赞同构式语法中句子的意义来自构式义（constructional meaning）和词汇义（lexical meaning）的相互作用，这不是简单的部分相加之和等于整体，而是整体大于部分之和。从语义的角度看，新闻标题中的这些语词标记不是一个动词或名词，而是由动词或名词成分构成的语义事件。从功能的角度看，作为事件的话题，这些动词性或名词性标题是作为新闻语篇或新闻内容的凝练，我们认同它是新闻语篇的一个构式话题。因此，为了与元话语、话语标记及语词标记相区别，我们把以新闻标题形式存在的典型动词性构式标记称为动词类焦点标记，侧重将新闻标题作为新闻语篇或完整事件的一个构成部分加以全面分析。在一个新闻标题的构式中，只要看到某一类构式，就可以相对自由地套用并生成该类话题标记，从而作为该类新闻事件的标题。

我们详细统计了《新疆日报》2000年至2018年的新闻标题，共43694条，根据标题出现的年份，其分布情况如表2-1所示。

表2-1　《新疆日报》新闻标题数量分布

年份	数量/条	百分比/%	年份	数量/条	百分比/%
2000	224	0.5	2010	4850	11.1
2001	240	0.5	2011	4748	10.9

年份	数量/条	百分比/%	年份	数量/条	百分比/%
2002	248	0.6	2012	2451	5.6
2003	429	1.0	2013	2468	5.6
2004	793	1.8	2014	2596	6.0
2005	798	1.8	2015	3164	7.2
2006	2285	5.2	2016	2961	6.8
2007	2543	5.9	2017	3788	8.7
2008	2250	5.1	2018	3369	7.7
2009	3489	8.0			

从上表可以看出，《新疆日报》新闻标题量可以分为以下几个阶段。

（1）发展初期：2000 年至 2003 年。这一阶段《新疆日报》的新闻标题量不大，分别占到 0.5%、0.5%、0.6%、1.0%。

（2）上升阶段：2004 年至 2009 年。这一阶段的新闻标题量有了一定的上升，最高达到 8.0%。

（3）高峰阶段：2010 年至 2011 年。这一时期《新疆日报》新闻标题量呈现大幅增加的态势，最高达到 11.1%。

（4）稳步发展阶段：2012 年至 2018 年。这期间《新疆日报》的标题量处于稳步发展时期，标题量为 5%～9%。

第二节　以动词类焦点标记构成的标题构式

一、以行为、动作类动词构成的标题

此类标题以"VP+NP"结构构成。我们从新闻标题中抽取普遍使用的、具有典型意义的动词类及框式结构进行系统阐述，对这些新闻标题框式结构的语法特点、语义关系、语用功能进行描述和概括，形成新的见解。

1. "做""搞"类①

　　做好攻坚巩固　确保通过国检
　　扎实做好阿合奇县边境扶贫试点工作

　　"做""搞"类动词除其后可以跟名词构成述宾短语充当标题的话题或主题外，还可构成动结式述补结构后带名词做新闻标题的题目。

　　吕叔湘在《现代汉语八百词》（1980）中对"做"的义项有三个解释，其中一个就是"从事某种工作或活动"，可带"了""着""过"，可带名词宾语，如"做工作""作了一首诗""把工作做深入一些""这个报告做得很好"等。我们所举的"做""搞"类即指这一义项。"搞"用作动词是指"做""弄""干"之意，可带名词宾语。吕先生认为"搞"可代替各种不同的动词，常随不同的宾语而有不同的意义。跟"做"一样，可做动结结构和动趋结构，如"搞好""搞通""搞明白""搞上去""搞下去"等。

　　（1）"做""搞"类动结结构+NP宾语

　　　　进一步做好税收工作
　　　　高标准搞好三项教育
　　　　做好棉花出口工作
　　　　努力做好新时期宗教工作
　　　　努力做好社会保险经办工作
　　　　做好统战宗教工作　维护社会政治稳定
　　　　做好企业思想政治工作
　　　　切实做好新形势下的干部监督工作
　　　　做好新形势下的文史资料工作
　　　　做好攻坚巩固　确保通过国检
　　　　扎实做好阿合奇县边境扶贫试点工作

　　在材料收集过程中，以"做""搞"类动结式带名词宾语的结构是一个高频结构，在标题中非常常见，已成为新闻标题的固化结构。

---

　　① 本书是以《新疆日报》为调查对象的，选取材料均出自《新疆日报》标题库，为行文方便及因篇幅所限，就不一一标明时间和出处了。后面的语篇举例中会标明具体时间。

　　具体来看，动结结构是汉语特有的一种句法结构，它是动补结构的一种，补是补充说明的意思。一般而言，起补充说明作用的成分只能是从属性成分，而不可能是主导性成分。因此，动结结构的前项动词可以看作是结构中心，后项补语是从属于结构中心的附加成分。在以"做""搞"类为新闻标题的动结结构中，我们也倾向认为"做""搞"类前项动词为结构中心，后项补语"好""强"为补充说明的附加成分，可以认为它是一种前正后偏式结构。这一点可以从《新著国语文法》（黎锦熙，2007）、《中国现代语法》（王力，2011）、《汉语语法常识》（张志公，1953）、《现代汉语语法讲话》（丁声树 等，2009）、《汉语语法分析问题》（吕叔湘，1979）等的著作中找到佐证。但也有学者指出，动结结构的语法中心是"结"而不是"动"。李临定（1984）根据布龙菲尔德（Bloomfield）的向心结构理论，认为句子里面的一个双成分结构，如果省去其中一个成分，保留另一个成分，保留的这个成分的句法功能未变，同时整个句子的语义关系是一致的，这样的成分是"正"（中心语），否则就是"偏"，他以此类推，认为动结式的结构中心是"补"而不是"正"。任鹰（2001）则认为对动结式结构中心两种不同的看法将长期并存，而对动结式的语义中心是后项，学界的看法普遍一致。

　　我们认为，汉语是一种以动词为核心的语言，动结式中动词在前项，从结构形式上凸显出动词的主导地位。这一特征在新闻标题中同样能够体现出来。《新疆日报》中有很多"做""搞"类动结式标题，这类动结式新闻标题在有限的空间维度中呈现具体动作行为所隐喻的新闻事件的最大信息量。从构式上来看是以动词为焦点标记，凸显标题的动态功能；从语义指向上来看，"做""搞"类动结结构语义指向首先是"做""搞"类动作动词的宾语论元，即"某类工作、事件、任务"，而后才指向对宾语论元的处置结果或补充说明，即"某项工作、事件、任务"做得如何或要求如何处置等。

　　可以看出，新闻标题的语法结构特点可以对语法现象本身的解释起到支撑和反证作用。

　　此外，动结式带宾语的结构中一般要具备两个条件：第一，动词是否对宾语具有支配能力；第二，"结"是表述宾语成分的。其中第二个条件是必备的。有些不及物动词不具有带宾语的条件，但其后补语起到了"补偿修复"的功能，使得整个结构可以带宾语。假如动词对宾语没有支配能力，补语又不是以宾语为表述对象，那么整个结构就很难获得带宾语的能力。以"做""搞"类结构为题的新闻语言恰好印证了这一观点。例：

> 做好"以文化人"的功课
> 做好新形势下新疆工作的重大战略部署
> 做好现代文化引领这篇大文章

　　任鹰（2001）认为动结结构中的动词是否为及物动词并不是带宾语的必然结果，有些动词是无法支配宾语的不及物动词，整个结构也有可能是可带宾语的及物性成分。其关键是后项补语，后项补语必须以宾语为表述对象。因此，宾语实际上是补语的陈述与支配对象，是补语的致使对象。致使关系是支配关系的一种，宾语成分作为被致使者，是述语成分的支配对象，是受事成分。同时，任鹰还指出，致使关系是可使被致使者发出某种行为或生发某种状态的强支配关系，被致使者的宾语成分应为受动性质较强的受事成分。由此，下列结构大都可以变换为"把"字结构。

> 走累了妈妈→把妈妈走累了
> 哭哑了嗓子→把嗓子哭哑了
> 乐坏了姐姐→把姐姐乐坏了
> 吃饱了肚子→把肚子吃饱了
> 坐麻了腿→把腿坐麻了
> 洗湿了鞋→把鞋洗湿了

　　"做""搞"类动结式带宾语的结构与之不同的是"做"和"搞"都是及物性动词，本身具备带宾语的功能，与后面的名词论元是陈述与支配的关系。另外，"做""搞"后补语"大""强"也表述宾语，也是致使、关涉宾语的。因此，我们认为"做""搞"类动词式带宾语的结构的新闻标题具备以下的语法特征：动词"做"与"搞"作为及物动词，在语法上能够支配和陈述宾语。后项补语"好""强"更是对宾语起到强制受动作用。因此，"做""搞"类动结式标题也相应地可变换为"把"字结构。

进一步做好税收工作→进一步把税收工作做好

高标准搞好三项教育→把三项教育高标准搞好

做好棉花出口工作→把棉花出口工作做好

做好"以文化人"的功课→把"以文化人"的功课做好

做好新形势下新疆工作的重大战略部署→把新形势下新疆工作的重大战略部署做好

做好现代文化引领这篇大文章→把现代文化引领这篇大文章做好

　　杨石泉（1986）提出动、宾、补的两种结合情况：一种是宾语与动补同时发生关系；另一种是宾语先与补语构成动宾关系，然后再一起与动词发生结构关系。结构层次的划分方法也有两种："（动+补）+宾"和"动+（补+宾）"。杨先生解释，对后一种情况做出"动+（补+宾）"这样的层次划分，首先是因为宾语是先与补语构成动宾关系，然后再一起与动词发生结构关系；其次是因为"动"与"补"放在一起，在意义上常常是说不通的。杨先生提出的划分方法对于我们认识"做""搞"类动补结构的构成特点和句法功能很有启发。

　　结合以上观点，我们还可以依据"V+NP+V+PP"的重动结构来说明动结式带宾语结构实际上是重动结构在语义上的凝合，从而进一步说明动结式结构是先由动语与宾语结合，再与补语发生关系。如《做好棉花出口工作》这一标题，可以分层理解：第一层关系，做什么→做工作，"做棉花出口工作"，构成动宾关系；第二层关系，怎样做工作→（做）好工作或把工作（做）好，构成述补关系。成分间经过转换，采用移位、删除等方式，最后形成表层的语音形式结构。

做棉花出口工作→（做）好（棉花出口工作）→做好棉花出口工作

高标准搞三项教育→（搞）好（三项教育）→高标准搞好三项教育

做现代文化引领这篇大文章→（做）好（现代文化引领这篇大文章）→做好现代化引领这篇大文章

　　从语用认知的角度看，动结式着重表达"结果"，不强调"路径"，表达的结果正是语篇反映出的主观情感和预期。

（2）双重动结结构带宾语

做大做强葡萄产业

做强做大饲草业

做大做强零售信贷业务　服务"三农"

以上的 3 个例子实际上是对"做"这一事件完成动作的叠加，对某一动作的重复进行，明显地带有对某事件强调的语义指向，可以凸显新闻事件的重要性，加重报道新闻的语气，表示新闻报道者在描述或转述过程中对新闻事件的高度重视，从而引导读者关注，吸引受众的注意力。

以上新闻标题中有相当数量以"做""搞"类作为新闻事件的标题，"做""搞"类动词新闻标题已成为新闻标题的构成标记，我们称之为"做""搞"类标题构式标记。构式语法认为，某种语言的语法是其所具有的构式（形义对）的集合。构式语法强调构式是形与义的配对，一个事件要有形式极，也要有语义极，"做""搞"类标题具备了这一语义构式的条件。因此，从构式语法的角度分析，以"做""搞"类动词焦点标记为新闻标题的构式框架为：做/搞+[N/NP]，或做/搞+好+[N/NP]。如：

做+好+[工作]

做+好+[事业]

搞+好+[部署]

其中，"做""搞"是固定的，表示完成事件的行为，占据新闻标题的起首位置；[ ]中的 NP 是可以进行替换的，是被关涉的对象，是受事者，且是可以类推的，具有递归性和生成性。由此，构成一个相对固定的事件框架结构，我们称之为"事件构式"，是构式中语形和语义相互配对的一个集合。

具体来说，从语义角色的角度来看，"做""搞"是动作动词，要求占据一定的论旨或论元角色来陈述一项事件。因此，其后要提供一个论元来填补被关涉或支配完成的对象，只有满足匹配一个 NP 充当事件阐述的对象，才能表述一个完整的事件。从语义层面来看，以"做""搞"类为标题的新闻多以描述事件为主体，"做""搞"是事件完成的核心，NP 是被关涉的具体事件。只有构成这样一个趋于固定的语义框架结构，才能表述一个完整的语用话题或语义事件。

像这样的动结式带宾语作新闻标题的例子还有不少，如"找""瞄""打""抓"等。

> 找准对接点
>
> 找准思想政治工作切入点
>
> 瞄准市场需求　培养高素质人才
>
> 打好民族团结的人民战役
>
> 打好"四风""预防针"
>
> 切实抓好爱国主义教育

2. "支持""支援"类

> 大力支持稽查特派员工作
>
> 支持春耕暖农心
>
> 支持中小微企业做大做强
>
> 全力支持新疆建设"丝绸之路经济带"核心区
>
> 支援灾区　我们在行动
>
> （徐州）支援奎屯三年投资 3.73 亿元

"支持"是给予类动词，有给予帮助和鼓励的意思。因此，此类动词后多跟名词短语构成支配对象，形成支配与被支配关系的述宾结构。在新闻标题中，"支持+NP"形成一个相对固化的框式结构，如"支持+［工作］［活动］""支援+［建设］"等。在以"支持"类结构做标题时，只要把握其语言框架结构，就可以嵌套使用。也就是说，在以动作行为类动词为核心的新闻标题中，"支持 V+NP 名"的语法框架构成了 V 和 NP 间相对稳定的语义关系，V 和 N 各自充当的语义角色也明确固定。

新闻标题的概念功能是从语言的平面静态理解语词间的语法和语义关系的，这点从我们以上对"支持+NP"类语法类型和语义关系的分析中已得到论证。新闻标题作为新闻语篇的主体，是对语篇内容的凝练和概括，随着现代社会进入"读题时代"，新闻标题有时取代新闻的正文成为新闻受众与报纸媒介互动沟通的主要载体。因此，对新闻标题简省化的要求也就愈加明显。

我们认为，简省化的特征除了对新闻标题长度、字数的形式要求外，更重要的一个内化特征就是要求新闻标题的标记化，这里我们指的是结构的标记化。具体而言，就是指新闻标题要在有限的空间和维度内体现焦点词，因为标题自身的规定限制，标题中每个语词都是语篇的重心，它一定要反映出凸显语词或者醒目语词，以区别于次焦点语词或附属语词，这体现了新闻标题的内在层次性。焦点语词和次焦点语词的区别显示了标题作为信息结构的不对称性。据此，我们将上述"做""搞"类动词、"支持+NP"类动词列为焦点语词。

在此基础上，才能区分出焦点信息和附着信息。受众在读题时，并不是对所有的信息点——解读，通常只是对焦点信息予以关注和认读。这种传受方式就体现了语篇的人际功能,也恰好印证了新闻作为一种信息结构，是通过不同的语言结构构成不同的语义角色，从而实现交际的功能，达到交际双方互动的目标。

本书认为新闻标题作为新闻语篇的一部分，其一，它一定要有某种框架结构，即由焦点语词和黏着、附属语词构成一定的语法结构，形成相对固定的语义关系，在使用时出于表达需要，可做适度调整和变换，但并不影响成分间的整体关系和要达到的语用目的。这种结构固定下来后，形成一定的框式，我们称之为新闻标题框式，它具有嵌入性、生成性，有限的语法规则和语义框架生成同一类型不同内容的标题结构，通俗一些来说，有些类似生物学的"克隆"。只要掌握新闻标题的这些特征，就可以正确规范地生成越来越多的同类同质、同形同构，却内容各异的标题。实际上，这一点在我们对新闻标题进行收集过程中就发现了，我们发现一个结构可以在标题中叠加使用，反复出现，这说明除了标题自身的结构规约外，还有就是生成这一标题的结构一定具有较为鲜明的模式化特征。该结构模式被固定下来，成为标题制作者约定俗成的结构，我们统称这种结构为新闻标题的语法语义框式结构。其二，这些框式结构反复嵌入使用，其语词的实际语法地位已不那么明显，读者也不是对每一个新闻语词逐一识别，而是对标题框架的整体阅览。因而，我们认为，这些框式结构被反复框填使用后，已逐渐形成了一个标记性很强的结构，也就是说，这些新闻语篇的标题结构一定是带有标记化的结构，带标记的成分就是我们前面所说的这些动词 V 和名词 NP。因而，语用信息的不对称性是在框架结构内的不对称。这种不对称性在新闻标题中就体现在焦点标记和非焦点标记上。这两个特点在以下的框式结构中都得到了很好的说明和论证。我们把新闻标题中这种标记命名为新闻语篇构式的语信标记，它是指在标题中作为焦点标记存在，构成标题框架，起到支配标题语义主导作用并能传递主要信息的标记。其特点是：语法和语义层面的意义是稳定的，不同在语用功能上，这些标记传递不同的信息。这是新闻标题作为语篇的一个重要方面。为与话语标记和元话语标记、语词标记区别开来，我们把新闻标题中的区别标记成分称为语信标记，就是为了突出新闻语篇语用功能和传信功能。那么，对于"支持+［NP］"的动词类言语行为结构为标题的框式模型，其中"支持""支援"是动词焦点标记，处于核心位置，起主导作用，是焦点中的焦点；动词焦点标记前可以加入［COMP］（补足语）等补充修饰成分，如"大力""积极"等；［NP］是焦点名词成分标记，它是可以替换使用的，但是在框式结构中的位置和功能是固定的，不会改变，如"工作""建设"，等等。形成框式结构：（［施事 NP］+［COMP］）+［支持、支援类 V 或 VP］+［受事 NP］。如下图 2-1 所示。

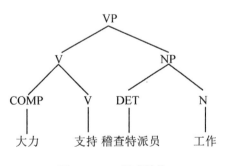

图 2-1　VP 框式结构

其中，动词"支持"是动词焦点标记，名词"工作"是名词焦点标记。

3."提倡""倡导"类

　　大力倡导社会主义职业道德

　　大力倡导社会主义公德

　　倡导现代文化　抵制宗教极端

　　提倡低碳旅行　网上购票有奖

　　制止豪华铺张　提倡节俭办晚会

"提倡""倡导"类动词表示鼓励使用或实行之意，后面多跟品质、道德或精神类的抽象名词，构成"VP+NP"的框式结构。以"提倡""倡导"类动词结构做标题的新闻多以鼓励、号召、积极劝导为内容，以树立、宣传社会的正能量为导向。其结构格式与前面的"支持"类相同，从语法上看，是述宾结构。动词做动作行为的陈述者，其后要支配一个被陈述的语义论元角色，其前的语义角色省略了，但是可以补充上，所以其前的论元不是空语类，而是可以补充的施事论元，如"政府机构""某单位"。概括起来，其框式结构为：（［施事 NP］）+（［COMP］）+［倡导、提倡类 V 或 VP]+［精神/道德/公德类受事 NP］。据此，我们可以填充新闻标题，如《倡导依法治疆精神　提倡乐于助人的良好品德》。

4."提高""提升"类

　　提高领导干部的法律素质

　　提高低收入群体生活和农村医疗水平

　　提高低保户补贴标准

　　不断提升国有经济活力控制力影响力

　　提升基础设施现代化水平　不断增强发展保障能力

　　大力提升科技对社会稳定和长治久安支撑作用

从结构上看，这类结构跟以上的结构都相同。但由于动词的不同，导致其所支配的处于宾语位置上的受事论元语义的不同。从词义上看，"提高""提升"类动词多是指"使位置、水平、程度、数量、质量"等方面比原来高，如"提高道德水平""提高产品质量"等。因此，"提高""提升"类动词多以可测量的受事论元做支配对象。其语法语义框式结构为：（［施事 NP］）+（［COMP］）+［提高、提升类 V 或 VP]+［可测量的受事 NP］。在这里，带圆括号的成分是指可以省略的成分。这样，由此框式图，我们可以生成同形同构的多个这样的标题，如《提高职工的最低工资》《提高高校办学水平》等等。"提高""提升"是动词主焦点标记，"可测量的受事 NP"是名词焦点标记，它们作为标题的凸显标记成分，主导一个新闻标题的话题，传递给受众第一层次的语用信息。

新闻标题是一个框式结构，自身包含语法结构层次和语义关系。它具有生成性和嵌套性，生成的结构框式结构中包含着主焦点标记，即动词性焦点标记，还包含着次焦点语用标记。因为这些成分最终是对语篇进行解构的，具有信息、事件的交际传输功能，因而，新闻标题不仅在设计层面要注意标题的结构性、交际性和传信性，同时对受众而言，他们对新闻语篇的阅览也是有层次性的。首先，关注具有较强话题焦点性的标记成分，掌握最凸显的标记。其次，关注次焦点标记成分。一个具有较强阅读能力的人一定不是一个找不到焦点成分的读者，而应该是一个擅于找到新闻标题和语篇焦点标记成分的读者。这一点，在语言教学和习得过程中，在阅读能力的培养方面可以得到明显的印证。如在英语阅读理解的考试中，要在短时间内获得最重要的信息材料，阅读方法绝不会是逐字逐句地看，而是找到焦点标记词，有人称为语用触发语，再依据篇章的焦点标记词传递的信息寻找和发现更多其他有用的、有价值的信息。所以，无论是分析新闻标题，还是阅读语篇，最基本的办法就是先找到核心语法结构，再看结构框架内的主焦点标记词，根据主焦点标记词所提供的信息，发现更多的语篇关联，这就构成了一个新闻语篇或其他类别的语篇。可以看出，生成和解构新闻标题就是一个认知加工的过程，先对语法框架进行筛选，再通过不同的认知语义途径（隐喻或认知图式）对语篇进行内化输入或外化输出。

5. "贯彻""执行"类

认真贯彻执行党的宗教政策
认真贯彻实施民族区域自治法
全力以赴落实各项既定目标任务
践行"阳光征收" 推进民心工程
执行房贷新政 国有大行纷纷出台新举措

　　根据以上的例子，我们可以看出"贯彻""执行"类在新闻标题中往往共同出现。这类动词词义大体是指彻底实践、体现或实行（政策、命令、任务、指示、决议）等。因此，这类动词后所跟的论元角色是政策类的名词。这不同于以前的几类语义论元。其框架结构为：（［施事 NP］）+（［COMP］）+［贯彻、执行类 V 或 VP］+［政策/命令/任务类受事 NP］。

　　6."重视""关注"类

　　　　重视中华传统美德教育
　　　　高度重视人力资源管理
　　　　注重新疆旅游资源的可持续发展
　　　　关注"4050"人员再就业
　　　　关爱青少年健康成长　远离宗教极端思想

　　"重视""关注"类动词结构与上述结构一致。其后指派的论元角色主要侧重指某一事件，即对某一具体事件给予关注，引起读者的重视。其 NP 不像"贯彻""执行"类、"提高""提升"类所指派的那样具体，它所指派的语义角色针对的是具体事件或具体话题。这是由动词 V 本身的语义决定的，"重视""关注"类的词义是指认为事物或某类人的作用重要而特殊对待，因而这类动词的论元就应是侧重某一事件和话题的。找到了这类语法结构的语义关系，就不难找到并分析新闻标题词的焦点标记语了。如前文所举的新闻标题《重视中华传统美德教育》，这一结构中，首先了解"重视"类标记词的语义是指对事件或者人物的重要性的突出认识；其次看其后的宾语是否是一个事件，"中华传统美德教育"是对一个事件的描述，"教育"是定中结构的核心成分，其他的是修饰成分。因此，这一结构的主焦点标记词就是"重视"和"教育"，读者实际上只需要先看到这一主核心结构中的焦点标记词就可以对新闻标题及语篇有一个大致了解，对标题及语篇相互关联也可以有一个初步认知。只要发现了标题框架内的焦点标记（语信标记），就能对标题和语篇有一个虽笼统但较为准确的了解，对未知的语篇内容有一个心理预设。因此，标题在新闻语篇中起到提纲挈领的作用。

7. "加快""发展"类

　　加快我区红十字会事业发展
　　加快房地产开发建设步伐
　　积极发展银行代理业务
　　发展高新技术　培育新兴产业

　　"加快""发展"类在这里做动词用。"加快"就是对事件的发展有一个认知心理上的急迫性，体现在动作行为的实施上，就是"快"要和"脚步"或"步子"相搭配。运用认知语言学中的认知图式理论（cognitive schema theory），这是一个路径图示，"加快"就是向前行进的路径。同样，"发展"也是向前进、向上走，向着高水平行驶的路径。"加快""发展"类标记是一个带有认知路径的动词焦点标记。"加快"后自然就会生成带有"步子""步伐"此类的路径性名词标记。比如上面的例子《加快房地产开发建设步伐》，这一标题中"加快"就是路径动词焦点标记，"步伐"就是路径名词焦点标记，这两个就是这一标题框架内的焦点语信成分，标示出了主要的语篇信息，即"加快步伐"，其他的次焦点标记成分可以做下位区分和认知。

　　8. "增强""加强"类

　　增强责任　创新思路　做好服务
　　增强使命感责任感　深入做好"访惠聚"工作
　　加强"双语"教育　强化"双语"学习
　　加强民族团结　共建美好家园
　　加强战略储备　国家石油储备中心亮相

　　"增强"与"加强"是近义词，"增强"有增进并加强之意，词义更加突出。这类动词焦点标记都有"强化"和"深化"等进一步深入的意思。其后的论元指派可以是具体可测量、可观察的名词，也可以是意识、心理、责任等方面的抽象名词。这类动词隐喻了对事物或事件、心理的深化和强化的投射。因此，后面的NP大多数跟的是"责任""意识""教育""学习"等名词焦点标记。"增强""加强"类动词焦点标记本身就带有加重程度的色彩，之前可以不再添加补充成分。其框式结构为：（［施事NP］）+［增强、加强类 V 或 VP]+[责任/意识/教育类受事 NP]。

9.“确保”“保障”类

　　确保进出口额稳步上升
　　确保《新疆日报》发行量稳中有升
　　确保边境地区长期稳定
　　确保重点工程建设安全顺利推进
　　保障“菜篮子”品种丰富价格适中

　　以“确保”“保障”类动词为标记的标题也在新闻中常见。“确保”本身词义是指确实地保证或保持。其中，“确”有确实、切实之意。因此，一般“确保”之前不加补充成分。“保障”与“确保”意义相近，但语义并不如“确保”突出，它之前可以加强调的标记成分“切实”等补充成分。由该动词的题元指派可以看出，“确保”“保障”类动词焦点标记可以跟两个论元角色，受事论元一般是事件性的，而“确保”“保障”类动词不能直接达到对事件的完成和实行，因而，受事论元后需要一个施为动词以达到事件的完成，从而构成一个连动结构。这从标题中也可以看出，其框式结构为：（[施事 NP]）+[确保、保障类 V 或 VP]+[事件性受事 NP]+[对 NP 完成类 VP]。

　　其中，“确保”这一动词及另一事件达成类动词是动词焦点成分，事件性 NP 是名词性焦点成分，形成这一框架结构，就可以生成同构同质而语义内容不同的新闻标题了。

10.“促进”“增进”类

　　千方百计促进稳定就业
　　促进节能减排和低碳发展
　　促进交通运输事业发展
　　增进了解　促进友谊
　　增进民族团结　共建美好新疆
　　增进了干群关系　夯实了基层工作

　　“增进”的词义是“增强”“促进”两者词义的黏合，与“促进”同时具有推动、发展和进步之意。"推动""发展""进步"这类词都具有使事件、事业向前行进之意，表示动作行为支配的事件的走向。因此，后面被支配的论元应该被指派为具有事件向前发展意义的名词。如上文的标题，其框式结构为：（［施事 NP］）+［增进、促进类 V 或 VP］+［事件/事业/关系类受事 NP］。

11. "开展""推进"类

推进"双语教育"持续健康发展

积极推进政协协商民主建设

开展模拟运行及处突演练

开展军民航"防相撞"宣传教育活动

这一类动词焦点标记也是路径类标记，使工作、活动等事件向前向好进行。其框式结构为：（［施事 NP］）+［开展、推进类 V 或 VP］+［事件/事业/活动类受事 NP］。

12. "坚持""保持"类

坚持用制度管权管事管人

坚持"一反两讲" 反对宗教极端势力

坚持"老虎""苍蝇"一起打

保持和发扬工人阶级先进性

始终保持用"四心"走好"最后一公里"

"坚持""保持"类动词中，"坚持"有保持坚定不动摇之意，"保持"有不减弱或消失之意。两者在词义上有共同的义素成分，因而将二者归并为一类。"坚持""保持"类表示对某一事件或人的态度、立场和情感不动摇或不减弱。因此，其后可跟事件或人的论元。其框式结构为：（［施事 NP］）+（［COMP］）+［坚持、保持类 V 或 VP］+［表事件或人受事 NP］。

13. "打造""构筑"类

构筑旅游支柱产业

重新建构西部文化

　　　　构建和谐新疆的惠民工程

　　　　打造金山公路文化特色

　　　　构建人与自然和谐相处的绿洲

　　　　创建和谐城区　打造温馨家园

　　　　构建新疆中小企业政策支持系统

　　　　营造良好社会氛围

　　"打造""构筑"类动词焦点标记有"建造""构成"的含义，直接构成的名词宾语一般是有形的建筑物，如房屋等，再隐喻成与其类似的名词，如工程、产业、城市、文化等。如上面的标题《构筑旅游支柱产业》，其中"构筑"是标题的动词焦点标记，"产业"是名词焦点标记，话题性修饰成分是"旅游"类话题。其框式结构为：（[施事 NP]）+（[COMP]）+[打造、构筑类 V 或 VP]+[表有形或无形建筑类受事 NP]。

　　14."开拓""开创"类

　　　　努力开拓理论宣传新视野

　　　　开拓保险市场　拓宽投保渠道

　　　　努力开创新时期妇女工作新局面

　　　　开创兵团改革发展稳定事业新局面

　　这类标题首先要抓住动词焦点标记"开拓""开创"，这类动词表示开始创建、开辟扩展的意思。根据动词的主要义素特征，其后的宾语要求表创建、扩展类的名词，如"视野""思路""思想"等抽象的意识名词，或新生事物类名词。

　　15."树立""建设"类

　　　　建设"丝绸之路经济带"金融中心的战略构想

　　　　树立正确的就业观

　　　　建设先进文化的中心环节

　　　　建立科学的高考招生制度

　　　　树立客户至上理念　创新金融服务

　　　　确立长远目标　提高学习效率

"树立""建设"类新闻标题中这类动词都有"建立"的意思，包含新事物的建立、产生之意。如标题《建立科学的高考招生制度》中"建立"是动词焦点标记，"招生制度"是名词焦点标记，"高考"是话题性触发成分。

16. "弘扬""发扬""发挥"类

> 弘扬法治精神　强化监督责任
> 发扬民主优势　激活改革动力
> 发挥表率作用　履行好特殊使命
> 发挥党在全面深化改革中的领导核心作用
> 充分发挥人大优势　加快推进法治新疆建设

"弘扬"有发扬光大之意，侧重把内在的精神、作用发扬出来。"发挥"侧重把内在的作用、性能、力量尽量表现出来。这两个动词焦点标记词义的侧重点虽有所不同，但也有共同的义素特征，即"表现出来某种事物"。"弘扬"侧重的是内在的精神，是无形的；"发挥"多强调外化、可视的事物。如上文标题《弘扬法治精神　强化监督责任》中"弘扬"是焦点动词，"精神"是焦点名词，"法治"是话题性成分。

17. "维护""保护"类

> 坚定不移地维护祖国统一
> 强力维护新疆社会稳定
> 保护湖泊生态　建设美丽巴州
> 保护森林和野生动植物资源的安全
> 保护电力设施　执法行动艰难前行

"维护""保护"类是近义词，被"维护""保护"的对象就是其后的名词焦点标记，它可以是人，也可以是物。如《坚定不移地维护祖国统一》，"维护"是焦点动词，"祖国统一"是表事物焦点的名词短语，"坚定不移"是补足成分（COMP）。

18."转变""改变"类

　　改变观念　面向市场　加快发展

　　改变更需要时间和耐心

　　坚决纠正城市规划建设短期行为

　　转变作风要出实招出狠招

　　转变观念　大胆创新

　　转变观念　就业天高地广

　　"转变""改变"类是由一种情况变为另一种情况，其后常跟"思想""作风""观念"等抽象名词做论元。如"改变观念""转变思想"，新闻标题也有不少此类搭配而成的结构。如上述所举的《转变观念　就业天高地广》就是此类组合。

19."培养""宣传"类

　　培养合格的新农村建设带头人

　　培养高素质创造性军事人才

　　培养高素质的现代民警

　　宣传学习条例　依法管理语言文字

　　宣传应有新观念

　　"培养"意指"按照一定目的长期地教育和训练使成长"，其后的宾语标志是接某类人，即"培养"出的结果和对象。如新闻标题《培养合格的新农村建设带头人》中"培养"是动词焦点标记，"带头人"是 NP 中的中心名词成分，"合格"是修饰限定语，"新农村建设"是 NP 中的话题性触发成分。

20."遏制""抵制"类

　　坚决遏制宗教极端思想

　　合力遏制暴力恐怖音视频传播

　　坚决遏制宗教极端思想蔓延

　　坚决抵制宗教极端思想　促进穆斯林与非穆斯林群众团结和谐

坚决抵制宗教极端思想渗透 全力维护人民群众健康权益

坚决抵御宗教极端思想渗透

"遏制""抵制"都具有使某种情况或现象停止、不让继续下去的意思。其后的名词可以是某种情况、现象，或者是某种思想。动词焦点标记所支配的论元，如"思想"或"行为""现象"之前通常会有带贬义色彩的修饰限定语。如上面的标题《坚决遏制宗教极端思想蔓延》中"遏制"是焦点动词，"思想蔓延"是焦点名词短语，"极端"是"思想"的修饰限定成分，"宗教"是话题性触发语。

21."铲除""打击"类

铲除宗教极端主义毒瘤

坚决铲除影响新疆稳定的"毒瘤"

斩断影响社会稳定的思想毒草

打击暴恐犯罪 蔑视恐怖主义

依法打击宗教极端势力犯罪活动

打击新闻敲诈 加强行业自律

这类标题中"铲除"和"打击"都是对某些不良现象进行遏制，消除丑恶的社会现象。如在《铲除宗教极端主义毒瘤》这一标题中，"铲除"是动词焦点标记，读者由这一标记可以了解新闻的主旨或态度，即要对某种现象进行遏制并消除。这就是动词焦点标记具有的语用功能，这一功能是语词本身的概念通过信息获得者的认知而获得的。因此，从交际功能和语篇功能的角度来看，我们把"铲除"等词类视为新闻标题中的语信标记，"毒瘤"是一个隐喻，是把社会的不良现象视为"病"，是要让读者感知消除疾病的决心，决不能延误，表明了语信传递者的态度和立场。新闻语言除了要准确、简明以外，对新闻事件通常要表达出新闻事件创作者和语信传递者的基本观点。所以，"毒瘤"是名词焦点标记，"铲除毒瘤"是这一标题的两个重要标记，"宗教极端主义"是话题性触发语。

需要指出的是，在新闻标题中，话题性语用触发语和名词焦点标记不一定重合，有时读者并不一定要关注名词焦点标记，而更加要关注的是话题性语用触发语，因为触发语有时会引起读者的共鸣和兴趣。这样，在对新闻标题解读分析的过程中，人们的关注度通常首先是动词焦点标记，即要说什么、传递什么信息。比如在《坚决铲除影响新疆稳定的"毒瘤"》中，"铲除……毒瘤"是一个固定框式结构，读者首先认知了"铲除"，把握了新闻语篇的基本立论，"毒瘤"一词是一个隐喻概念，从"铲除"的词义就可以体验到，"铲除"的对象一定是一个对他者有害的事物。话题性语用触发语"新疆稳定"是一个焦点度和敏感度都很高的标记，因此，读者会将注意力更多地倾向话题结构。

22."解决""破解"类

　　　　解决好老百姓看病难问题
　　　　认真解决损害群众利益突出问题
　　　　解决突出问题　完善体制机制
　　　　破解五大重点　践行科学发展
　　　　破解"成长中的烦恼"
　　　　破解五大重点　践行科学发展

　　"解决""破解"类是指对社会问题、难点和重点加以处理，因而这类标题后一般指派"问题""难点"等论元。如《解决好老百姓看病难问题》，其中，"解决好……问题"这一固定框式结构作为新闻标题，是一个动词类语信标记，"解决"是动词焦点标记，"问题"是名词焦点标记，表达、传递新闻制作者的特定意图，即要对某一社会问题加以处理的语用含义。而"老百姓看病难"不应看作是限定语，而应该是话题性语用触发语，这是一个话题，它能引起人们对这一新闻的关注，使人们的关注度聚焦在这一话题上。

23."创造""创新"类

　　　　创造条件让群众监督公车私用
　　　　创造更加便利通关环境
　　　　创新教育理念
　　　　创新机制　促进开发
　　　　创新有效预防和化解社会矛盾体制

"创造""创新"都有"开创""创立"之意，一个侧重"打造""建造"，一个侧重"更新"。"创造"后多跟"条件""机遇""环境"等由小而具象的语词到范围更宽的语义角色；"创新"一词突出"新"，其后多接"观念""体制"等思想、理念或制度方面的词，形成相对固定的语义构式。如在标题《创造条件让群众监督公车私用》中，"创造"动词焦点标记后跟的就是"条件"。

24."围绕""联系"类

　　围绕长治久安抓改革
　　紧紧围绕改善民生争取人心抓发展
　　围绕自治区工作大局履行政协职能
　　紧密联系新疆实际做好政法宣传思想统战工作
　　紧密联系实际掀起学习贯彻习近平总书记讲话精神热潮

"围绕""联系"类动词焦点标记是两个连动结构，"围绕"是指以某一问题或事件为中心，"联系"侧重指事件相互接上关系。它们都有"事件间的关系"这一共同义素。其框式结构为：（[施事]）+[围绕、联系类 V]+[事件或问题 NP]+[解决问题 VP]。可以看出，"围绕""联系"后的论元角色是具有新闻标题功能的话题。如《围绕长治久安抓改革》这一标题，"围绕"是焦点动词，后面的论元"长治久安"是话题，"抓改革"是目的和意图，"改革"是名词焦点标记。

25."抢抓""把握"类

　　抢抓新机遇　推进再跨越
　　抢抓三大机遇　深化经济体制改革
　　抢抓"三大历史机遇"　实现新常态下的新跨越
　　把握意识形态工作主动权
　　把握重点　主动进攻
　　把握改革总目标、总方向

这两个动作动词从词义上看都有对事件、机会"抓紧""抓好"，不让错失的意思，表明作者对事件的主观态度。因而，这类词传递的语用信息之一就是该新闻的作者对事件及机遇的一种自信、迫切的心态，对该事件或机遇是高度重视的。因此，我们将这种由通过新闻标题的传信功能所传达出来的含义，称为语用含义。它是隐含的意义，把这类动词焦点标记称为语信标记。如《抢抓新机遇　推进再跨越》中，"抢抓"一词的含义通过标题的传信功能表达出作者的态度，所以"抢抓"是动词焦点标记，"机遇"就是名词焦点标记，"新"是限定标记。

26."打响""唱响"类

　　　　吹响共建丝绸之路核心区集结号
　　　　打响丝绸之路重要支点历史文化品牌
　　　　奏响希望的弦音
　　　　唱响战斗精神歌　强军路上看我的
　　　　奏响生态文明交响曲

　　这类动词后一般跟"号角""旋律"等音乐性名词。如："吹响/唱响……乐曲/集结号/号角"等。"吹响""唱响"在此类新闻标题中是动词焦点标记，"集结号""号角""乐曲"等是名词焦点标记。如《吹响共建丝绸之路核心区集结号》中，"吹响"和"集结号"就是这样的标记，由于它们处于新闻语篇中，其结构相对固定，形成一种框式结构。有了这种结构，成分只须依照构式中的位置框填就可以。

27."揭穿""反对"类

　　　　揭穿谣言　认清危害
　　　　揭穿宗教极端势力伪善面目
　　　　戳穿"宗教极端势力"的画皮
　　　　坚定不移地反对民族分裂
　　　　反对家庭暴力　维护妇女权益
　　　　反对暴力恐怖　抵制宗教极端

　　这类动词是针对新闻报道中的社会丑恶现象进行抵制的。看到这类结构中动词所表示的语义，在读者心目中对该新闻语篇的主要内容和想要报道的信息有就了一个全景式预设。这就是语篇中标题与语篇相关联的直接关联词，我们称之为动词焦点标记，也是语信标记。"揭"在《说文解字》中的本义是"高举也"，引申为"把盖在上面的东西拿起，或把黏合着的东西分开，使隐瞒的事物显露，使之暴露、见光、不隐藏"。在新闻标题中，"揭"字本身就是一个隐喻，即像揭盖子一样打开阴暗面目。这说明语言结构与人的认知经验是相关联的。"穿"进一步增强了语义。"揭穿"是对某类不良或非法现象进行揭露，使之无法隐藏。"反对"不仅是揭露，而且是表明态度和立场。如《坚定不移地反对民族分裂》，"反对"是动词焦点标记，也是语信标记，因为它表明了作者的态度，传递了一定信息，使读者可以领会信息内容和所指。"民族分裂"是名词焦点标记，也可以做话题。有时名词焦点信息和话题是可以重合的。

28. "夯实""锤炼"类

> 夯实基层基础　打造过硬队伍
> 夯实公共卫生基础　提升医疗服务能力
> 夯实学校抵御和防范渗透的坚强防线
> 增进了干群关系　夯实了基层工作
> 锤炼干部干事创业
> 寒冷气候下锤炼新战士战斗品质
> 在基层锤炼干部

"夯实"中"夯"是一个会意字，表示大力，指劳动时需要用大力，这里意指用夯把地基砸实。本义为加固，引申为打牢基础，是名词活用为动词。"锤炼"多指磨炼，铁锤击打使变成要求的形状。"锤"本义为铁锤，这里活用为动词，用铁锤敲打。可见，经过词类转换后，"夯"与"锤"都成为有标记的成分，带有概念的隐喻性，隐喻在工作中像用夯打过一样，把基础打牢，在逆境中像被铁锤击打一样得到锻炼。两个词类都有一个共同的义素，即"用工具完成某一事件"，含有"打造、锻炼"的意思。在这一构式中，"夯实""锤炼"是动词焦点标记，其后的名词是名词焦点标记。"夯实"的后面跟表"地基""基础"类的名词。"锤炼"后多接表人的对象，磨炼、锻炼人。如上面的新闻标题，《夯实基层基础　打造过硬队伍》中，"夯实"对应的宾语就是"基础"，"在基层锤炼干部"中，与"锤炼"相对应的宾语是"干部"。因此,"夯实""锤炼"类的框式结构为:[夯实]+[基础、地基类 NP],[锤炼]+[表人的 NP]。由"夯实""锤炼"隐喻出的语义与构式及语词的传信功能反映出新闻传播者的基本态度与立场。因此,我们把这类能够起传信和表达功能的动词焦点标记称为语信标记。

29."满足""适应"类

> 适应新常态 做好"三农"工作
> 适应新常态抓住新机遇
> 主动适应新常态 奋力开创新局面
> 主动适应新常态 围绕社会稳定和长治久安推进经济发展
> 满足市场需求 提供最佳服务
> 满足市场需求
> 满足群众文化需求须各方给力

"满足"类动词常与"需求""需要"或"条件"等词相搭配,构成"满足……需要/需求/条件"等构式,中间部分是话题结构。如《满足市场需求》,就套用了这一构式,而中间部分"市场"是标题的话题成分,其功能之一就是用来触发语篇的语用成分。"适应"类指事物符合或满足、达到要求或新标准、新情况、新形势等,是主动态动词,即 A 适应 B。如标题中"适应新常态","适应"是动词焦点标记,"新常态"是名词焦点标记。

30."引导""引领"类

> 引领农牧民文化活动健康发展
> 引领民族复兴的战略布局
> 引领党员为"南疆之星"做贡献
> 积极引导宗教和社会主义社会相适应
> 引导青年 服务青年 团结青年

"引导"和"引领"都有"带领"的义素。"带领"表人和事物的名词向某一方向发展,或与信息传递者所表达的情境相适应。如《引领农牧民文化活动健康发展》中,"引领"为动词焦点标记,表明传信者的施事行为,就是要"带领某某做某事",是主动实施某一行为,这表明了传信者的主观思想。从语用表达的层面看，它具有一定的主观性，不仅是静态的语法结构与语义的简单表述，更是语用平面的表达和交际。"活动"是被支配的对象，但是活动不是最终要表达的目的，最终意图是要让这一"活动健康发展"，"健康发展"是终极意图。因此，"活动"是带有兼职功能的名词焦点标记，"发展"是表达活动实施、完成的路径。

新闻标题中动词和名词结合构成相对稳定的语言构式。从语言的层面上看，它具有概念意义和语法意义；从言语的层面来看，它也具有交际功能和传信功能。因而我们认为这些动词和名词构成的固定结构是一种语法构式。动词部分是焦点标记，名词部分可以是焦点标记，也可以是语用触发语。同时，这种构式也是一种传信表达式。为突出新闻语篇交际和传信的功能，我们更侧重于这些语词从语义中隐喻出认知语用功能和信息凸显功能，所以我们称这些焦点标记词为语信标记。

31. "了解""解读"类

　　了解基层政协履职创新情况
　　解读《证券法》（修订案）
　　解读喀纳斯国家地质公园
　　解读新疆精神

"了解""解读"类动词是对某事物、事件、现象或人的情况或存在的问题弄明白或搞清楚，形成"了解……情况/问题"的构式。如标题《了解基层政协履职创新情况》就是对"了解……情况"构式的嵌套使用。这一标题中，"了解"是动词焦点标记，"情况"是名词焦点标记，构成动词类标题构式，统领语篇。

32. "谱写""总结"类

　　谱写"中国梦"的美好新疆篇章
　　谱写教育事业的壮丽诗篇
　　共同谱写科学发展壮丽篇章
　　总结历史经验　努力再创辉煌
　　总结经验　加强管理　再接再厉确保工程运行平稳　造福人民

"谱写""总结"类中，"谱写"是与写作、创作相关的语义，而"谱"是指音乐作曲，其后的名词类一般是与"乐曲""乐章""华章""诗歌""诗篇"等带有音乐性的词类搭配使用，形成相对固定的构式。如《谱写"中国梦"的美好新疆篇章》中，与"谱写"相搭配的就是"篇章"，构成"谱写……篇章"的构式。与其相类似的构式还可以是"谱写/书写……华章/诗篇"等，我们都统一归在这一类。"谱写"和"篇章"作为动词焦点标记和名词焦点标记，我们称之为语信标记，结构中间的部分我们不单看作修饰成分，而是倾向"话题成分"或"语用触发语"。如这一标题的中间成分"中国梦"就是可触发、生成语篇的语用话题。"总结"就是总的归结，对某一阶段的工作、学习或思想中的经验或情况进行分析研究，得出带有规律性的结论。"总结"多与"经验""教训""体会"等心理名词结合使用，如"总结……经验"，形成典型构式。其他与之搭配的语词都是这一构式范畴中的变体形式或一般成员。

33. "推动""推行"类

　　　　我区启动股权激励试点工作
　　　　尽快启动库尔勒—罗北—敦煌铁路建设
　　　　强力推行新水资源费征收标准
　　　　推涌出一个团结新疆 和谐新疆 稳定新疆 活力新疆
　　　　全疆中小学推行督学挂牌制
　　　　大力推动法治新疆建设

"推动""推行"都有使事情得以开展之意。"推"的含义是向外用力使物体移动。这一动作动词的路径是由内向外，使物体由里而外运动。因而，"推动"和"推行"都指用力使事情、事件由静而动并向前发展，其后跟与其可搭配的名词，如"建设""工作""活动""制度"等。以这类动作动词为标题的新闻都带有一定的主观色彩，它能显示新闻主体的态度、立场、观点、决定等言后效果。我们将这些动词看作成分标记，是能传递信息、表达感情的语用成分标记，也就是语信标记。如新闻标题《大力推动法治新疆建设》中，就是一个"推动……建设"的典型构式，其中"推动"和"建设"是语信标记，内嵌成分"法治新疆"是典型的话题成分，引出语篇内容。这一结构还可以有不同的变体，如"启动……工作""推行……××制"等，其构式相同，只是在语义侧重上有所不同。

34."突破""突出"类

> 全面出击重点突破打一场"去极端化"主动仗
> 突破信息化建设瓶颈　提升中小企业竞争力
> 突出重点　突破难点
> 突出监督主业强化体制机制改革
> 突出创新驱动

"突破"和"突出"类标题都有超出一般的意思。"突破"侧重指超出、打破某个界限、范围等。根据其意，其后的名词一般跟"难点""难关""包围""重围""瓶颈"等。"突出"侧重于超过一般，其后跟"重点"等词。如第三个标题中《突出重点　突破难点》就是一个典型的构式搭配。根据语义和语法功能，传递新闻主体的某种情感、态度和思想，起到了语用交际功能，我们将这类构式中的典型动词和名词在结构语义上称为焦点标记，在语用功能上称为语信标记。

35."激发""探索"类

> 激发共同治理的活力
> 激发文化产业"微力量"
> 努力探索思想政治工作新方法
> 探索干部监督工作新途径
> 积极探索金融创新模式　助力"丝绸之路经济带"建设

"激发"类是指刺激并使奋发，一般指事物或人受外部力量的刺激而产生动力，使事情更好地开展。一般常用"活力""热情""动力""生命力""××心（好奇心）"等。"探索"类是指多方努力深入探求答案和方法，解决疑难问题，如"探索奥秘""探索道路"等，多与"方法""方式""途径""模式"等论元同现。这些搭配不仅在语法结构中常用，而且在新闻标题中也较多见，形成相对恒定的构式。这些构式中的语词从语用功能上就是语信标记。

36. "引进""开发"类

　　引进开发生物工程技术

　　引进人才要有创新创业能力

　　伊吾：引进环保防尘新技术

　　大力开发新疆煤层气

　　合理开发利用气候资源

　　"引进"多指从外地引入（新品种、新技术、设备、人才等）。如标题《引进开发生物工程技术》中，就使用"引进……技术"这一构式。其中，"引进"和"技术"是动词类和名词类的语信标记，"生物工程"是话题性成分。"开发"在标题中常与"引进"连用，有对资源、人才、技术等发现并利用之意，如《合理开发利用气候资源》就是运用了"开发……资源"这一构式。"开发"和"资源"是语信标记，"气候"是标题的话题成分。

37. "治理""完善"类

　　完善土地征用程序

　　完善防治非典应急预案

　　完善农田水利建设投入机制

　　治理农业污染刻不容缓

　　依法治理家庭暴力

　　治理"餐桌污染"　保障食品安全

　　"治理"意为处理、整修，使之不发生危害并起作用，常与"问题"类事件名词组合使用。"完善"指使情况、条件变得更好，减少问题，一般与"机制""方案"等论元搭配使用。两者都含有使事情或条件发生转变并向好的方面发展之意。如标题《完善防治非典应急预案》中就使用了"完善……预案"这一构式，这一结构中的两个成分就是新闻标题中主要的语信标记，中间的嵌入成分"防治非典"是话题性结构。

38. "制定""规范"类

　　制定科学人力资源战略
　　制定节能节水考核"硬杠杠"
　　尽快制定自治区实施反恐法意见
　　依法规范医患关系
　　规范救灾救济工作
　　规范城镇企业职工退休审批管理

　　"制定""规范"类动词都有新闻主体实施某一行为并使之符合社会的要求和标准之意。"制定"后多跟"标准""政策""规划""法规"等表大政方针类的词。"规范"多接"工作""关系""标准"等一般名词。如标题《制定科学人力资源战略》中，"制定……战略"就是一个特定构式，这两个成分就是新闻标题的基本语信标记，"人力资源"是话题标记。

39. "呼唤""声讨"类

　　呼唤政治文明社会民主
　　呼唤完善的养老制度
　　强烈声讨暴恐行径　坚决维护团结稳定
　　声讨暴行万人签名
　　强烈声讨暴力恐怖分子罪行
　　声讨"东突"恐怖势力罪行

　　"呼唤"意指向个人或社会申述，请求援助或主持公道，用在新闻标题里，往往隐喻一种需求、渴求或期盼，表达一种强烈的意愿。因而，"呼唤"类构式常常用在表达愿望这一语用含义中。"声讨"表示谴责罪行，加以讨伐。其构式特征是：声讨+（表罪行义）NP。"声讨"类构式也隐喻个人意愿的表达。这类词语带有较强的主观性。

40. "调整""巩固"类

　　调整就业结构　实现就业增长
　　调整产业结构　发展特色农业

巩固良好势头　再接再厉乘势而上　推动全面深化改革不断取得新成效

巩固和发展平等团结互助和谐的社会主义民族关系

"调整"指改变原有的情况，使适应客观环境和要求。"巩固"指在原有的基础上保持稳定，使之牢固。两者都包含"在原有的基础上"这一义素。前者在原有的基础上加以改变以适应新情况，后接名词一般是"结构""关系""方式""方法"等。在新闻标题中，我们收集的这类多以"结构"为名词焦点标记。如标题《调整就业结构　实现就业增长》中，"调整……结构"就是一个典型构式，"就业"是话题成分。

41. "肩负""担当""履行"类

肩负起生态文明建设的责任

肩负起建设创新型新疆的伟大使命

履行历史赋予的责任

扎实履行主体责任　营造风清气正环境

切实履行主体责任　加强基层党组织建设

忠诚担当职责　监督执纪问责

担当审计职责　助力新疆发展

承担起反分裂反渗透职责

承担社会责任　服务企业群众

"肩负"类动词都有担负、承担之意，其后常接"责任""重任""职责"等表示使命类的名词短语做论元角色，构成"肩负"类构式，即[COMP]+肩负/担当/履行类动词+使命类 NP。如《肩负起生态文明建设的责任》这一标题中，就运用了"肩负……责任"这一典型构式，其他与其有相同语义、相同语法功能的成分是边缘形式，列入同一范畴中，归属同一个框架结构。这给制作新闻标题带来了便利，可以运用框架结构的嵌入式生成的特点，不断替换、生成具有相同功能的此类构式。我们把构成这一构式的动词焦点标记"肩负"类动词称为语信标记。

42.（会议）"开幕""召开""举行"类

　　十二届全国人大二次会议在京开幕

　　自治区"去极端化"宣传教育工作展开幕

　　第三届吐鲁番"杏花季"开幕

　　自治区召开"去极端化"宣传教育工作经验交流会

　　自治区十二届人大常委会召开第十四次会议

　　首届达坂城姑娘大豆旅游文化节举行

　　第二场"共青团助就业交流会"举行

　　这类标题在新闻中常常出现，据我们观察，这三类语信标记出现的频次大致相同，"开幕"是非自主性不及物动词，一般用在末端，即形式构式"……会议……开幕"，因为"会议"不能自己开，是由人组织开的，所以"会议"虽做构式主语但它不是施事主语，而是受事者，因而其后的动词也应该是不及物的。"召开"与"开幕"有相同的语义，即会议开始，而"召开"是及物性动词，前有主语做会议的施加者，后有宾语做"召开"的内容。"举行"则可以放在句中，也可以放在句尾，有灵活性，这是它与前两个构式的不同之处。

43.（会议）"闭幕""结束"类

　　全国政协十二届二次会议闭幕

　　自治区妇女第十一次代表大会闭幕

　　自治区第八届民运会闭幕

　　"去极端化"新疆首届农民画大赛圆满结束

　　"去极端化"新疆农民小品大赛片区赛全部结束

　　这类标题构式是相对于"开幕"类动词而言的。"闭幕"类构式，其语义共性都是含有"……会议……完成（任务）落幕"之意。这类构式中"闭幕""结束"均处于结构的末尾，做"光杆动词"，其后不接 NP。如《全国政协十二届二次会议闭幕》，构成"……会议……闭幕/结束"这一构式。

　　以上所举的以动词为焦点标记的标题我们称其为动词类标题构式。与基本动词相近或相关的动词都归为一个范畴，以一个动词为典型，其他的近义动词是其变体形式。它们都在一个构式中，有相近的语法和语义功能以及相同的交际功能和语用功能。

动词类语信标记最显著的功能就是其自身的语义功能和语用标记功能。一个语义结构固化为一个构式，其内部要素具有相对稳固的语义关系和语用功能。语义关系是 VP 与它所支配的论元之间的关系。VP 是焦点动词，它起到标题语篇理解、信息传递的决定性作用，也就是说，一个语义构式建立起来后，其自身就附载着语义特征。这些特征有些是无标记的，如主谓结构是常式结构，一般认为是无标记的。而很多构式是有标记的，有标记的语义结构除自身的语义外，还包含着超语义的语用成分，如焦点、话题凸显，语义或语用预设等。语用功能就是在确定成分要素的语义关系后，从标题的语词概念、话题成分、隐喻成分中投射超载信息。这些超载信息就是由结构中的焦点标记反映而出，它负载标题的语用传信功能和认知功能，从语用上看就是语信标记。实际上，标题中的语信标记是一个语义和语用相结合的构式体，是形式和意义的相互配对，它用来标示标题的框架结构，注明标题的语义关系，明确标题的语用和认知功能。

二、以心理类动词构成的标题

1. "领会""理解"类

　　深刻领会"三德"教育的 60 字要求
　　深刻领会和实践"从群众中来、到群众中去"
　　全面领会和落实三中全会精神
　　深刻理解新疆工作的特殊重要性
　　深刻理解公民道德建设的主要内容
　　科学理解民族区域自治制度

2. "认识""认清"类

　　深刻认识公民道德建设的重要意义
　　正确认识宗教自身的改革和进步
　　正确认识和处理农民上访问题

　　　　认清"三股势力"反动本质　依法严惩暴力恐怖犯罪
　　　　认清形势　主动进攻　全力实现"三个坚决"目标

　　心理动词一般是表示情感、意向、认知、感受等心理活动或状态的词。因此，心理动词表示一种认知行为和活动。张积家、陆爱桃（2007）根据汉语80个心理动词概念结构在语义空间不同维度的坐标值,分析得出心理动词不同的分类：一是表征认知、情意的心理动词；二是表征积极、肯定的或消极、否定的心理动词。新闻标题中的心理动词一般是表征认知、情意的。如标题《深刻理解新疆工作的特殊重要性》中，"理解"就是表认知、情意的，其中表认知的语义就是要明白、懂得某一事件，而且是积极的、主动的。这些心理动词构成一定的构式，形成框式结构，表示一定的语义关系和认知情态。我们认为，新闻标题并非对事件的完全客观的转述，从动词本身所标明的语义以及其与论元的组合可以隐喻出一定的主观态度。因此，心理动词做标题的一个显著功能就是标明语篇观点和语调。

三、以能愿类动词构成的标题

1. 表可能类

　　　　换位思考更能促进作风转变
　　　　抱团发展能走得更高远
　　　　积小善方能成大爱

2. 表必要类

　　　　反腐也需要多管齐下
　　　　门禁卡不应收费
　　　　文化惠民要送到百姓心坎上
　　　　提高双语教育质量需打"组合拳"
　　　　取消"三好学生"评选应慎重
　　　　乌鲁木齐要讲出自己的故事
　　　　行政审批制度改革必须与体制机制改革同步推进

能愿动词用在动词和形容词前表示客观的可能性、必要性和人的主观意愿，有评议作用。这类能愿动词做新闻标题可以表达新闻创作者的主观态度，还可以起到强调、警示、劝勉等作用。所以，以上能愿动词作为标题成分都可以视为标题主观情态标记。如"更能""方能""需要""不应""应""应该""要""必须"等这些都是明显的情态成分。这类标记在标题中出现，表明作者对新闻事件的态度。

四、词类活用构成的标题

> 净了空气　正了风气
> 坚定政治立场

为了使标题从结构和语义上做到精细并能突出新闻的主旨，新闻标题往往会使用最简化的语词以做到表述精准、表达清晰，做到简洁、明确。

五、以单音节动词开头的标题

> 抓要务　图创新
> 乘西部开发东风　创西部一流大学
> 举名牌　抓重点　出精品
> 抓培训　促转移　强服务
> 应民意　提信心　添动力
> 颂改革　忆发展　促和谐
> 开眼界　转观念　促交流　谋发展
> 变暗箱操作为阳光操作
> 走经济建设与环境保护协调发展之路
> 走符合新疆特点的发展之路

从前文所举的动宾式新闻标题中可以看出，新闻标题双音节动词占了相当大的比重，但也有一部分以单音节动词为焦点的标题，如常见的"抓""创""走"等。《抓要务　图创新》这一标题，"抓""图"为焦点动词，"抓"这一言语行为动词凸显对新闻事件实施的行为，"图"凸显执行事件的最终目的。单音节动词往往也具备信息焦点的标记性质，可以强化标题的信息重点，提示与新闻语篇的关联。

六、以"形容词+化"为开头的标题

> 深化对社会主义市场经济社会的认识
>
> 大力深化汉语教学改革
>
> 深化公路改革：尽早与"买路钱"说再见
>
> 净化社会文化环境家庭护卫行动启动
>
> 净化文化市场
>
> 全力净化未成年人健康成长环境
>
> 强化对社会主义道路的高度认同
>
> 强化对中华民族的高度认同
>
> 强化法治思维　提升法治能力

这类结构在新闻标题中也被重复使用。"形容词+化"中"化"已虚化为一个构词词缀，加上一个程度形容词后做动词使用。这一构式做新闻标题显然有致使作用，也就是指强调对某一事件如何通过某种方式加以处理、解决。如《深化对社会主义市场经济社会的认识》中的"深化"就含有"处置"意味，"使……加深"，处置的对象是名词焦点标记"认识"，即"使（人们的认识）加深"，再进一步，是"使……对社会主义市场经济社会"的认识加深。因而，"对社会主义市场经济社会"是这一标题的核心话题标记。概括起来，我们还原这一标题的结构应为"使人们对社会主义市场经济的认识加深"。

七、其他类别的标题

> 论依法治疆团结稳疆长期建疆
>
> 工笔画琐议
>
> 民族区域自治辨析
>
> 浅谈纺织企业信息化
>
> 透视阳光与黑暗的较量
>
> 畅谈民族团结大好形势

透过非典看新疆旅游

新疆花卉经济透视

　　这类标题中都有一个明显的动词焦点标记，如"论""琐议""辨析""浅谈""透视""畅谈""看""漫谈""有感于""从……看"等。而这些标记的动词实在意义虽未完全消失，但已经趋于淡化，这从它们在结构中的分布仍能看出。动词意义度量轻化，焦点标记的程度加强，趋向充当标题构式中的一个标记成分。前文论述的标题构式中的动词也具有同样的特征。

　　徐烈炯（2006）在谈汉语的信息焦点时，指出信息焦点作为语用上的概念，其在汉语中的句法表现的程度要大于许多其他语言。汉语的语序相对比较灵活，表达信息焦点的成分有一个基本位置。但一个焦点化的成分并不总是处于该基本位置，有时因某些结构上的限制，它甚至不能处于该位置。在新闻语篇中，由于新闻作为传播信息的方式，再加上标题自身的外在结构空间的受限及内在语言结构表达方式上要求新、求异以吸引受众的普遍关注的要求，这些制约都会对结构中信息焦点的位置产生影响，因此，我们认为徐先生的观点在新闻语篇中也同样成立。也就是说，在新闻语篇的标题中，表达信息焦点的成分一般而言要有一个基本位置，但在不同语境下，这一焦点并非完全不可改变，要视不同情况而定。

　　关于现代汉语中焦点的位置，不同的学者有不同的见解。罗仁地、潘露莉（2002）认为句末位置是焦点位置。张伯江、方梅（1994）基于动词宾语与方向性短语的相对语序以及宾语与动量词的相对语序，认为被赋予焦点的成分必然占据句末位置。徐先生从句法焦点结构及语音手段两方面论述焦点的位置，即在树形图中递归位置的最内嵌位置是信息焦点的基本位置，汉语是 VO 语序的语言，内嵌的方向性就决定了该位置是句末位置。这几位学者有一个共同观点就是句末位置是汉语焦点的位置。

　　综合各家观点，本书认为处于 VO 位置的 O 在句法结构中是一个焦点成分，这是没有疑问的。从上文对新闻语篇中的动词结构标题所做的分析就可以看出，"VP+NP"类标题构式中我们把处于 NP 的名词也看作一个焦点成分，这个名词相当于之前学者所提到的 VO 中的 O。因此，本书将动词后处于句末位置的宾语归为名词焦点标记是有理论依据的。同时，由于新闻语篇具有交际功能和传信功能，而这些语用焦点标记本身又带有其言语意义，我们将这些语用焦点标记称为名词性语信标记。那么，需要指出的是，我们归纳出新闻标题中40余类标题构式，这些构式在外部语法结构上都是"VP+NP"。按照徐先生等人的观点，处于句末位置的成分是信息焦点，而本书把标题中VP中的V也视为焦点成分，也就是说，在一个结构中同时存在两个焦点成分，这是否被允许？关于这一点，本书结合徐烈炯先生和吴剑锋先生的观点来阐述其合法性，这也是本书对新闻语篇结构和功能分析中的一个创新。

徐先生依据乔姆斯基的 T（transform）模型语法框架组建了焦点结构层（focus structure）语法模型。如图2-2所示。

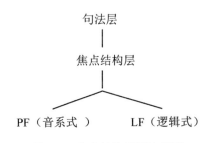

图2-2　焦点结构层语法模型

这一模型焦点结构的功能是标明一个由运算系统产生的结构描写，其中带有F标记的成分被视为焦点成分，不带有F标记的成分是预设信息。焦点标记F可以被赋予树形图中每个递归性分支结构中的最内嵌成分。如徐先生所举例子：

a.［［老王］［［昨天］［开过］［$_F$吉普］］］

b.［［老王］［［昨天］［$_F$开过］［吉普］］］

c.［［老王］［$_F$［昨天］［［开过］［吉普］］］

d.［$_F$［老王］［［昨天］［［开过］［吉普］］］

徐先生也认为结构中焦点标记并非唯一一个，其他成分也可以被赋予标记［F］。如：

e.［［老王］［［昨天］［［$_F$开过］［吉普］］］］

f.［［老王］［［$_F$昨天］［［开过］［吉普］］］］

g.［［$_F$老王］［［昨天］［［开过］［吉普］］］］

　　由此可见，焦点在句法结构中也不是唯一一个，它可以受语义的影响而改变。焦点结构中的相关信息可以分别被送往 PF 和 LF，被送往 LF 的就是深层语义信息投射到表层逻辑表达式中。在新闻语篇中，PF 音系表达式不是焦点产生的手段，因而在这里省略不述。桑克（Cinque，1993）将形式语法中的焦点设置与语篇中的焦点设置相区别。话语中的任何成分都可能在语篇中成为焦点，句子语法中焦点的位置是受语义规则限制的。

　　结合两位学者的观点，本书将句法结构中的焦点成分和语篇中的语用成分相结合，既考虑到形式句法结构中句末位置的焦点成分（即把处于动宾结构末尾位置的 NP 视为焦点成分），同时也将作为语篇的新闻标题的语用功能纳入焦点标记范畴（即以 VP 为核心的标题中 V 的语用标记是显性的，也可以成为语篇中特定的焦点标记）。此外，还可以从另一个角度来阐释，我们将"VP+NP"标题看作一个整体构式，充当一个句子或结构焦点成分的单位可以是一个词，也可以是一个结构。这样，我们可以概括出，在"VP+NP"标题构式中，VP、NP 都可以同时作为焦点标记而存在。在语词配对上，它们是语义焦点标记；从语用表达上，它们是语信焦点标记。在一个新闻标题的框式结构中，同时可以存在两种焦点标记，这也是新闻语体自身的要求。

　　另外，吴剑锋（2009）依据言语行为理论，认为词汇层面存在一些明显的言语行为动词，在一定的句法语用条件下，这些言语行为动词描写了正在实施的言语行为。新闻语篇中以动词为核心的标题构式也具有这一特征。这些动词作为言语行为动词，标明新闻事件的行为动态过程。以上我们所列举的 40 余种言语行为动词具有语义上的自指表征，能照应出语篇整体的动作执行、完成轨迹，并从语用层面上反映出语篇的语用含义和一定的主观情态，从而反映新闻标题及语篇的本质。

　　此外，吴剑锋认为，言语行为动词是可以观察的，这说明作为标记的某种因素有明显的外在形式，或者本身就是某种外在形式。以上我们所列举的 40 余类标题动词焦点标记正具有这类特征，在形式上有标记，形成框式结构，语义上有关联，同类新闻标题都可以运用这种构式进行替换生成。言语行为动词的存在使标题和语篇所实施的行为性质明确，动词本身的词义标明了话语所实施的言语行为。这与我们的观点不谋而合。

第三节　小结

一、语信标记概念的提出

本章观点就是提出动词类标题中动词是传信的焦点，因而它是焦点标记，由动词焦点标记生成标题构式，我们称为动词类标题构式。因其具有传信功能，可反映语篇本质，故将这类动词称为语信标记。

二、构式类的划分

结合我们的分析，动词类标题构式在结构上就是"VP+NP"类，包含"V+补+NP"和"[COMP]+V+NP"两种形式。根据标题中常见的动词，我们详细分析了 40 余类动词类标题构式特征和语用功能。

我们统计了 2000 年至 2018 年《新疆日报》新闻标题中常见的动词类语信标记，共 13545 条，其类别及分布情况如表 2-2 所示。

表 2-2　动词焦点标记标题种类及数据统计

类型	数量/条	百分比/%	类型	数量/条	百分比/%
做、搞类	893	6.6	揭穿、反对类	43	0.3
支持、支援类	157	1.2	夯实、锤炼类	77	0.6
提倡、倡导类	27	0.2	满足、适应类	39	0.3
提高、提升类	489	3.6	引导、引领类	80	0.6
贯彻、执行类	570	4.2	了解、解读类	57	0.4
重视、关注类	211	1.5	谱写、总结类	85	0.6
加快、发展类	458	3.4	推动、推行类	395	2.9
增强、加强类	642	4.7	突破、突出类	122	0.5
确保、保障类	396	2.9	激发、探索类	115	0.9
促进、增进类	316	2.3	引进、开发类	37	0.3
开展、推进类	970	7.2	治理、完善类	143	1.1
坚持、保持类	317	2.3	制定、规范类	57	0.4

续表

类型	数量/条	百分比/%	类型	数量/条	百分比/%
打造、构筑类	544	4.1	呼唤、声讨类	9	0.1
开拓、开创类	213	1.6	调整、巩固类	88	0.7
树立、建设类	300	2.2	肩负、担当、履行类	126	0.9
弘扬、发扬、发挥类	393	2.9	开幕、召开、举行类	1289	9.6
维护、保护类	353	2.6	闭幕、结束类	87	0.6
转变、改变类	66	0.5	领会、理解类	36	0.3
培养、宣传类	86	0.6	认识、认清类	56	0.4
遏制、抵制类	79	0.6	表可能类	95	0.7
铲除、打击类	103	0.8	表必要类	799	6.1
解决、破解类	184	1.3	词类活用类	72	0.5
创造、创新类	202	1.5	以单音节动词开头类	467	3.5
围绕、联系类	217	1.6	以"形容词+化"为开头类	348	2.6
抢抓、把握类	205	1.5	其他类	373	2.8
打响、唱响类	59	0.4			

第三章
新闻标题结构特征及功能
——以介词类焦点标记为例

第一节　作为新闻标题的介词性语信标记及类型统计

介词性语信标记类型的分布情况如表 3-1 所示，不同的介词语信标记在标题中有不同的呈现。共统计常见介词性标记 12 类，3505 条。

表 3-1　介词类语信标记及数量统计

介词性语信标记类型	数量/条	百分比/%	介词性语信标记类型	数量/条	百分比/%
用	268	7.6	在	243	6.9
以	739	21.1	向	37	1.1
把、将	361	10.3	关于	66	1.9
让、使、令	853	24.3	给	19	0.5
为、为了	331	9.4	在……里/中	243	6.9
从、由	283	8.1	其他	62	1.8

第二节　介词类焦点标记的构式类型及特征

一、"把+NP/VP"结构

1. "把"字结构的语法特征

"把"的语法功能是做介词，跟名词组合，用在动词前。在新闻的标题语言中，这类结构主要表示处置的语法意义，从语义上看是动作对事件有处置之意，从而致使某种结果产生，达到预期目标，如"把技术学到手""把信交了"。在标题中，"把"后面常常跟名词短语，也有动词短语。

把残疾人事业纳入社会建设

把我区职工道德建设引向深入

把国际大巴扎建成对外开放窗口

把企业崭新形象带入新世纪

把确保产品质量安全落到实处

把学习十七大精神不断引向深入

2. "把"字结构的语义特点

关于"把"字结构的语义特点学界有以下不同的观点，有学者认为"把"字结构中"把"表处置。王力（2011）认为"把"字结构表示处置，但处置常常被认为是人的有意识的、有目的的行动。因此，一些语法学家（吕叔湘，1980；文炼和胡附，1955）认为，有些"把"字句不能理解为处置。王红旗（1999）认为"把"字句表处置，它们表示说话人认为在概念世界里主体对客体施行了处置。张济卿（2000）认为"把"字句表处置是因为"把"表处置，不能把句式的意义归为某个词的意义。薛凤生（1987）认为"把"字句表示"由于 A 的关系，B 变成 VP 所描述的状态"，这只概括 VP 与"把"的宾语构成表述的"把"字句。崔希亮（1995）将"把"字句分为结果和情态矢量两类。金立鑫（1997）将"把"字句分为结果、情态和动量三类。叶向阳（2004）认为"把"字句的语用义有两种，即处置和使动，并认为表处置的"把"字句的"把"不能换成"使"，表使动的"把"字句的"把"可换成"使"。郭锐（2003）认为"把"字句的语义核心是致使，"把"的宾语是被致使事件的主体论元。

3. "把"的宾语的句法性质

黎锦熙（2007）、王力（2011）、吕叔湘（1980）等认为"把"的宾语是动词的宾语前置，"把"字句的动词具有处置性，但他们认为能构成"把"字句的动词的范围不同。崔希亮（1995）认为"把"字句的动词都是动态动词，动态动词是"有动力的动词，它能够改变 B，使 B 发生变化"。杨素英（1998）根据（动力、时限、终结、结果）这种标准，把动词按其基本意义分为状态、动作、有时限动作、有结果指向、含结果实现五类，认为只要给它们提供终结点，以表示动词有了结果，并能对"把"的宾语加以影响，这五类动词都可构成"把"字句。刘培玉（2001）认为"把"表示一个物体作用于另一个物体。因为"把"字句是由动词"把"构成的连动句虚化而来的，在连动句里，动词"把"的意义表示主语"握着"或者"拿着"宾语，"把"蕴涵着二者之间是作用和被作用的关系。由动词"把"构成的连动句虚化成介词"把"构成的"把"字句后，动词"把"虚化为介词"把"，它的动词"握""拿"义丢失，但表示"一方作用于另一方"的功能保留了下来。

因此，学界一般的观点就是"把"字句语义上可分为两个大的类型："处置"和"致使"。"处置"包括"致使"，但"致使"不包括"处置"。当"把"字句的主语有意识地对"把"的宾语施加作用并使之发生变化时，"处置"里就包含了"致使"。例如"我把钢笔折断了"，这个"把"字句是表示"我"对"钢笔"的一种处置，同时也包含着致使："我"是致使者，"钢笔"是被致使者，"我折"是致使事件，"钢笔断了"是被致使事件。当"把"字句的主语是有意识地对"把"的宾语施加作用和影响，但并没有引起其变化时，"把"字句仅仅表示处置。所以，"把"字句从表示"处置"到表示"致使"有一个层级，这就是：处置→处置和致使→致使。

新闻标题中的"把"字构式的特征符合这样一个连续统过程，如"把新疆与世界拉近"这一标题中，主语空缺，但是可以填补。这里需要注意的是，与一般有主语"把"字构式不同的是，新闻标题中"把"字构式的主语隐含不是为了要填补主语，主语不是必补项，它是心理共知项，标题的"把"字构式重在突出强调把字后的 NP 与对 NP 具体施加影响和变化的动词焦点。在标题"把"字构式中，动词才是"把"字后 NP 的主导，因为动词不仅对"新疆"有处置的行为，而且还施加作用，使之较以前有改变，是一个向前推进的路径。再加上支配"把"后宾语的动词本身是行为动词，对宾语有改变和影响的作用，即要使新疆与世界的距离拉近，"拉近"是表处置和致使的关键，这是一个动态演化的过程。

以"把"字结构为标题的构式基本都是处置和致使意义并存的。根据前人研究，我们得出在新闻标题中"把"字本身是一个介词标记，它要引出、凸显标题和语篇正文的话题，标题和语篇正文的话题就是从动词位置前移到标记词"把"后的名词宾语，"把"字构式的动词是行为动词，是具体要施加影响和变化的焦点，是"把"字后 NP 产生变化的核心，是致使并产生变化语义的执行者。也就是说，标题中的"把"字构式不着重强调主语施事者的静态行为，而是突出标明动作执行的路径和过程。所以标题"把"字构式与一般"把"字构式的一个显著不同是，标题"把"字构式是一个对 NP 执行动作行为的动态路径图式。对宾语话题的执行，就是新闻语篇要传递的核心信息和主观情态。再如《把残疾人事业纳入社会建设》中，"把"是介词标记，引入标题话题"残疾人事业"，对这个话题怎样处置、施加作用，以使之改变，核心焦点就在于动词焦点"纳入……"这一VP。

4."把"字结构的语用分析

关于"把"字句的焦点，语法学界历来争议很大。

曹逢甫（Feug-fu Tsao，1987）和薛凤生（1987）都认为"把"字句有两个主题。薛凤生认为"把"的宾语是首要主题，"把"字句的主语是次要主题；曹逢甫认为"把"字句的主语是第一主题，"把"的宾语是第二主题。我们认为"把"字句的主语有时可看作主题，但将"把"的宾语看作主题不完全符合事实，因为有些"把"字的宾语后面的成分没有对"把"的宾语进行陈述或说明，例如"他把我看了一眼"。有人认为"把"字句的焦点在句尾（宋玉柱，1981），有人认为"把"字句的焦点是"把"的宾语（金立鑫，1997），夏齐富（1998）认为不应当一刀切。我们认为要从静态和动态两个层面区别对待：在静态层面，"把"字句的焦点在句尾；在动态层面，"把"字句的各个成分都可能成为焦点。因此，依据这一观点，我们将"把"作为介词焦点标记，有介引致使对象、语篇话题及动词焦点的功能。如标题《把国际大巴扎建成对外开放窗口》中，"把"在标题中是介引标记，"国际大巴扎"是动作要处置和致使的对象，也是语篇的话题，对 NP 对象和话题处置的动词焦点就是动态行为动词"建成"，致使的结果就是使"国际大巴扎"成为一个"对外开放窗口"。它是一个行为动作执行、完成全过程的路径图式，其语用功能旨在表明新闻作者对事件的主观态度和预期评价。

那么，用与不用"把"字句的差别在哪里？我们认为其差别如下。

第一，用"把"字句在于要突出"把"的宾语及其被作用的结果，不用"把"字句在于说明主语做了什么事；用"把"字句在于强调句子内部的作用和被作用的关系，不用"把"字句没有这个意思。例如：

《红楼梦》把我看烦了。

《红楼梦》我看烦了。

柴谷（Shibatani，1991）指出：受事提前为话题后，句中的施事主语和受事话题之间会存在一种语法优先性（grammatical primacy）的竞争。在一些语言中主语发展完善，受事话题的出现也不会改变它的句法优越性，如英语；而在另一些语言中，受事话题可以争取到和主语一样的地位而进入句法领域。我们认为这一观点有其道理。我们通过汉语"把"字句的发展演变及语法化过程，结合汉语新闻标题语言中以"把"字为标题的话题凸显结构，可以看出"把"字结构作为新闻话题的动态语法化过程。

程丽霞在《左偏置结构频率统计与话题结构的显现》（2006）一文中认为，左偏置结构（left-dislocation）是将命题中的一个名词词组（NP）提取出来放在句子的左边，同时原命题中另有一个代词来回指这个 NP。左偏置结构的话语功能是将一个新的所指前景化，从而为会话提供新的话题选项，并具体分析了汉语中常见的典型话题结构（topic construction）。

这里需要注意的是，概念"原命题中另有一个代词来回指这个 NP"中，这个 NP 是受事宾语前置后留下的"语迹"（trace）或是空白，不是在句中显现的实体 NP。因而从这一点来看，汉语"把"字结构中宾语提前，动词后出现一个空位，这个空位是可以填补的。

第二，"把"字构式的焦点强化作用。刘丹青在《语法化中的更新、强化与叠加》（2001）中提到了连接强化，他认为"把"字结构中"把"可以视作起到连接强化作用的焦点成分，并认为连接性成分是为了弥补中介位置的空缺，连接强化表现为框式虚词结构。这与本书把"把"字结构的新闻标题看作一个框式结构的观点是一致的，并且"把"类成分是焦点强化，即在有关虚词上加上焦点标记以示强调，发展为固定的强调形式。

杨素英（1998）认为"把"字句表现某物、某人、某事经历一个完整的变化过程，或者说有终结点的事件，绝大多数"把"字句表示一个完整的事件。这一点本书赞同。新闻标题中出现的"把"字构式结构大多都具有事件语义和语用功能，杨素英的观点与我们上文分析"把"字构式的标题不是陈述主语对受事 NP 的处置和致使，而是事件的一个动态路径，这一点是不谋而合的。孙朝奋、Civón 等（1985）的研究表明，汉语主—动—宾格式是中性的表达式，使用时没多少制约，而主—（"把""将"）—宾—动（有时是宾—主—动）格式却带有强烈的强调或对比的意味。其中一个原因就是在使用这种句式时受到了新闻篇章因素的制约。

5. 从构式角度来看新闻标题中的"把"字结构

新闻标题中的"把"字构式通常为演进式动态"把"字结构。单一型"把"字句是指句子只有一套基本语法部分，这个基本语法部分是组成一个特殊句所不可缺少的。演进式动态"把"字结构用"把"介词标记将宾语提到"把"字的后面，突出了标题的话题和动词焦点，使标题语义更突出，语篇观点更明确。新闻标题中"把"构式的动词与名词的关系主要是施事与受事关系，是事件经历施行—完成—终点结果这样一个过程。主语通常被省略，是零形式，形成主语空位。因而标题中的"把"字构式强调的不是主语作为施事者对被处置对象施加作用，其观照的是动词焦点成分对被处置、致使对象的完成路径。动词对"把"后的宾语进行处置，使宾语在动作的影响下发生某种变化或产生某种结果。因而，标题中"把"字构式不少是主语空位的构式体。

二、"以+NP+VP"结构

刘丹青（2002）指出，从先秦到现代由前置词加连接词所形成的框式介词一直很活跃。我们至今还说"为家庭而拼命挣钱""因健康原因而辞职"等。在现代汉语中，作为连接词的"以"已经基本不用，沿用下来的只有"而"，同时又有后来虚化的"来""去"起类似作用，如"以实际行动来表态""用自己的积蓄来买房子""由双方家长来劝说""通过婉转的言辞去打动他的心"等。从句法结构看，汉语的框式介词大多不宜看作单一的词项，它们多为前置词和后置词的临时组合，其中的前置词部分和后置词部分往往具有不同的范域，不同的框式介词类型有不同的范域切分。根据其意，我们的理解是不同的介词标记构成不同的新闻标题介词构式，使得介词标记成为构式中固定的部分，与其他词项构成标题整体模块，以显明话题和焦点。下面来看以"以"字为语信标记的构式。

以开阔的胸怀推进混合所有制经济发展

以规则意识消除侥幸心理

以"三化"促进社区治理能力现代化

以党建科学化推进新疆民族大团结

以"丝绸之路经济带"建设助推中亚地区能源合作

以"一反两讲"促稳定和谐

以金融创新实施国际金融港战略

以壮士断腕的勇气解决问题

　　以上"以"字结构的标题结构形式为："以+NP₁+VP"或"以+X+VP"。当"以+NP"前置时，它的作用是做状语，修饰后面的动词性结构。"以"的基本用法是引进动作的凭借、方式、手段。张赪（1998）将它们统称为引进工具的介词"以"。一个结构成分如果从句法的角度来看是主语或宾语，从语义的角度来看就是施事或受事，从语用的角度来看就是话题或焦点。从信息表达的角度看，焦点是指一个句子中最为重要的信息，与预设（presupposition）相对而言。根据刘丹青、徐烈炯的分析，小句自然焦点的功能特征体现为：［+突出］、［-对比］。对比焦点则不同于自然焦点，功能特征体现为：［+突出］、［+对比］。现代汉语在没有重音、语调等标记的情况下，介词结构往往是句子的对比焦点。因此，这可以印证新闻标题中介词的重叠、反复使用形成固定的框式，从而形成形式和意义相配对的构式，不同范域的介词可作为不同范域的介词焦点标记。"以"字构式也是如此，来看《以"一反两讲"促稳定和谐》这一标题，"以"是介词焦点标记，通过它起到引入话题、传递信息的作用，因而我们将这类介词焦点标记与动词焦点标记统称为语信标记。其中，"以"引入凭借何种方式，"一反两讲"是"以"凭借的方式，也是标题的话题，由话题和动词焦点"促"这一行为动词推出过程发展的方向和所要表达的观点，即"稳定和谐"。这一构式的语义关系就是"凭借何种方式或工具，经过事件的发展、运动，达到行为动作的目标、方向、结果，实现某种预设评价"。

三、"让+NP+VP"结构

让患者就近获得更好医疗服务

让群众直接得利益受教育

让所有农牧民都喝上自来水

让党的法规制度更加科学规范

让每个孩子沐浴教育公平的阳光

让城乡居民就地就近居家就业

让幸福之光照进每个村落

"让"在吕叔湘的《现代汉语八百词》中做动词和介词。做动词有 5 个义项，做介词相当于"被"。其中，本书中的"让……"字结构，吕先生解释为："致使；容许，听任。必带兼语。谁～你把材料送来的？/来晚了，～您久等了/别～集体受损失/～我仔细想一想/如果～事情这么发展下去，会出大问题的。"

新闻标题中的"让"结构就是这种用法，"让"在这里充当致使类动词，一般是指表示[+命令，+使役，+致使]等行为的并能组合成兼语短语的动词。由它构成的结构就是致使结构，也叫兼语结构。在以上的标题里，关于"让"的词性，我们可以很清楚地看到这里的"让"不能由"被"替换，不能看作介词。如不能把"让患者就近获得更好医疗服务"替换成"被患者就近获得更好医疗服务"。

再如"这种气氛使人活泼不得"中，不是"这种气氛活泼不得"，而是"人活泼不得"，"使"字句也不同于"被"字句。"被"字句 N_1 和 V 之间仍是主谓关系，不过是受事关系罢了，因此 N_2 可以不出现，构成"N_1+被+V"句式，它跟"N_1＋被+（N_2）＋V"句式语义基本相同（不过后者引出施动者，前者施动者不出现），如"敌人被我们消灭了"语义基本同"敌人被消灭了"一致。但"使"字句中 N_2 不能省略，如第一个句子不能说成"这种气氛使活泼不得"，而且主语 N_1 同 V_2 无主谓关系，不是"这种气氛活泼不得"。所以，这里"使"字句也不能同"被"字句看作同一种句式进行分析。因此，"让"在这里只能作为致使动词存在，说明致使者（causer）和被致使者（causee）之间的关系。语法学界也普遍认同将"让"与"使"

都归入典型的兼语式动词类里，表示"致使""使令""促成""阻止"的意义，与"让""叫""请""要求""派""命令""禁止"等动词归入一类，主要用以构成兼语式。兼语式的结构形式为"$N_1+V_1+N_2+V_2$"。删去兼语句形式中的 N_1，就是"V_1+N+V_2"。

　　语法学界已经提到的兼语动词有以下 10 类（胡裕树、范晓，1995），其中使、叫、让、令、要、找、导致、说服、利用、号召、组织、发动、动员这类是最为典型的兼语动词。这一类动词常用作兼语句的第一个动词，即 V_1。句子中的 V_1 导致 V_2 的出现，V_2 的施事题元是 N_2。

　　邢欣（1992）认为尽管"使"在有些方面确实接近于介词类，如常常不单独做谓语、不能带形态助词"着""了""过"等，但它与兼语式动词在语法特征上的相同之处更多，是介于介词和动词之间的词。鉴于它目前的句型特点，应放在兼语动词里较好；同时，根据它的特殊之处，可在兼语动词里另立一单独小类，在句式上可称为"使"字兼语句或"使"字句。

　　本书的新闻标题中省略了 N_1，但并不影响兼语式的整体，其主语 N_1 是可以补充的，即这些标题的主语都可以归纳为：可以是有生命的名词成分，是动词 V_1 的施事者；也可以是无生命的名词、动词、形容词，表示原因、方式、目的。这类句式的语义特点是："使"字句的主语、兼语都与谓语 V 部分构成语义关系，形成了"原因（方式等）—使—施事—V_2"这样一个语义结构。在这一语义结构里，"使"的主要作用是强调其后面的施事兼语成分，将施事成分点明或标记出来。在这一点上，"使"的作用与"把""被""连"等词的确是很相似的。"使"还有个作用，即它把表示谓语 V_2 的原因等成分引入句内，让其处于主语位置，从而使各语义成分与谓语动词 V_2 部分组合成一个完整的句子。从这个角度来看，"使"相当于一个区别语义成分的标记。

　　游汝杰（2002）认为兼语动词在语义上的共同特点是含有致使义。兼语句中的第一个动词导致第二个动词的出现。兼语句的第一个动词的必有论元有两个，一个在前，另一个在后。第二个动词的必有论元只有一个，是在它的前面，可有论元则在它的后面。兼语句的第一个动词的必有施事题元只有一个，在它的前面，必有受事题元也只有一个，在它的后面；兼语句的第二个动词的必有施事题元也只有一个，在它的前面，可有受事题元在它的后面。第一个动词的必有受事题元和第二个动词的必有施事题元重合。

邢欣（1992）认为，"使""让"类兼语句式在语用上是一个标记性质的词，用它强调"使"后的成分是施事成分。在"使"字兼语句里，主语不出现的句子也很多。本书中的"让"类兼语结构就是这种情况。

熊学亮、梁晓波（2004）从认知图式的角度来讨论典型致使结构。他们认为致使结构是对现实世界中致使事件的语言表达，是对客观世界中典型致使事件的一种临摹或概念化。在语言中用语符来表示就是 N_1 造成（cause）了 N_2 发生某种变化（change），从而产生了某种结果（result）。致使行为有直接性和间接性的区别。直接性的致使行为中，受动者既可以是有生命的物体，也可以是无生命的物体。在间接性的致使行为中，受动者一般是有生命的物体。

我们认为，典型致使句式在概念化过程中，对现实事件中的客观致使现象进行临摹，它们把客观世界的致使现象通过时序、概念的复杂程度、语词的长度以及对受事者角色的要求等映射到语言层面，从而形成致使句式。

四、"为+VP$_1$/NP+VP$_2$"结构

> 为建设美好新疆聚集强大正能量
>
> 为四家企业争取无抵押贷款 1850 万元
>
> 为科技创新提供人才保证
>
> 为新疆经济又好又快发展保驾护航
>
> 为新疆又好又快发展创造稳定环境
>
> 为自治区发展稳定做出新贡献
>
> 为使命忙碌 为责任尽心

"为"的语法功能是介词，其中一个义项是表原因、目的。本书所举的"为……"结构的标题中，"为+NP"表示目的，为了达到某一目的而实施动作行为。如《为四家企业争取无抵押贷款 1850 万元》中，"为"表示引进动词行为动作的标记，"四家企业"是动作的受益者，具体动作是 VP"争取无抵押贷款 1850 万元"。此外，也有"为+VP"的标题表目的。如《为

建设美好新疆聚集强大正能量》中，"建设美好新疆"是新闻语篇的主旨，这一主旨的显现不是这一 NP 短语自身表现出来的，而是由"为"充当"引进发话人目的"这一介词焦点标记标注出来的，是显性目的标记。语义事件叙述的完整性使这一短语并不能明确表明发话人为实现目的而发出的行为，因而，从认知思维的顺序性来看，还要求结构上要有实施事件目的的动作动词或短语。因而，表目的的 NP 后要求跟一个 VP 才算表述完整，才能起到语用表达上的传信作用。从结构上分析，新闻标题中"为+VP"和"为+NP"的第一层要求"为"作为引进目的的标记成分后跟具体目的成分 NP 或 VP，后面为实现目的或目标还要求跟行为动词或短语，以保证标题叙事的完整性、明确性、（发话人）的主观性，以及与语篇内容前后、首尾的关联和衔接，其完整的结构形式是："为+VP$_1$/NP+VP$_2$"。可以看出，这一构式也带有发信者的主观意愿，表达了一定的语用含义，即"为达到事件或事件发展的目的和方向而如何实施某一行为"这一含义。这里，"为"是引入性介词焦点标记，后面的名词是引入的对象，动词是为了引入某一对象而采取的带有一定主观色彩的动作行为。由此可以看出，新闻标题中的动词有相当一部分是言语行为动词。从以言指事方面来看，带有事件叙述性并要选择恰当的词类、语类；从以言行事方面来看，它带有事件表述实施性，要求准确、概括、凝练表达新闻事件；从以言成事方面来看，它带有语后效力，即语用性，具有影响受众、引起关注等语力作用。因此，我们认为新闻标题的一个语言学属性就是它是言语行为中对事件的陈述。一个恰当的言语行为动词可以决定一个新闻标题的走向和轨迹。

五、"从+NP"结构

从中国迈向世界的"金凤"

从"方便抓饭"关注新疆特色餐饮食品

从提案看群众意识

从"谁是球王"看新疆羽毛球运动

从一只"听话"的猫说起

从源头消除不和谐因素

从种养能手到合作社领头人

　　"从"作为介词有表示起点之意，指处所或起源，其后可接处所词语、方位词语，这一点在新闻标题中也有反映。如《从中国迈向世界的"金风"》中，"从……向……"就表示"起点—终点"路径的语义，后接"中国—世界"表方位的名词。此外，"从……"结构在新闻标题中还多以"从……VP（看/关注）"等为标志。如"从提案看群众意识"中，"从……看"就是这一结构。刘云（2003）认为篇名语句是有标记的，并认为"从 X 说开去（起）、从 X 想开去（起、到）、从 X 谈开去（起）、X 话 Y、X 道 Y、X 看 Y、写在……之际（或其他时间词语）"等都属于有显性标记的篇名。因此，"从……看（或其他同功能类动词）"结构是一个有标记的结构，其标记成分就是介词"从"表示事件或事件发展路径的起源，隐喻发话人或发信人新闻创作的思维角度，实际上就是对事件或事件发展程序、轨迹的隐喻。"提案"在这里表明传信者的思考角度，是从政协委员的提案谈起。"提案"并非指事物本身，而是指提案的内容及提案中隐含的深义。认知语言学的一个基本经验就是认为客观世界是通过人的身体经验来感知和认识的。从一个始源域到一个目的域，可以从物的容器移动到人的身体经验里。这里就是从物体移动到人的身体经验，从"提案"到"群众意识"。这是一个很有代表性的具有典型意义的认知投射过程。新闻标题构式反映出的语词的焦点语义可以反映新闻标题以及新闻语篇并非不具有传信者的主观性。如《从"谁是球王"看新疆羽毛球运动》这一标题，从一个带有疑问性的具体事件这一始源域移动到"新疆羽毛球运动"这一容器目的域，反映出作者要书写的目的和主题。

六、"用+NP"结构

　　　　用文化构筑中国梦

　　　　用现代文化引领社会健康发展

　　　　用智慧的双眼明辨是非

　　　　用新思路带富新农村

　　　　用科学发展观推进新农村建设

　　　　用科学发展观统领工作

　　　　用制度规范促廉洁自律

　　　　用建设奥运场馆激情参与新疆开发

其框式结构是："用+NP+VP"或"用+X+VP"。吕叔湘（1980）将"用"称为凭借补词，并认为最具体、最容易明了的凭借补词是工具类。"用"作为工具介词是介词语义类型之一，主要功能是介引工具成分。陈昌来（2005）认为工具成分的句法特点之一就是有标性，典型标记是"拿""凭""以"。此外，还有状语性，即"NP 施+用+I（工具）+VP"是含工具成分的典型句法语义格式。以介词"用"为标志的介词结构在句中既能在谓语前做状语，又能在主语前做全句的修饰语。

七、"NP₁+由+NP₂+V"结构

> 三包责任由销售者承担
> 由"要想好　大作小"想到的
> 由牛奶安全想到的……

"NP₁+由+NP₂+V"的结构有两种构式：一种是"由"居中，前后有两个名词论元，即"NP₁+由+NP₂+V"，其中 NP₁ 是 V 的受事，也就是说，受事名词做了"由"字结构的主语，NP₂ 在结构中是 V 的施事。吕文华（1985）认为 NP₂ 是介词"由"的宾语。由于"由"的主要职能是介绍事情的负责者及动作的执行者，所以 NP₂ 以人（包括机关、单位、团体）居多。他认为 NP₂ 可以是非生活体，不过这类非生活体限于能运转、开动的机器和仪表或交通工具。抽象事物也限于能产生支配、指导作用的思想、理论、政策、规律、条例等，并强调 NP₂ 永远随着"由"出现，它一定是谓语动词的施事，无一例外。这一点我们赞同吕先生的观点。

"由"在语法上有动词和介词两种词性，按吕叔湘先生的解释，可以有多个义项，其中一个释义就是做介词，可以表示方式、原因或来源。在上面的标题中用"由"做介词，表示引出事件的起因、来源。

第二类"由"字结构是以"由"开始引入新闻标题的话题。如标题《由牛奶安全想到的……》和《由"要想好　大作小"想到的》，其结构为"由NP/VP 想到的"，这一构式已经较为凝固了。按照刘云的观点，这一构式可以看作介词"由"形成的固化标题结构，可以作为一个介词标记成为标题确定下来。

八、"在······中/里"结构

在教育实践活动中夯实"两个基础"

在国际语境中讲好中国故事

在工作中绽放美丽

在良性互动中提升治理能力

在发展中提高群众富裕程度

"在······中/里"这种带方位词的框式结构表示动作发生或事物存在的处所、地点、范围、条件。"在"作为介词的基本意义是表处所，其他表范围和条件的是此意义的隐喻。在新闻标题这种构式中，"在······中/里"一般居于标题起首位置，引入事件发生或存在的条件或范围，它还有引入话题、事件的作用。因此，在新闻标题中，这一构式具有认知隐喻性，"在······中/里"中的 NP 具有抽象体验性和动态性。如《在国际语境中讲好中国故事》这一标题，"国际语境"不再是语法上的方位词，而是关涉认知和背景知识（这里指前景信息或隐含的旧信息）的语义成分。它可以有以下几个语用预设：

[+多元文化的世界]

[+多极化政治格局的复杂国际环境]

[+不同经济体的全球化环境]

这些带有一定主观性色彩的语用预设恰好从另一个方面凸显、映射出其后名词焦点标记成分"中国故事"，也就是该标题要传递的真正意图，即在国际化中突出有中国特色的描述，其后接动词焦点标记表事件的言语行为，动词后跟支配的名词论元角色，是名词焦点标记。这些焦点标记通常在新闻标题中是信息接受者重点关注的成分。这一结构就是"在 NP 中/里+VP+NP"。在标题解读和写作时可以依照此框式结构生成不同事件的标题，起到与这类构式语用功能相同的作用。

九、"向+NP+VP"结构

向精神高地执着跋涉

向地大势强富饶秀美平安和谐目标迈进

向世人展示"新疆自信"

在这几条以"向"为起首的标题中，"向"显然是做介词，后面跟名词，跟名词组合后构成介名短语（PP），一种表示行为动作发展的方向或者是行动的目标，如举例中的前两条标题"向精神高地"和"向地大势强富饶秀美平安和谐目标"中的"向……高地"和"向……目标"就说明了介词"向"的功能就是"方向"和"目标"，既然表示这一语义，其后它所支配的名词一定是表示方向、目标等有轨迹前移或推进的语义。那么，PP短语后的动词焦点也相应地表示动作行为的运行轨迹和完成路线。

还有一种同构但语义所指不同的结构，其语义差别主要体现在"向"后的名词和执行动作的动词上。如《向世人展示"新疆自信"》这一标题，这里"向"后的名词不是表目标、方向含义的词，而是表对象，即动作的对象。动词是"展示"，其后是宾语 NP，"展示"的是"新疆自信"。

这两种结构的语义不同，通过分析可以看出它们的区别。

向精神高地执着跋涉→向哪里跋涉→向着高地跋涉
向世人展示"新疆自信"→向谁展示→向世人展示

可见，"向……"后所跟名词论元及执行行为动作的动词的语义所指不同，标题的结果和方式也有明显差异，不能互相替换。

因此，"向……"作为标题中介词焦点标记词有引进事件移动方向、目标的作用，同时也引进动作的对象。可以说，介词"向……"是这一构式的触发词，引进事件发展的路径或对象。隐去主语的这些介词结构恰好说明主语在这些新闻标题中并不占据核心位置，主语是可以补充上去的，占重要位置的是以介词开头的标题，说明这些介词的焦点标记性很强，也说明了新闻标题创作者的主观意图。

十、"给+NP+VP"结构

给城市留点历史记忆
给"学雷锋"注入时代内涵
给暴力恐怖势力以毁灭性打击

　　"给"原是施予类动词，使对方得到，后来其意义有所虚化，也可作为介词使用，其后接宾语表示让（使）接受或受益。"给"后引进的 NP 是事件行为所赋予的对象，即动作交付、传递的接受者或事件的受益者，有时还可表示致使。本书认为，与其他典型介词相比，虽然"给"的动词意义略强，但是它的虚化功能也在不断延续，如我们经常说的"给小朋友讲故事""他给我使了个眼色"等，其动词意义在趋于淡化，而是表示"朝""向""对"的语义。"给+NP+VP"这一构式中，"给"的动词语义就不再是一个实义动词，而是一个标记，相当于前文所论述的"把""为""以"等引入标记。它引进动作的接受者或受益者，其核心动词在名词之后的动作动词上。因此，我们将"给+NP+VP"列入介词性语信标记这一类中。其构式是给（行为动作的对象，如某人、某物、某事件等）实施某种行为，即"给+起受事作用的 NP+施事行为的 VP"。从语用上看，就是表达言说者或传信者的某种观点。如"给城市留点历史记忆"中"给"引进"城市"这一 NP，是使"城市"留下可以让人记忆的东西，而不是把"记忆"给"城市"。因此，它是一个引入标记，其动作动词"留"起到实施行为的作用。

　　　给城市留点历史记忆→留给城市点历史记忆
　　　给"学雷锋"注入时代内涵→注（入）时代内涵给"学雷锋"

　　经过变换，我们可以发现变换后的"给"字结构其实是汉语句型的语法常态构式，而"给"字结构应该是动词核心结构经过变换得到的变体形式。汉语是以动词为基础的，因此，句式的主语往往可以省略，但是动词不能省。按照句式类型的要求，动词在宾语前，将宾语前置后加入前置介词"给"，除表引进的作用外，还起到 NP 和 VP 间联结的作用。旨在强化语篇焦点。在新闻标题中，采用这种由介词联结项连接动作及其论元之间语义关系的构式就是一种信息强化构式，是为了突出标题的焦点。因此，与前文的"把""以""为""用"等焦点标记相同，"给"也是同样的焦点标记，起到醒目标题、强化语义的作用。

　　这类"给"字构式还有一个变体形式："给……以"。吕叔湘先生在《现代汉语八百词》中没有具体说其语法特征，只提到"给以"相结合做动词，如果主语放在动词之后，就要用"给……以"。可以看出，"给……以"也是一种变体形式，是经过变换后得到的语句结构。我们可以用标题为例具体说明，如：

给暴力恐怖势力以毁灭性打击

这一标题原句应该是"毁灭性打击暴力恐怖势力"，按照吕叔湘先生的说法，先用"给以"加以变换，这时受动者必须要放在主语位置或"给以"前，即"暴力恐怖势力，（应当）给以毁灭性打击/（对于）暴力恐怖势力，（要）给以毁灭性打击"。假如受事成分放在"给"之后，就可用"给……以"，成为标题《给暴力恐怖势力以毁灭性打击》这一变体结构。显然，选择使用哪种叙述方式是可以根据需要进行选择的。那么，我们可以认为，无论选择哪种表述方式，在原来的句式结构中引入标记成分进行变换一定会在语义凸显、语用话题、焦点上有区别，这种标记成分一定会或显或隐、或多或少表达对事件、话题、信息的主观色彩。

刘丹青在《汉语中的框式介词》（2002）中关于生成语法的"X杆"理论认为，介词短语 PP 是四大基本短语类型之一，并将汉语介词分成三个等级。其中二级介词是基本关系介词，认为普通话的前置词大致可以归入这一类。例如：在（静态方所、时间）、从（时空起点、来源、途径）、到（时空终点）、向/往/朝（方向）、对（对象、客体）、以/用/通过（工具、方式）、给（接受者、受益者）、为（受益者、动因）、由于（原因）、把（受事）、被（施事）、跟/和/同/与（伴随）、比（差比基准）、像/如（平比基准）。本书作为新闻标题的介词性焦点标记成分大致属于此类，它们引进动作及动作的对象，标注不同的题元。

前置词"在"可以分别与"上""里""外""中""前""后"等后置词配合表示更加明确具体的位置，另一些后置词表示时空和实体的范围。本书中"在……里/中"标题构式中，"里""中"就是与"在"焦点介词标记相互配对的后置词。正如前文所述，它不仅仅表示方位，还表示时空和实体的范围，带有主观性标记。刘丹青称这些介词焦点标记成分为框式介词，与我们的观点是一致的。一是由于这些介词都带有引进名词和动词的作用，成为一种句式的变体形式；二是这些介词结构已经形成一种表达事件的固定框架，不同的介词框式适合不同的句法范域。因此，它具有生成性、嵌入性。我们认同这一说法，也在此基础上，提出介词焦点标记词的概念及其框架结构、范围。

十一、"将+NP/将+VP+NP"结构

> 将伊犁打造为生态州
> 将和田防沙治沙列入国家重点工程
> 将"龙虎榜"设在练兵场
> 将吐哈与准东煤田开发纳入国家规划

"将"在词典里有一个义项就是做"把"义解释，用于书面语。新闻标题中也出现了这样的例子。"将"与"把"一样，是经过虚化后形成的介词标记，有强化焦点、引出话题等功能。两者的差异从语体上较易区分，"把"使用范围更广、频率更高，也更口语化。从语法功能上看，"将"和"把"都表示处置之意，两者可以互换。如上面的标题，可以换成"把"字结构框式，并不改变标题之意。但对两者的差别解释并不多见。马立春等（2006）认为"将"在表处置时运动感较强；"把"在表处置时，运动感相对弱一些，主要表示一种持续的状态。所以，两者在表达语义上存在着不同。

　　将：趋向性—动态—强调结果

　　把：持续性［稳定性］—静态—强调事物本身

　　语用上"把"字句更具有表现力，"把"字构式是经过转换修饰后形成的。我们知道经过转换等修饰手段，无标记成分往往会变成有标记成分，表示抽象概念，从而带有主观性和抽象性等特征。这样，"把"字句的处置式较"将"更具有主观性，更容易被人们接受，其情态化更为显著。因而我们说"把"字句语法化之后，强调处置的对象，语义转变更有一种表现出主观化的倾向。

十二、"关于/就+NP"结构

> 关于国务院机构改革和职能转变方案的说明
> 关于设立自治区十届人大五次会议议案审查委员会的决定
> 关于乌鲁木齐县新城建设的思考

　　"关于"做介词，表示所关涉的事物或对象，它可以构成"关于……的+名词"这一构式，常用于新闻标题中。如《关于乌鲁木齐县新城建设的思考》中，"关于"是作为引进所关联、涉及的事件，是一个引进标记成分，其语法意义在构式中已趋于淡化，引进的对象或话题是"乌鲁木齐新城建设"，对这一话题进行"思考"。"就"也有与"关于"相近的意思，两者可以互相替换。如"关于国务院机构改革和职能转变方案的说明"可以进行同型替代，即"就国务院机构改革和职能转变方案的说明"。

第三节　小结

　　本章重点分析了 12 类介词类焦点标记的新闻标题结构特征，其中包括"把+NP/VP"结构、"以+NP+VP"结构、"让+NP+VP"结构、"为+VP₁/NP+VP₂"结构、"从+NP"结构、"用+NP"结构、"NP₁+由+NP₂+V"结构、"在……中/里"结构、"向+NP+VP"结构、"给+NP+VP"结构、"将+NP/将+VP+NP"结构、"关于/就+NP"结构。这些介词焦点标记起到焦点强化的作用，形成介词类构式标题。

　　在分析动词类标题及介词类标题结构特征的基础上，概括分析了新闻标题的性质与功能，新闻标题具有事件性、标记性、话题性、施为性、语效性、构式性、生成性、主观性及认知隐喻性。新闻标题在功能上突出以标记为焦点信息进行传信和互动，起到引领和点题的作用。

第四章

新闻标题结构特征及功能

——以语法结构及句式标记为例

在前几章里，我们从所收集的标题中具体的词类焦点标记入手，着重分析和解释了以动词、介词和部分特殊词类做焦点标记词的标题。在这一章，我们侧重结合构式语法理论，分析《新疆日报》新闻标题的语法结构、句式标记及语用功能。

第一节 构式语法理论概述

构式语法理论（construction grammar theory）是 20 世纪 80 年代末兴起的，代表人物是哥德堡（1995，2003，2009）。哥德堡认为构式是形式和意义（包括了功能）的匹配（pair），构式本身能表示独特的语法意义，自身有其独特的语义结构关系。构式的形式、意义都不能从其组成成分或其他构式直接推知。苏丹洁（2009）认为语言的句法层面存在各种各样的构式，构式内部语义配置的每一部分语义都以一个语块的形式来负载。每个构式都由语块构成，语块是构式的构成单位。陆俭明（2009）认为每一个构式都是某个具体语言之中所存在的、由以该语言为母语的人在认知域中所形成的意象图式，投射到语言里所形成的语义框架，在该语言中所具体呈现的、表达人对客观世界某一方面认识的句法形式。具体语言中所存在的每一个构式，都反映或体现了人对客观世界某一方面的一定认识，这种认识是以该语言为母语的人在认知域中所形成的、先通过感官感知客观世界的某一个方面，其所感知的在人的认知域里形成意象，再进一步抽象为意象图式，意象图式投射到语言，最终在一个具体语言中形成构式。李勇忠（2005）认为构式语法是基于认知语言学之上的理论体系，构式义所表达的事件类型是人类根据经验建立起来的不同类型的认知框架，它是一个高度抽象和概括的完形结构。

邵敬敏（2008）提出"框式结构"（frame construction）这一术语，并且对其进行了界定，为我们的研究提供了有力的支持。典型的框式结构，指前后有两个不连贯的词语相互照应、相互依存，形成一个框架式结构，具有特殊的语法意义和特定的语用功能，如果去除其中一个，该结构便会散架，使用起来，只要往空缺处填装合适的词语就可以了，这比起临时组合的短语结构具有某些特殊的优势。框式结构是借用建筑学上的一个术语，框式结构应四周有边框，边框的中间充填或者安装相应的物体或物品。邵敬敏（2011）概括了汉语框式结构的特点：

第一，它们都由不变成分和可变成分组成。不变成分构成"框架"，起到定位以及标记作用；可变成分是可供选择、替换的"变项"。整个框式结构具有一定的生成能力。如第二、三章中我们列举的由动词焦点标记、介词焦点标记构成的框式结构就是如此。

第二，具有整体性的特殊语法意义。框式结构的结构意义，不是组合成分语义的简单相加，而往往是产生出新的意义，这一新义是该框式结构整体拥有的，是在长期使用中形成的，不能直接从几个成分语义中推导出来。

新闻标题构式是对新闻语篇整体语义的概括，标题框式结构也分字面信息和超载信息。超载信息就是我们所说的部分相加大于整体之和，包括语词组合后产生的语篇言外之意、元说话人的主观情态、准说话人的隐性情态等。

第三，跟语境结合紧密，表示特定的语用功能。框式结构在语言交际使用方面具有特殊的功能，往往用来表示某种感情色彩或者特定语气。新闻语类作为一种交际方式，其语用功能除传递信息外，也会在特定的语域中表达深层含义。

从以上对构式语法理论的解释与分析中，我们可以得出结论：实际上，构式语法理论也是认知语法的组成部分。不过，在构式语法理论中，把语句看作由语块（chunk）组成的相对固定的构式，这一构式也是认知体验的过程，把认知心理的意象模块通过框式结构提取出规律的特征并加以固定。正如建筑物的框架结构一样，先按一定规则搭建起来，在此基础上再进行加工和改造。语言构式也是一样，先找到框架结构中共同的、固定的部分，规定出典型结构和典型语义关系，只要构式范畴中的典型成分和语义关系确定下来，其他语义相同而构式不同的非典型构式就是其构式范畴的一种变体形式，不影响这一语义构式的整体。因此，我们将新闻标题看作事件性语义构式范畴，构式范畴中的典型成员就是构式的典型结构，如第二章中以动词为焦点标记的典型构式"做好/搞好……工作""谱写……篇章""确保……进行/完成""贯彻执行……政策""提高……水平"等这些我们规定为动词焦点标记的典型构式。至于其他语词的嵌套、变换使用只是语词形式的变化，不影响整个构式的语义关系和内在逻辑关系，是典型构式的变异，是动词焦点标记范畴的非典型构式。

　　我们将新闻标题中的典型语法结构视为一个构式，将构式义看作一种独立的高度抽象且高度概括的认知框架，对进入构式的词汇进行限制和选择。本章我们仍采用构式语法理论对新闻标题的语法结构特征和分类加以论述。我们将标题的语法构式类型概括为主谓结构、述宾结构、介词结构、数量结构、比况结构、"的"字结构、疑问结构、祈使结构、"成为"结构及其他小类，共统计出 28450 条，如表 4-1 所示。

表 4-1　常见标题语法构式类型及分布

标题语言构式类型	数量/条	百分比/%	标题语言构式类型	数量/条	百分比/%
主谓	18964	66.7	"的"字	1601	5.6
述宾	4788	16.8	疑问	342	1.2
介词	2066	7.3	祈使	91	0.3
数量	67	0.2	"成为"	74	0.3
比况	104	0.4	其他	353	1.2

第二节　标题语法结构及句式特征

一、主谓结构

　　《新疆日报》新闻标题中主谓结构的构式占相当大的部分，我们简称为主谓结构。从表 4-1 的统计数据中我们可以看出，主谓结构的数量最多，有 18964 条，占到了新闻总数的 66.7%。之所以新闻标题多采用这一构式，可以从以下两方面来理解：一是主谓结构（SV）是符合汉语语序的构式，符合表达的规范；二是《新疆日报》作为党和政府以及自治区党委各项工作、政策、措施制定和宣传的喉舌,作为新疆最重要的官方权威媒体之一,其语言规范势必要求准确、严谨和规范。

1. 主谓结构做标题的举例分析

然而,即使是在同一构式中,主谓结构中的"主语"在不同的标题中所呈现出来的语词各有不同,"谓语"也同样如此。也就是说,"主语"的结构成分不同,标题构式表达的语义也不同,语用价值也顺应语义关系的不同而有区别。我们这里要分析的是在以主谓结构为新闻标题的句模中充当主语的各个成分。

(1)名词(专有名词)、代词做主语的标题

> 我区表彰一批文明城市(区、县、县城)和最佳文明单位
> 自治区政府向各界征求政府工作报告意见建议
> 自治区政协十一届二次会议今日开幕
> "去极端化"需要接地气的宣传教育
> "访聚惠"是历练干部的"磨刀石"
> 宗教极端思想把人推向深渊
> 严惩腐败体现从严治党依法治国
> 服务提升了整个淡季旅游
> 新型工业化催生跨越式发展新动力
> 这里是红山

以上主谓结构的标题中,"我区""自治区政府""自治区政协"等政府类专用名词做主语在《新疆日报》的标题中所占比重很大,它反映了《新疆日报》是新疆媒体传播政府职能的一个重要渠道。此外,一些热点名词做主语的主谓结构也是《新疆日报》中常见的标题,如"去极端化""访惠聚""宗教极端思想"等等,揭示了标题所陈述的主题。"服务"和"新型工业化"都是不同领域、行业的名词。《这里是红山》中代词特指"红山",是一种语义复指。语义复指在语用上起到突出事件中的特定对象的作用。

（2）地名、品牌名做主语的标题

> 伊宁市着力搭建就业创业新平台
> 喀什市以践行"村规民约"推进"依法治村"
> 吐曼河畔将走出硕士群
> 富饶的伊犁前景无限
> 双语课堂一片新风景
> 特变电工新疆变压器厂获中国质量奖提名奖
> "新疆制造"面临发展新机遇

　　上述结构中有的用"伊宁""喀什""伊犁"等地名做主语，特指新闻事件的发生地。"吐曼河"本是一河流名，因其是喀什的主要河流，因而常以此来代称喀什。"特变电工""新疆制造"是代表新疆的品牌，故将它们列入品牌名一列。以地名或品牌名做主语的新闻标题特称新闻事件的发生地，使人们将关注的目光聚焦在某一地，突出事件的地理位置，以达到新闻事件要突出事件发生地的目的和意图。一般来说，新闻标题中处于主语位置的名词类语法单位多有强调、特指的意味。因为汉语是借助语序变化来实现语用表达的综合性语言，所以不同的主语所强调的语用焦点、话题及事件背景都有不同。如我们常举的例子：

　　我读了《红楼梦》。

　　《红楼梦》我读了。

　　读了《红楼梦》，我。

　　第一句强调的语用焦点是"我"，不是"他人"；第二句强调的是"《红楼梦》"，而不是"别的小说"；第三句更多地考虑语境因素，强调的是"读了"这本书，而不是"没读"。因而在构式语句中，语块模的不同可能会影响新闻事件所要突出的话点和影响点。如上例新闻标题《伊宁市着力搭建就业创业新平台》可以经过变换生成另一个构式语句"着力将伊宁市搭建成就业创业新平台"，变换成"成为"构式，两者虽然在语义上大体相近，但语用功能上所强调的焦点词、关注词会发生转移，我们借用邵敬敏先生的术语就是"空间位移"。这时的空间我们认为可以不尽是具体所指的方位，也可以指称焦点位置的转移，我们称为焦点位移。标题的焦点发生了位移，语义关系也随之发生了转变，新闻标题的主观性评价就会偏离。改换后的这一标题焦点实际上位移到了动词"着力"上，意在突出"要花大力气做某件事"的语义，焦点从"伊宁"这一主语转移至"着力"。此外，变换后还产生了"将 A 成为 B"这样的带"将"的介词焦点标记的构式，这也从另一方面说明变换后的焦点更倾向新闻事件中动作行为的发展轨迹，而不是新闻事件发生的方位了。

再如《富饶的伊犁前景无限》这一标题也可进行变换，其主语是"富饶的伊犁"，"前景无限"主谓结构做谓语，其谓语结构的焦点信息在"前景"上。经过变换，可以产生"富饶的、前景无限的伊犁"，因为这是一个主谓谓语结构，谓语的主语就是大主语，两者有从属关系，即"前景"也是指"伊犁"的"前景"，所以可以转换成一个带多层定语的偏正结构。这时候，其语义关系就指向"伊犁"，而不是"前景"。可见，处于主语位置的单位发生了转移或变化，标题的语义关系就会发生转移，发生主观性变化，导致标题的偏值评价。

（3）物品名做主语的标题

小核桃成就大产业

"小红枣"传递新疆正能量

以上两则标题以物品名做主语，如"小核桃"和"小红枣"。这两则标题中物品名隐喻着新闻标题的真实意图。如"小核桃"与"大产业"相对应，"小核桃"在这里隐喻的是以"小核桃"为始源域，由此引发的经济产业——"核桃特色产业"这一目的域，由实体的物到抽象的、无形的产业，是具象到抽象、由实到虚、由体验到感知的目标投射，其后的"大产业"就是对这一概念隐喻的解读。第二则新闻标题中，"小红枣"对应"正能量"，"小红枣"与"正能量"之间有何种相似性，它们的关联点在哪里？"红枣"是新疆的特产，由标题使人产生联想，由此深入了解本则新闻报道。从报道内容中我们可以看到，它主要讲述了以"红枣"为礼，用网络传递的方式向全国人民送去新疆人民的问候和祝福，旨在表明新疆与全国人民心连心，以"红枣"这一最能代表新疆人民心意的"物"隐喻一种"情"，由物到情，由体验到心理认知，这种认知的升华使我们更好地解构新闻标题的语用功能。而这两则新闻标题也是对认知隐喻的恰好说明，隐喻在新闻标题中可以说无处不在，它是一种表达方式，是一种构式手段，是一种文体解读，是一种认知心理向语言层面的抽象投射。

（4）特指名词做主语的标题

"东大门"里财富多

油城着力培养少数民族干部

兰新高铁乌哈段开行"满月"

"东大门""油城""兰新高铁乌哈段"这三个名称都特指某一地区或专用名词。"东大门"是指新疆东部哈密市，"油城"代指"克拉玛依"，"兰新高铁乌哈段"特指正在开通试运行的新疆高铁乌鲁木齐至哈密段。这里用地名或物名的某一特征或特指某一重要地点作为标题的主语。"东大门"是从地理位置的特征来代指哈密，这一概念隐喻着"哈密在新疆的东部，而且是新疆通往内地的重要门户"这一认知投射，从语用场面来说是语用预设或触发语。同样，"油城"代指盛产石油的新疆克拉玛依，是人们认知中预先就存在的概念，即"克拉玛依在新疆，克拉玛依盛产石油"。

（5）其他特殊结构做主语的标题

一头连着大海 一头连着中亚（数量词做主语）

苦干实干 让牧民走上致富路（偏正式构成的并列结构做主语）

二十年坚守铸就特别感动（偏正结构做主语）

跃上"云端"指日可待（述宾结构做主语）

严惩腐败体现从严治党依法治国（述宾结构做主语）

新疆：让更多明珠城市闪耀丝路经济带（凸显话题式主语）

就业，转换思路是关键（凸显话题式主语）

以上的特殊结构中有数量词做主语，偏正结构及其构成的并列结构做主语，还有述宾结构做主语等。这些都是标题中发语者或传信者为满足成功交际、有效沟通而采用的不同语言表达手段，生成不同的主谓构式模。

2. 主谓结构做标题在新闻语篇中的语用功能

（1）主谓结构在新闻语篇中的话题功能

谈到主谓结构的语用功能，一般都会想到主谓结构中主语的话题化功能，也就是说，在主谓结构为标题的新闻中，主语往往会充当新闻事件的话题，其中一个最为明显的标志就是在结构的主语之后加一个冒号或者逗号等，把话题凸显出来。如在主语之后加冒号作为话题的标题：

霍城：推动农村土地适度规模经营

新疆：让更多明珠城市闪耀丝路经济带

呼图壁：描绘城乡共融新画卷

新疆影视剧：机会与挑战并存

少数民族文学：行走在传统文化与现实责任之间

坎吉·列提普：敢为人先的致富带头人

热合提：钟情"哈萨克族民俗文化园"

禁烟令：净了空气正了风气

2013 新疆考古：让历史与现实对接

三问"三股势力"：凭什么破坏我们的幸福生活

主语加符号标记的功能就是标题的话题性，使新闻标题更醒目，更能引起读者的视觉关注，从而引发对整个新闻语篇的兴趣。以上标题中"霍城""新疆""呼图壁"是以地名为主语的标题，地名主语后加注冒号是为彰显话题的所在地，其后就是主语引导的 VO 结构。"新疆影视剧""少数民族文学"是不同的艺术体裁，也是既做主语，又充当话题成分。还有以人物为语篇的话题，如"坎吉·列提普""热合提"。不同的事件在做主语时也可以成为话题，如"禁烟令""2013 新疆考古""三问'三股势力'"等。

汉语语用优先的特点，以及受众对汉语语序结构的认知心理，再加上标题自身醒目性的要求，使得位于句首的主语处于突显的位置，成为关注焦点。同一个语义关系可以通过句法关系的改变而呈现出不同的语用特征。因此，主谓结构除借用冒号使标题中主语的话题性增强外，逗号也具有这样的语用功能，把主语部分和后接的谓宾部分分隔开来，以凸显主语的话题性。如：

情人节，别被商品化"绑架"

反垄断，给经济秩序补钙

三年援疆，加快伊宁市民生项目建设

就业，转换思路是关键

援疆，是一份沉甸甸的责任

清明，一种文化的温暖

上述标题用逗号隔开主语与其后的部分，用以彰显或强调标题的主语，强调语篇的主要话题。此外，还有一些标题用引号来标明以突出话题。引号的功能除了表示强调以引起重视外，还有凸显话题的语用功能。如：

"流动法庭"跟着群众走

"白日梦"终是一枕黄粱

上述标题中带引号的部分我们认为是标题的话题，由话题引出标题所要反映的具体内容。如《"流动法庭"跟着群众走》中，"流动法庭"就是这一标题的话题，与前文中加冒号的标题有相同的功能。

还有一类就是以空格的方式隔开主语部分和谓宾部分，使标题的话题更加明显。如下面的例子：

新疆 10 年　修建农村公路 7 万余公里

网语微信　折射可贵的公民担当

大美新疆　由洁净起步

这几则新闻主语是"新疆 10 年""网语微信""大美新疆"这三个名词短语做主语，其与谓语间添加空格，构成停顿，以强调主语是焦点，在音节上须重读。因此，空格也是凸显话题的符号手段之一。

以上几种符号是表现标题话题性的方式和手段。与不借助这些符号标记相比，采用这些符号标记的标题表达方式，其话题与语篇的关联性和衔接度要更强。可见，在新闻标题中，除了句尾外，其结构起始位置，也就是主语位置也可以做标题的语用话题。

不过，有一种主谓结构须引起我们的重视。看下面的例子：

头屯河：谁令你不再清澈

罗布泊科考：科学家不断揭开谜团

哈密市：新型工业化铺就新型就业路

吉木萨尔：会展经济激活传统农业

泽普：百位老人话健康

伊犁：主题教育走入百姓心中

库车：超市开到农民家门口

援疆，深圳责无旁贷

典当行：中小企业融资快捷通道

冰雪节：我们来了

新医改，我们看到了新希望

以上的标题单从结构上看是主谓谓语句。一个大主谓结构嵌套着一个小的主谓结构。大主语在标题开头，同时，借用符号标记把大主语和小主谓结构分隔开。显然这种结构的句首的位置既是标题主语，又是标题话题，以冒号或逗号隔开，是为了凸显标题的话题。

（2）主谓结构做标题在新闻语篇中的照应功能

我们结合具体的实例来分析主谓结构及其成分是如何在标题和语篇中相互关联、相互照应的。

阿克苏市农村"土专家"成"香饽饽"

阿克苏市500多名农民"土专家"凭着果树嫁接的一技之长，走南闯北传授技艺，成为颇受各地果农欢迎的"香饽饽"。

近年来，被誉为"红枣、核桃之乡"的阿克苏市，涌现出500多名专门从事各种果树嫁接的"土专家"，……每到果树嫁接时期，这些"土专家"便带着精选的良种果苗和嫁接工具走村串户，为各县市果农的苹果、香梨、红枣、核桃等果树嫁接。依干其乡农民木合塔尔·肉孜从事果树嫁接已有5年多了，他每年为周围乡村果农嫁接完果树以后，又走南闯北活跃在地区其他县市农民的果园里。像木合塔尔·肉孜这样既参加过技术培训又有实践经验的"土专家"，在阿克苏市有 500 多人，他们依靠自己过硬的嫁接技术，加快了自己和果农致富奔小康的步伐。果农买买提·吐逊说："自从有了这些'土专家'帮忙，我们家不但果树长得好，而且信息也灵了，在市场上还能抢占先机，收入一年比一年好。"

在阿克苏市，这些农民"土专家"除了从事果树嫁接外，还围绕市场帮助农民预测分析，出谋划策，传递市场信息，很受各地果农欢迎。农民技术员达吾提·阿不拉说："通过科技培训，这两年我学到不少果树管理知识，掌握了许多市场信息和果树嫁接技术，我每年都要到新和、阿瓦提县去给当地的果农嫁接果树，这也成为我增收致富的又一条渠道。"

科技人才是最重要的生产力，新农村建设离不开乡土人才开发。近年来阿克苏市按照发展科技林果业工程的需求，积极组织专家教授、农业科技人员深入田间地头开展技术服务，向农民传授科学技术和新知识。阿克苏市计划到 2010 年培训乡土人才 3000 多人，使 75% 以上的乡镇和村干部掌握两门以上农村实用技术和经营管理知识。

（《新疆日报》，2007-12-19）

这则标题的基本构式是："A 成/成为 B"式，主语部分是"阿克苏市农村'土专家'"，谓语是"成"，宾语是"香饽饽"。"成"作为连接前后名词论元的谓语部分，其语义就是 A 经过转化成为 B。A 部分的焦点词是"土专家"，"阿克苏市"是限定成分，在语篇中这个限定成分多次复现。B 部分的焦点词是"香饽饽"。由于 B 部分是 A 部分变化过程的结果和目的，B 只在标题和语篇起首段出现两次。语篇中多次出现"阿克苏市""土专家"这两个名词焦点标记，可以看出语篇映衬标题的两个焦点词"阿克苏市"和"土专家"。这样，我们可以分析出，主谓结构的标题构式在语篇中突出三个构成成分：事件的实施者，事件实施者的行为及施事过程，事件的受益者/结果。在这则新闻语篇中，"阿克苏市"出现了 7 次，一次是在标题中做限定标记，6 次是在语篇内容中复现，复现率居第二；"土专家"出现7 次，一次为标题的名词焦点标记，6 次在语篇中复现，另外有"农民技术员""乡土人才"这两个与"土专家"意同、形不同的标记语词。

二、述宾结构做标题在新闻语篇中的功能

述宾结构在新闻标题句式结构统计表中居第二位，共有 4788 条，占新闻总数的 16.8%。

> 深刻认识宣传思想工作的极端重要性
> 夯实稳定根基　确保长治久安
> 发展混合所有制经济　提高新疆长远竞争力
> 开展依法治理非法宗教活动、打击宗教极端违法犯罪专项行动
> 牢记共产党员的第一身份
> 推动四大体系和平台建设
> 把握主动权打好主动仗
> 坚持问题导向　贯彻整风精神　立足群众满意
> 强力推行新水资源费征收标准
> 推广中水回用　建设节水新疆
> 加强学习　促进党风廉政建设

上述的述宾结构，与第二章所举的以动词为焦点标记的动词构式标题是一致的，我们根据不同的动词焦点标记分别列出了不同的标题。不同的是，第二章中我们侧重分析不同类别的动词焦点标记在构式中的框架结构和变体形式，这一章里我们就动词与其后的名词语块的语义关系来看标题的语用功能。

1. 述宾结构中的主语缺省

严格来说，在新闻标题中述宾结构实际上是一种特殊的主谓结构。也就是说，述宾结构中缺省的主语是可以填充的是完整的。从心理学角度看，缺省的部分是可能通过经验完形出来的，这种完形就是"格式塔"心理在语言认知中形成的感知意象投射到语言结构中。"格式塔"心理学中的完形组织法则提出，人们在知觉时会按照一定的形式把经验材料组织成有意义的整体。语句结构表层成分的缺省在深层心理意象图式中可以实现。由此，述宾结构中新闻标题的主语有些是省略的或隐含的，它们是可以补充出来的。如第一个述宾结构的标题《深刻认识宣传思想工作的极端重要性》中，

通过对"认识……重要性"这一动词构式的语义理解可以推导出其主语是"认识"这一动作的发出者或执行者，如"我们（要）""各族群众（应）"等。但述宾结构的标题中以动词为核心，不强调主语。

2. 述宾结构在新闻标题中的语用功能

我们采用主谓结构、述宾结构这样的说法是从结构主义语法和构式语法的角度来考量的。我们这里使用的"结构"与传统结构主义的"结构"有不同之处。结构主义注重语法单位生成结构时成分之间语法、语义关系，构式语法就是规定语法结构形成的功能相同或相近的构式确定下来，从认知语法的角度分析它们的语用认知功能。我们参照两种语法理论，述宾结构虽仍沿用"结构"一词，融合了构式语法中的语法"框式"，但是它包括的内容已有不同。所以，主谓结构、述宾结构已经不再是传统意义的结构，而是形成了较为固定框式的结构，能够嵌套生成，形成类推机制。这在新闻标题中可以清晰显现。

不同于主谓结构的标题，述宾结构的标题以动词为焦点标记，后接其所支配的论元结构，形成一定的框式。以动词为核心的标题，其构式语义在于描述事件发出、行事、事后取效这一言语行为的动态行进轨迹，如"夯实……基础""做（好）……工作""构建……氛围""推进……进程"等。

述宾结构的标题强调动作行为的实施，在具体的新闻语篇结构中也一定会显现出这种标题特征来。标题中的动作焦点在语篇中就要得到回指和照应。

关注乌伦古湖水生野生动物

2月18日，投资370万元的国债项目"乌伦古湖水生野生动物救护中心"在福海县启动。当地人欣慰地说，乌伦古湖濒临灭绝的土著鱼类有救了。拥有1035平方公里水面的乌伦古湖，是全国十大淡水湖之一……然而，近10多年来，由于自然环境及人为因素的作用……

分析其原因，首先是人为因素的作用……

另外，1970年以前，乌伦古湖的补给水源仅是乌伦古河年入湖水量，为4.7亿立方米左右。目前，由于上游的青河县、富蕴县、农十师182团场农牧业开发用水量增加，加之青河县阿苇戈壁的大开发以及富蕴峡口水库截流的建成运营，乌伦古河某些年份开始出现季节性断流，致使乌伦古湖……种群数量锐减，<u>现在已到了灭绝的边缘</u>。

<u>人为大量捕捞，也是原因之一</u>。乌伦古湖中的梭鲈、河鲈、丁鱼岁等是稀有鱼种，肉味奇美，价格是其他鱼类的数倍甚至 10 倍以上，致使滥捕偷捕者大肆捞取暴利，种群也已几近消亡，个体退化趋小，难以形成规模捕捞量。

乌伦古湖水生野生动物在哭泣，向人们提出了"乌伦古湖水生野生动物保护"这一迫在眉睫的课题……

2002 年 3 月，由福海县、新疆水产科学研究所联合调研，<u>编写了《新疆乌伦古湖水生野生动物救护中心项目可行性研究报告》，受到自治区和国家的高度重视，当年批准立项</u>。国债资金 300 万元和地方配套资金 70 万元，也于今年初全部到位，乌伦古湖水生野生动物救护中心，将建在乌伦古湖中海子西岸边，距福海县城约 20 公里，项目土建工程年内建成……

据了解，近几年，福海县渔业技术推广站与北京市水产科研所、自治区水产科研所、自治区环境监测中心等科研单位合作的"梭鲈鱼人工繁育项目""乌伦古湖渔业资源调查项目"，均取得了显著成效。……2 月 18 日，参与该项目的福海县水产局科研人员李周永告诉记者，项目的实施不但可以使乌伦古湖的鱼类资源得以恢复，使其品种得以延续，保护物种的多样性，进而使其种群扩大，有利于生态平衡和社会的可持续发展。

（《新疆日报》，2003-02-26）

这则新闻的标题是《关注乌伦古湖水生野生动物》，为"V+NP"（关注……类）动宾构式。标题的焦点动词是"关注"，话题也就是在句末的"水生野生动物"。标题显示出的语义关系就是实施某一行为，解决某一问题并要看其行为后效。"关注"类标题就是对某一事件和现象引起重视，并找到解决的途径。我们具体来看语篇结构是如何回指和照应标题的。首先，语篇开头以"某中心的成立"为引子，以"然而"为语篇衔接词，转而记述该地区鱼类资源濒临灭绝的现状。以起首词"首先""另外""也是……之一"为标志。紧接着要实施"关注"的行为，也就是说，如何实施"关注"，如何找到"关注"的途径。语篇记述了一系列"关注"政策的出台和实施，并预测了"关注"的后效，使这一新闻事件完整地呈现在读者面前。以动词为焦点标记的新闻事件，其标题和语篇都重视事件中"行为动作"的实施以及"如何实施"，因为言语行为理论将一个事件看作一个动作行为从进行到完成的过程。新闻语篇中，动作行为的实施就是要看整个事件运行的轨迹，也就是事件产生、发展的过程：缘何执行—如何执行—付诸实施—实施效果。整个事件围绕"关注"这一标题中心展开描述，标题与语篇内容层层搭扣，描述相互啮合，层次清晰，条理整齐。

抢抓新机遇　推进再跨越

……会议全面总结今年经济工作，深刻分析新疆面临的新机遇新挑战，提出明年经济工作总体要求和目标任务，确定了"稳中求进、改革创新"的总基调和核心要求……推进新疆跨越式发展，具有十分重要的意义。

一年来，面对错综复杂的国内外形势，面对"三股势力"的疯狂破坏，自治区党委坚决贯彻中央决策部署，始终坚持两手抓两手都要硬，始终把发展作为解决问题的基础和关键，牢牢把握"稳中求进、进中求变"工作总基调，统筹推进"稳增长、控物价、调结构、惠民生、抓改革、促和谐"各项工作……在肯定成绩的同时，我们也要清醒地看到，国内外形势将对新疆产生重要影响。与全国经济形势一样，新疆的经济运行仍然是稳中有忧、稳中有险。这就需要我们按照会议确定的"稳中求进、改革创新"总基调，既乘势而上，又稳中求进。为此，我们必须抢抓机遇，突出重点，以改革创新破解难题，从而达到提质、增效、升级的目标。当前的新疆，又站上了新的历史起点，面临着新的重大历史性机遇：中央政治局常委会对新疆工作做出新的全面部署，必将成为统一全疆各族干部群众思想的锐利武器和推进各项事业发展的强大动力；中央做出建设"丝绸之路经济带"的倡议决策，新疆将成为最受益地区；党的十八届三中全会做出全面深化改革的历史性决定，为新疆发挥独特优势、破解发展稳定难题、开拓工作新局面指明了方向。

要围绕长治久安抓发展。我们要坚持资源开发可持续、生态环境可持续，坚定不移推进"五化"，加快转方式调结构，着力保障和改善民生，切实提高经济增长质量和效益。

要把主要精力和关注点放在研究牵一发而动全身的重大问题上，放在谋划事关跨越式发展的重要产业和重大项目布局上，放在解决关系群众切身利益的民生问题上。

要把改革作为破解一切难题的金钥匙。明年是改革年，各项经济工作都要以改革为统领，把改革创新贯穿于经济社会发展的各个领域各个环节。我们要结合实际，紧紧围绕使市场在资源配置中起决定性作用，加快推进重点领域和关键环节改革。

要用改革的精神、思路、办法创造性开展工作。激发市场活力，增强发展后劲。以改革促发展，以改革促转型，以改革促民生改善，提升发展的质量和效益，使来之不易的好形势得以延续。

2014年，是新疆抢抓三大历史机遇的第一年，也是实施"十二五"规划的第四年，做好当年的工作非常重要。总体要求、目标任务、总基调和核心要求都已明确，接下来就是狠抓落实。……确保新年顺利开局，推进新疆经济再上台阶、跨越发展。

（《新疆日报》，2013-12-26）

这则新闻的标题是复式动宾构式。动词焦点标记是"抢抓""推进"，这两类动词在新闻标题中常出现，是列入本书第二章40余类动词焦点标记之中的一类。"抢抓"的基本构式是"抢抓……机遇（机会）"，"推进"的基本构式是"推进……进程"。这则新闻标题中"推进再跨越"的"再跨越"自身带有"向前行进"的动向轨迹，因而可以省略表示相同语义的"推进"，以免语义重复。

首先，语篇正文以自治区党委经济工作会议为引子，带出标题关键词：（新疆经济发展的）"新机遇"和"推进新疆跨越式发展"。其次，语篇正文以"一年来""在……的同时"为衔接语，回顾、指出新疆经济工作的成绩以及这些成绩带来的机遇和挑战，强调要在改革创新中推进经济工作，指明新疆经济发展的方向。这里再一次复指、点明了标题。再次，语篇正文接连以 "要+围绕""要+把/用……"四个祈使结构点明新疆经济如何真正做到"抢抓"和"推进"。可以说，"四要"结构是对标题如何实施"抢抓""推进"这一动作行为的注解。最后，语篇正文以"2014 年"这一发语词作为衔接语，点明 2014 年是"抢抓""推进"的关键之年，再次回指标题"抢抓""推进"。

以上我们可以大致概括出述宾构式的语用功能就是以新闻语篇中事件动作行为的实施、执行为焦点，围绕动词焦点标记，标明新闻的主旨。它仍然遵从以言指事、以言行事、以言成事的基本规则，把事件看作一个言语行为及实施言语行为的过程。围绕这一焦点，对实施行为的原因、方式、途径做一步步推进式叙述。

可以看出，述宾构式的标题与语篇正文之间、语篇正文段落之间的关联、衔接度是很强的。不管以何种动词构式为标题，语篇都以动词的实施为中心，不偏离标题这一主线，顺沿标题轨道延伸。标题与语篇正文之间一定是紧密照应的，标题概括、凝练语篇内容，语篇内容回指、映衬标题，做到相互关联，紧密衔接。不过不同的标题和语篇正文结构、不同的事件，其关联度和衔接方式会有所不同，有的较为紧凑，有的较为松散，但其宗旨只有一个，就是要为新闻事件这一主题服务，为信息的准确传递服务。成功的新闻，其标题与语篇正文在形式和内容上都会有较明显的映照和标记，新闻报道要求的新闻客观、准确、完整等体现在文字上就是要标题精准、逻辑严密、语段前后勾连，有语词关联和衔接标记。

三、数量结构做标题在新闻语篇中的语用功能

由数量短语构成的结构独立做标题，其主要功能就是在标题中充当新闻事件的话题，以叙述新闻事件。数量短语在标题中数量不多，我们统计了 67 条，占新闻总数的 0.2%。

一块糍粑

一棵花楸

一趟诗歌的远行

　　　　一池春水

　　　　一次刻骨铭心的党内政治生活

　　　　一封来自黑龙江的感谢信

　　　　一场光与影的视觉盛宴

　　　　五个坚定不移

　　　　青河抗洪的三个"三"

　　以上由数量短语构成的结构既做新闻标题，又是新闻标题中的话题。其结构主要有："数量短语+NP""数量结构+的+NP"。数量结构在新闻语篇中既做主标题，又做话题成分，其语用功能就是要由本物隐喻他人或他事，由对一认知域的感知投射到另一认知域，将始源域与目的域中原本并无相关性的两个概念关联起来，它有时属于概念隐喻，也包括语篇隐喻。认知学家认为在普通语言中普遍存在着隐喻，将隐喻视为非常重要的思维方式，在很多情境下我们是从一个经验域的角度理解另一个经验域。我们不妨举例说明，来看这则以《一块糍粑》为标题的语篇，文中将一些与所述内容相关性不大的语句略做删减。

一块糍粑

　　弟弟给我<u>一块糍粑</u>……糍粑是用水保存的，我打来一盆凉水，将其浸泡其中，只两日，这些变了形、裂了纹的糍粑又都平展展地恢复了原状，亮晶晶的犹如羊脂玉石一般。真是奇事啊！难道是天山之水医治了糍粑的伤痕？还是糍粑天生就有这种自愈功能？……俗话讲，<u>糍粑好吃要"功夫"</u>。这个功夫一是讲对<u>糯米的"育"，二是讲对糍粑的打</u>……所谓"育"是指选用优质糯米稻种，在盛产双季稻的稻田里只种单季糯稻，让其延长生长周期，充分吸收阳光雨露，<u>精心施以农家肥、浇以洁净水、剔除稗草</u>，这样"育"出来的糯米，就是上等糍粑的原料。所谓"打"是指将糯米用凉水浸透，用木甑蒸熟糯米倒入石臼中，由两位壮汉各持一根碗口粗的结实木棒，<u>各用一只小腿顶住石臼用木棒在米中互为绞打</u>，遂将糯米"打"至黏糊状造型冷却即成。糯米的黏性非同小可，必须两人鼎力配合，<u>交叉用力才行，用力过小</u>

则打之不进，用力不匀则打之不黏，用力过猛而腿力不足石臼就会空转而米粒不动。所以说，一臼糍粑全在"打"功上，是两人紧密配合，用足气力的成果。儿时的我是打不动这糍粑的……阳光雨露，岁月熏陶，当我从农田里走出来，成长为"伟大母亲"膝下的一名"打"者之后，便开始练就"育"与"打"之功夫。

…………

世上之事所以能成功，不也是像糍粑一样，靠的"育"功与"打"功吗？！我们共产党萌芽时也就十几粒"糯米"，在理想与信念的感召下，经过长达九十年的精心培育，繁衍出成百、成千、成千万粒的糯米；由几粒"糯米"黏聚而成一个支部、一个集团、一个政党。虽然这个政党中还有像农民稻田里的稗子一样拔之不绝，但只要年复一年拔下去，稗子终究会失去生存的土壤。而精心培育出来的"糯米"，会凝聚成一块块坚硬如玉的"糍粑"，垒砌成中华民族一座坚不可摧的巍巍长城。哦，糍粑……

（《新疆日报》，2013-03-19）

《新疆日报》中有一个专栏《宝地》，该专栏侧重文学性，以诗歌、散文等文学形式居多。这篇《一块糍粑》就通过"糍粑"隐喻千锤百炼的中国"共产党人"正如这"糍粑"中一颗颗"糯米"一样坚韧、团结，有凝聚力，越是锤打，越是紧紧相依。我们发现，数量结构独立做标题及语篇话题的新闻作品多出现在文学性、欣赏性较强的版块中，往往这类作品都会有所隐喻，通过概念间或语篇中的隐喻来反映作者的真实意图。

"七条禁令"扬交通运输行政执法声威

特色旅游：一片新亮点

明年将着力抓好十方面工作

高标准搞好三项教育

前11月我区固定资产投资同比增长三成多

一片果园赚三份儿钱

一所民办学校诠释的教育理念

从一头雾水到一把好手

以上标题中数量结构主要做主语、宾语或介宾结构和偏正结构的宾语、限定语成分。如"七条禁令"做标题结构的主语，也是标题的话题成分，是整个新闻事件的导引点和主线。来看下面这则新闻：

"七条禁令"扬交通运输行政执法声威

从 2012 年 1 月 1 日起，无论是行进在国道的司乘人员，还是行驶在省道和专用公路的运输车辆，还有在水域上从事水上运输经营的船主们，都会感觉到交通运输系统执法人员的执法形象在变、依法执法尺度也将更为规范。这将是交通运输厅为加强效能建设，树立行政执法新形象而制定的《自治区交通运输行政执法七条禁令》（以下简称《禁令》）所带来的新变化。据了解，这项《禁令》是根据交通运输部《交通行政执法禁令》的规定，并结合自治区交通运输行政执法实际而制定的。内容是：一、严禁执行公务时不持执法证件、不按规定着装；二、严禁在执法过程中辱骂、殴打行政相对人；三、严禁违规审批、擅自提高或降低行政处罚幅度；四、严禁违法扣留和使用行政相对人的车辆、工具和证件；五、严禁非公务需要着制式服装出入酒店、娱乐场所；六、严禁将配有标识和示警灯的执法车辆停放在酒店、娱乐等非工作场所或出借给他人；七、严禁接受服务对象的现金（有价证券、支付凭证）、赠品和宴请。

（《新疆日报》，2011-12-27）

"七条禁令"是标题的话题，因而新闻事件在交代了新闻所涉及的时间、主体对象后，点明了新闻的主要话题，即"七条禁令"，并详细列出了这七条禁令的内容。可见，标题中既做主语，又充当话题的成分，其语用特征更为明显，也就是话题色彩更为突出。因此，数量结构做主语常常是话题结构，这种构式往往被看作"话题凸显"标题。

四、介词结构做标题在新闻语篇中的语用功能

从"谁是球王"看新疆羽毛球运动

为四家企业争取无抵押贷款 1850 万元

以"一反两讲"促稳定和谐

向精神高地执着跋涉

用现代文化引领社会健康发展

在国际语境中讲好中国故事

让党的法规制度更加科学规范

　　介词结构依照不同的介引词把介词构式标题分成不同的类。在第三章中，我们介绍了介词作为焦点标记的词包括"以""让""用""向""由""将""从""在……里/中/上"等几类，这些在《新疆日报》的标题中比较多见。2000—2018 年统计的数据中，以介词焦点标记为标题的构式数量达 2066 条，占新闻总数的 7.3%。介词焦点标记构式在标题中的语用功能主要就是引入话题的功能。如《以"一反两讲"促稳定和谐》中，"以"是标题的介引词，引入话题"一反两讲"，动词焦点标记是"促"，即"促进"，是一个动态前行的进程。以"一反两讲"作为新闻语篇的主要话题，阐述如何通过"一反两讲"这一凭借、工具促使社会走向稳定和谐。可见，正如本书在第三章所论述的，介词结构在新闻标题中的一个显著语用功能就是介入话题，使新闻主题更明确，与语篇内容的关联度更强。下面来具体分析。

以"一反两讲"促稳定和谐

　　11 月 22 日、12 月 17 日，《新疆日报》相继刊发署名文章《坚持"一反两讲"坚决打击"三股势力"》《坚持"一反两讲"全力维护社会稳定》

　　……其中一文中写道：新疆已经进入了跨越式发展和全面建成小康社会的关键时期，我们只有坚持"一反两讲"，才能维护祖国统一和国家安全，保持政治安定、社会稳定的大好局面；只有坚持"一反两讲"，才能凝聚各族人民的力量，战胜前进道路上的困难，加快新疆大建设、大开放、大发展、大团结的进程……

　　2010 年 8 月 26 日，自治区党委常委（扩大）会议上，张春贤书记提出了做好维稳工作的三点要求，即"反暴力、讲法治、讲秩序"。随后，"一反两讲"被自治区党委确定为维护新疆稳定工作的指导方针之一，这为新疆今后严密防范、坚决打击暴力恐怖犯罪，构筑新疆反分裂斗争的牢固防线指明了方向。

反暴力是新疆各族群众的根本利益所在。暴力犯罪是反人类、反社会的严重犯罪，是损害各族人民共同利益的严重犯罪。纵观世界任何国家，暴力犯罪活动都会受到严惩。境内外"三股势力"制造的暴力恐怖事件严重破坏社会秩序，严重危害各族群众生命财产安全和国家安全……

讲法治是实现新疆跨越式发展和长治久安的重要保证。……我国是社会主义法治国家，不论什么人、什么民族、出于什么动机，都必须遵纪守法，必须在法律框架内行事。一旦逾越了这个框架，我们就要依法打击、坚决惩处、决不手软。在防范暴力恐怖犯罪过程中，我们要更加擦亮眼睛，最大限度地孤立和打击敌人，最大限度地团结和依靠各族人民，共同维护法律尊严。

讲秩序是推进新疆跨越式发展和长治久安的必然要求。没有秩序就没有祥和，安定有序的社会环境是实现新疆跨越式发展和长治久安的基础，是新疆各族人民正常生活、工作的基本保障。只有坚持"讲秩序"，积极引导各族群众依法行使权利、履行义务、表达诉求，妥善处理利益纠纷和人民内部矛盾，形成人人遵纪守法的良好局面，才能及时消除各种不和谐不稳定因素，避免造成社会动荡和失衡。

维吾尔族谚语说得好：任凭狗儿叫，误不了骆驼走大道。相信只要我们每个人都能深刻认识"三股势力"的反动本质，自觉自愿、同心同德地反暴力、讲法治、讲秩序，新疆的明天一定会更加美好！

（《新疆日报》，2013-12-20）

这则新闻开头就标明了话题，即"一反两讲"，文章谈到"一反两讲"这一思想的重要性，使读者明确这则新闻的主题。而后紧紧扣住这一话题论述了"一反两讲"的具体内容及在新疆反分裂斗争形势下提出"一反两讲"的重要性和必要性，分别讲述了什么是反暴力，什么是讲法治，什么是讲秩序。最后借用维吾尔族谚语再次回指、照应"一反两讲"这一主题。

这则新闻标题运用"以+NP+VP"构式，运用介词的介引功能引入新闻话题。在语篇中又紧紧围绕话题展开深入论述，最后又点明主题、映衬标题，整体逻辑严谨、条理明晰。标题与语篇内容通过话题紧密衔接，做到了标题和语篇、语篇与语篇之间的交叉关联。

五、祈使结构做标题在语篇中的语用功能

据我们统计的数据，祈使结构在新闻标题中有91条，占新闻总数的0.3%。新闻标题中的祈使结构多是否定式，其中包含情态成分，如"不应""不能""再也不能""别再""决不让""少点""莫""勿""不要""不必""不妨"等，这些都在标题中出现。肯定祈使意义的词主要有"必须""应""请"等。

祈使结构在语义上是指要求对方做或不做某事。按照说话人语气强烈程度，可分为两大类：一类是命令、禁止；另一类是劝阻、请求。本书将祈使结构看作一种构式。祈使构式中一般都需要一个动态谓词进入以表明命令、请求等言语行为。祈使结构标题中，其构式特点一般体现为两类：第一类是带情态动词的祈使结构；第二类是不带情态动词的祈使结构。

1. 带情态动词的祈使结构

带情态动词的祈使结构的肯定构式为"情态动词+V+NP"，否定构式为"不+情态动词+V+NP"。除了表达做或不做某事这一语义外，更强调新闻发语者的主观愿望或情感表达。

> "访民情惠民生聚民心"活动必须坚持只能加强
>
> 社保制度"壁垒"亟须打破
>
> 应立法加强电商平台知识产权保护
>
> 反腐败不应有选择性
>
> 不能忽视民生小工程
>
> 莫要"把悲伤留给自己"
>
> 不要忽略社区居民的文化需求
>
> 对甲流死亡病例不必过于恐慌
>
> 视频讲话不妨更多些
>
> 决不让腐败阻碍新型工业化进程
>
> 不得公开或传播涉案未成年人姓名照片等资料

　　我们将这类既包含客观可能性、必要性，同时也表达人的主观意愿的词统称为"情态动词"。表情态类动词本身就有表示人的主观意愿的语义，有评议作用，说话人使用这类情态语词同时也自然地表达了其对事件或他人的态度。因此，主观性可以从两个角度来考量：一是从说话人角度，二是说话人使用的语词。在汉语的情态范畴中，说话人使用某类表情态意愿的语词来表达某种主观情感的手段就是一种主观性体现，是重合、叠加的情态，是发话人强调或着重表达一种观点、态度时使用的表达方式。这也可以看作一种语法手段，表现双重情态的语法意义，用情态手段来表现主观情态，正如许多语言学家所认同的：情态（modality）是人类语言一个重要的语法范畴。朱冠明（2005）在其文章中谈到莱昂斯（Lyons，1977）对认识和理解情态的两个因素做了论述：其一是主观性（subjectivity），指说话人对句子所表达的命题或对命题所描写的情景的观点或态度；其二是必然性（necessity）和可能性（possibility）。琼·拜比等（Joan Bybee et al.，1994）认为可能性（如 may）表示命题可能为真，盖然性表示更高一些的可能性（如 should），必然性则是一种推断的肯定，强烈地暗示说话人有很好的理由，认为命题为真（如 must）。因而，情态动词与表事件完成的动态动词组合后的祈使构式表达某种行为、动作，从发语者的主观态度上看是能或被禁止的。

　　值得注意的问题有以下几点：第一是分类标准的不统一。黄伯荣、廖序东《现代汉语》（增订五版）（2011）将情态动词（能愿动词）分为三类：其一，表可能，即能、能够、会、可能、可以、可；其二，表必要，即要、应、应该、应当；其三，表意愿，即肯、敢、要、愿、愿意。朱德熙（1985）确定的助动词（情态动词）有 27 个：能、能够、可以、会、可能、得（děi）、敢、肯、愿意、情愿、乐意、想、要、应、应该、应当、该、许、准、值得、配、别、甭、好、难、容易、好意思。

　　朱先生的分类标准主要是依据分布和功能的形式标准。例如，只能带谓词宾语，不能带体词宾语；不能重叠；不能带后缀"了""着""过"；可以放在"不"的格式里；可以单说。朱先生并没有从说话者的主观意愿或评价的角度来划分。

　　黄伯荣、廖序东在《现代汉语》（增订五版）中认为能愿动词用在动词、形容词前面，表示客观的可能性、必要性和人的主观意愿，有评议作用，并从语法功能角度做了举例分析。可以看出，黄、廖的这种分法对情态动词的语法功能、语义差别及语用方面都做了规定，着重于从语法功能角度分析归类，这一点与朱先生的标准是一致的。不同之处在于，其一，朱先生并没有从主观意愿的角度来分析情态动词，只是从助动词的语法特征来看这类词。其二，对主观性的表述不够明确。《现代汉语》结合了一些学者的观点，对情态动词的语义及语用功能做了一定的规定，但在具体论述情态动词的主观意愿时并没有指出哪类具有主观性，哪些不具有主观性，或者说哪些情态动词的主观性强，哪些主观性弱，也没有描述其在结构中表可能性、必要性、主观性的程度。其三，我们可以发现，两种分类中均没有涉及表主观意愿和评议作用的情态动词"必须""一定"类。

　　按照目前学者的观点，一致的看法是情态动词是有主观性的，主要存在的问题依然是情态动词主观性的表现方式、程度大小，以及主观情态、客观情态，与发话人的态度是否相关，是命题内成分还是命题外成分，有时还存在自相矛盾之处。这主要表现在以下方面。

　　（1）主观情态与客观情态的划分

　　莱昂斯（Lyons，1977）指出，主观情态总是比客观情态的应用面宽得多，可以肯定的是，并非所有语言，而只有那些长期被文人用以进行学术讨论这一专门目的的语言，才产生了情态的客观化。帕尔默（Palmer，1986）进一步认为主观性是情态最本质的标准。我们认为，对情态主观与客观的划分从哲学理论上来说是合理的，从认知语言学及语用学、言语交际的角度来看，情态动词中的一些表可能性或必要性的动词本身的确存在着对客观事件的判断，但是这些动词的主语，即动作的施行者或执行完成者，是对客观事件做出判断的人。从本质上来说，客观情态也反映了人对事件、世界或对自身认知的一种心理认知过程，属于心理认知的范畴，即使是语词本身，也包括主观情态的义素在其中。因此，对于主观情态和客观情态的划分，实际是对情态动词，或者更严格来说是对情态范畴主观性程度大小的一个认识。因此，借鉴认知语言学的范畴理论，如果将情态视为一个范畴，那么这一范畴中就包含典型的核心成员，同时也包括边缘成分。因此，主观情态与客观情态之说从本质上来看是主观量多量少的差异，而并非完全主观与非主观的对立。因而可以说，不同程度的情态动词其表达的主观量也不尽相同。

（2）命题内成分和命题外成分

莱昂斯（Lyons，1977）、帕尔默（Palmer，1986、1990）将情态动词分为知识情态、道义情态和动力情态。其中知识情态"本质上是对命题的真实性做出判断"，道义情态则"涉及对动作、状态或事件的影响表达一种指令"。这两种情态方式都有主观性成分，是命题外成分，因为它表达了说话人或发话人的主观态度，有一定的主观量。而第三种动力情态中，一部分词所表达的并不是严格意义上的"情态"，只是表示客观条件下的可能或必要，不含说话人的主观态度，因为能力或意愿都是指句子主语的特性，而与说话人无关，如英语表能力或意愿的 can、will。这种情态不属于命题外成分，是主语指向或中性情态。所谓"主语指向"表示的是对施事完成某个动作而言存在的内部的能力条件或意愿条件；而"中性（条件）"则表示要求或迫使施事完成某个动作的外部的社会条件，与说话人无关。我国学者也以此为据对汉语情态动词进行归类，如表 4-2 所示。

表 4-2　汉语情态动词分类

程度	类型				
	知识情态	道义情态		动力情态	
		该允	估价	主语指向	中性（条件）
可能性	可能	可以	配（他不配当班长）值得（这本书值得看）	能（他能说德语）愿意（我愿意一个人去）	能（从苏州一小时就能到上海）
盖然性	应该	应该			必须（总统必须对选民负责）
必然性	一定	必须（你必须进来）			

注：本表参照朱冠明（2005）相关论文归纳。

我们认为，从本质上看，动力情态中的主语指向和中性情态包含着说话人态度的成分，而不仅仅是特定语词的语义指向。另外，我们同意其对中性情态的表述，即认为它是要求或迫使施事完成某个动作的外部的社会条件。这一点无疑是正确的。但这类情态动词并非仅仅是对完成事件所需社会条件的机械转述，不应将它只视为传声筒工具。从言语交际与言语行为理论角度来看，无论是说话人还是听话人，其所说的话无论是语内或语外都应有所指，有言后之效，而不仅仅是对看似与己无关事件的身外描述。在一个言语交际和言语行为中，说话人和听话人是有形的、在现场的，是置身于言语交际圈内的，而不是排除言说者对话一方角色的第三方。即便是报纸新闻，其发话人也不是无形的，报纸新闻的交际双方也是共现的，只不过直接说话者不是以"本我"的角色来承担，而是借助报纸这一媒介向信息接受者传递信息、表明观点，它并非完全无我，并非仅表示信息条件的机械表述。因此，在情态这一类表说话人意愿色彩非常外显的语类范畴中，如果说动力情态与说话人无关，似乎有些牵强。举例来说，表 4-2 中道义情态中的"必须"和动力情态中"中性"的"必须"，文章作者借用英语情态分类认为"中性"中的"必须"不同于道义情态中的"必须"，理由是它是要求或迫使施事完成某个动作的外部社会条件，如"总统必须对选民负责"中表情态的"必须"不表示说话人的态度和主观情感，仅表示它是一事物完成另一事物必须具备的条件。但是需要注意的是，这一条件是必备的，是不可或缺的，缺少这一条件，事件就不能达成。可见，即便是条件，仍能从认知的角度反证条件对事件的重要性，不管实施这一行为的主体是"总统本人"抑或是第三方，都反映了主体对这一条件的认可与重视。它或许不是由说话人自身说出的，或者是转述他人的话语，我们无从得知。但是它一定带有主观色彩，不能说这一情态成分与说话人无关，合适的说法是从多大程度上与说话人相关，或者说是主观量多还是少。因此，我们认为，情态范畴中或多或少都带有说话人或者转述者的主观态度和意愿，没有绝对与说话人无关的情态成分。依据此种分类方法，道义情态的"必须"与动力情态中"中性"条件的"必须"是一种主观性的两种体现，其中道义情态中的"必须"是主观情态的核心成分，动力情态的"必须"可以看作主观情态的边缘成分，是概念的一体两翼。

综上所述，我们说新闻标题中带情态动词成分的祈使构式基本都带有发话者的主观性色彩，而绝不是简单的信息转述。从信息传播效用的角度看，带有主观性的新闻标题比单纯的转述新闻事件更能引起读者的心理共鸣与回应。因而，情态范畴中对情态动词的主观情态量虽有不同看法，但有一点是一致的，即主观是情态范畴的本质，这一点并无疑义。带有情态动词表主观意义的祈使结构做新闻标题也一定具有说话者的主观性。这一点是本书论述上述内容的主要结论。因此，我们可以看出，新闻标题的主观性不仅与标题语词本身折射出的主观性有关，各部分语词要素相加会形成超载信息，这些超载信息是字面或是命题内部所不能带来的羡余成分，这一部分不是可有可无的，它决定部分与整体的关联度。另外，新闻标题的主观性还与整个语篇内容相关，因为标题是对语篇的概括、回应，与语篇内容紧密衔接，新闻的语篇内容具有一定的主观性，那么标题也不会仅作为转述成分而存在。

此外，从语用功能的角度来看，《现代汉语》等虽没有从功能角度明确情态动词作为一个话语范畴存在，但在分析由情态动词构成的祈使结构中指出：表命令类的多指说话人语气强烈，带有强迫性；表劝阻的祈使结构语气弱。祈使语气强弱的表现和完成并不完全由实体动词来承担，祈使义要由与整体结构的每个部分组合后形成的语义总和共同来完成。可以说，部分之和大于整体，那么大于整体的溢出信息量、语用含量从哪里凸显？我们认为就是通过构式中的说话人的主观态度和主观性及其他超载信息来完成的。这些都不是命题内成分，都是命题外成分。因此，命题内成分和命题外成分不是划分说话人态度的一个合理性标准，不能简单归结命题内成分（语篇内信息）就与说话人无关，命题外成分（超载信息）才与说话人的主观态度有关。情态范畴中的主观成分可以从说话人主观量表达的多少和大小来划分，而不能完全把说话人剔除在外。在由情态动词构成的新闻语类祈使结构中也同样如此。

我们来看一则新闻标题中带情态动词的祈使构式"'访民情惠民生聚民心'活动必须坚持只能加强"，分析标题的主观性和情态成分。

"访民情惠民生聚民心"活动必须坚持只能加强

自治区直属及中央驻疆单位"访民情惠民生聚民心"工作座谈会21日上午在乌鲁木齐召开，中共中央政治局委员、自治区党委书记张春贤主持会议并讲话……

张春贤非常关心"访民情惠民生聚民心"活动开展情况，于3月23日至25日，前往莎车县喀群乡且克霍伊拉村住村蹲点调研……张春贤不时插话，详细询问具体情况，与大家交流群众工作心得，帮大家分析问题，探讨解决办法。会场气氛十分热烈，不知不觉四个半小时过去了。听取发言后，张春贤说，大家谈经验、说体会、提建议，态度认真，准备充分。这些高质量的经验、建议对深入推进"访民情惠民生聚民心"活动很有帮助……张春贤指出，"访民情惠民生聚民心"活动充分体现了区直和中央驻疆单位的政治担当、责任担当。"访民情惠民生聚民心"活动时间紧、任务重，自治区党委一声令下，各单位迅速行动，仅半个月时间就派出了最好的队伍进村入户，与基层干部群众同吃同住同劳动。……实践证明，各单位党委（党组）领导班子政治坚强、各族干部素质过硬，关键时候冲得上去、能打胜仗。

张春贤指出，"访民情惠民生聚民心"活动是自治区党的群众路线教育实践活动最有效的载体。7万干部驻村工作这一年，积极融入基层、融入群众，突出重点落实"六项任务"，夯实基层基础，提升服务群众能力，以实际行动打通最后一公里，走进最远一家人，各族人民群众感恩党的关怀，更加积极努力用自己的双手开创幸福生活……

张春贤强调，"访民情惠民生聚民心"活动必须坚持，只能加强。选好工作组组长是谋划好明年工作的首要任务……

张春贤强调，明年是全面深化改革的关键之年，是全面推进依法治国、依法治疆的开局之年……

（《新疆日报》，2014-03-26）

这是一则常见的、典型的新闻报道模式——转述传信模式，即转述说话人的讲话或意图借助媒介传递信息。标题是祈使构式"……必须……"，它用转述的言说方式直接表达发话者的观点和态度，这一点可以从标题看出。标题与语篇正文之间相互衔接，标题的内容是借引直接发话者的原话以概括全文，彰显发话者和语篇主题，使读者能够直接、客观感受新闻语篇的话题、主旨和直接说话人的态度。

在这类新闻报道中，我们把新闻事件的直接发话人称为"元话语者"，他是事件话语的直接发出者。元话语者的话语中一定能呈现其对事件的主观态度。通过语篇，可以看到标题"'访民情惠民生聚民心'活动必须坚持只能加强"直接反映了说话人的态度，情态动词"必须"不仅是完成事件必备的社会条件，也直接明确了说话人的主观情态。这一点可以说明，带情态动词"必须"的祈使构式除表明某事件是社会的需求条件外，也同时明确了元话语者的主观情态。结合语篇，我们看到语篇中出现很多关于事件实施者的言语行为和主观态度，"张春贤非常关心……""张春贤不时插话……""张春贤指出……""张春贤强调……"等结构，语篇正文用人称代词回指，用补充成分"非常""不时"等语法手段来强调元话语者对事件的行为和观点。以此推衍，其他带情态动词的祈使构式的新闻标题也多有主观性，因为它包含了元话语者的言语行为，如"要""能""应""须"等。

　　问题是对转述者而言，在新闻语篇中是否含有他们的主观情态。转述者不是元话语者，是新闻事件的代言者，是间接发话者，起到转述的职能，是话语转述者，我们将之称为"准话语者"。从新闻传播学角度来看，新闻报道要求转述者真实、客观地再现事件，但是这并不意味着转述者是一个完全孤立的转述角色。在含有情态动词或其他情态成分的标题和新闻语篇中，新闻准话语者为了准确叙述事件，要及时补充与元话语者话语情态彼此相关联的成分，来凸显元话语者的观点。如上则新闻语篇中，为突出表达标题所包含的新闻信息，语篇中多次出现"张春贤"，8次回指元话语者，并多次使用"指出""强调"，以此表明元话语者的主观情态，与情态动词"必须"相关联，明确了标题与语篇的语势，这实际上就是一种准话语者主观性的体现。此外，语篇中加入的一些看似微小的补充成分也可以显示出准话语者的主观性。如"张春贤非常关心"中的补足成分"非常"，这一成分的出现显示出准话语者的主观性，即元话语者（张春贤）对"访民情惠民生聚民心"这一民生工作的高度重视，说明准话语者对元话语者主观态度的肯定和认可，这是一种潜藏的主观性，是基于客观报道事件的基础上对事件本身或事件实施者在他者（准话语者）心理上的回应和折射。再如，"张春贤不时插话，详细询问"中"不时""详细"的使用，表明准话语者对元话语者的细致观察与主观认识，这是准话语者对客观事实在语词上的主观反映。如果这句中没有使用"不时""详细"，并不影响语篇的整体报道，但是从情感色彩上既少了对元话语者"必须"这一主观情态的投射，也显示出准话语者在主观认知上对客观事件缺乏足够的理解。最后，"会场气氛十分热烈"这一语篇衔接语的使用，既是对标题和语篇主旨的映照，也表明准话语者的主观情态，如"十分"一词就能很好地说明准话语者的主观性。

概括说来，由情态成分构成的祈使构式标题，准话语者的主观性通过语篇中对元话语者语义重复、人称回指、动词照应、补足成分、语篇衔接语等手段反映出来。只不过这种主观性的反映是一种隐性反映，是隐性主观情态。因为包含情态成分的新闻语篇首先反映的是元话语者的主观情态，准话语者的情态是在元话语者主观情态的基础上用不同的方式、手段延伸出来的，从而与元话语者的显性主观情态相回应。具体情况如表4-3所示。

表4-3　含情态动词的祈使构式的主观情态量表

说话者类别	主观情态方式	主观情态手段	心理感知方式
元话语者	显性、直接	标题和语篇正文中的情态动词或情态成分	自动、内化
准话语者	隐性、间接	语义重复、人称回指、动词照应、补足成分、语篇衔接语	隐喻、可测量性

2. 不带情态动词的祈使结构

不带情态动词，带其他祈使标记的祈使标题构式。

表现方式有：表劝阻的"别""勿""不得""莫"，表请求的"请""愿"，表建议、提醒的"多+VP""多……少……""不妨"。还有借用标点符号等情态附加成分表示祈使意义的。祈使也是一种主观情态的表达，举例如下：

少浪费自己

少些暴戾　多些关怀

少点虚功　多点务实

多说些"大白话"

抓大勿忘扶小

别再给我们贴标签了

快些！再快些！

电梯安全马虎不得

以上带有祈使标记的构式都借助语词的内在语义关系表达说话者的主观情态。

多说些"大白话"

……按理说，语言是个越用越熟、越用越好的东西，对领导干部来说更应当不在话下。可现如今，个别领导干部的语言功能却蜕化得厉害。前不久，《人民日报》一篇文章说：近日，记者随东部某省一名厅长深入基层调研，在与群众交流时，这位领导在问了"家里几口人""收入怎么样""有没有什么困难"等几个简单问题后，竟不知如何继续交流下去，最后在身边工作人员的圆场下尴尬收场……可以说，与群众交流并不难，不绕弯子、言简意赅、不打官腔，老百姓们听得进、记得住、用得上，这样的话就是群众爱听的"大白话"。

"大白话"尽管平淡普通，但平和亲切，可以听到真心话、大实话，再大的隔阂都消于无形，再远的距离都拉近眼前。

其实，和群众"说白话"，历来是我们党的优良传统……在海南省视察渔民生产生活情况时，习近平总书记说："小康不小康，关键看老乡"……言谈间，百姓心里暖洋洋，自然愿意掏"心窝子"，干群关系自然鱼水交融。

多说些"大白话"，说起来容易，做起来却并不容易……这对于一部分习惯了高高在上的领导干部来说，确实是一个巨大挑战。倘若领导干部真心真情、躬身为民，就会心心相印道出"大白话"，许多问题也就迎刃而解了。

（《新疆日报》，2013-08-25）

这则新闻的标题使用了带祈使标记的"多+VP"。实际上，我们把"多+VP"这一构式中"多"当作说话人对他者劝说、提醒的情态成分，也可以认为是"多+VP"这一构式中省略了表情态语义的动词"应（该）"或"要"。标题省略了情态成分，把表情态的构式语义转移给"多"来承担，成为肯定式祈使标记，表明写说者的主观态度。这则新闻从标题就可以看出写说者对事件的主观态度，即多说实在话，多与百姓交心，为群众做实实在在的事。语篇正文中也分层次论述了"大白话"的内涵，同时分析这一社会现象的原因，与标题相关联。语篇正文具体使用一些衔接成分和关联词将"为什么干部不会说话""什么是大白话""如何说大白话"，以及"说大白话的实践意义"这四部分内容系连起来，层层推进。如"按理说""可以说""尽管……但……""其实""说起来……，做起来却……"等。

　　新闻语类的交际目的是提供事实以满足读者的需求，但是新闻语类没有把情态都铲平，而是使用情态动词或情态成分等语形手段来适当地、策略地表达观点。情态成分不仅可用来表示事件的可能性、必然性及完成事件的条件，还可对新闻事件加以评价，引导舆论。

六、疑问结构做标题在语篇中的语用功能

　　疑问结构在《新疆日报》标题中的数量为 342 条，占新闻标题总数的 1.2%。疑问结构按其构成成分在新闻标题中分为疑问代词、疑问语气词和语调三种方式。疑问代词、疑问语气词和语调我们视为疑问标记。

> 谁动了"金钱豹"的商标专用权
> 从 50% 到 83%，你信哪一个？
> "中国好声音"让我们听到了什么？
> 委员的时间去哪儿了？
> MH370 你在哪里？
> 数字化的真谛何在？
> 《新疆文库》是如何锻造出炉的
> 张春贤讲话何以感动我们
> 维权之路该怎么走？
> 为什么要建设节约型社会
> 交通违章被查是"霉"还是"幸"
> "草根"文化能否登上大雅之堂

　　以上疑问结构中使用了不同类型的疑问标记，归纳起来有："谁""哪一个""什么""哪儿""哪里""何""如何""何以""怎么""为什么""是……还是……""能否"。其中，问人或事物的有"谁""什么""哪（加量词）"；问处所的有"哪儿""哪里"；问性质、状态、行动、方式的有"怎么"；问

原因的有"为什么"等。这些疑问代词构成有标记的新闻标题构式，表达新闻言说者的态度，或者有疑而问，或者无疑而问。从类型来看，这些疑问构式基本上是特指问，少部分是选择问或正反问。具体分布情况如表4-4所示。

表4-4　《新疆日报》新闻标题疑问结构分布情况

类型	数量/条	百分比/%
特指问	298	87.1
正反问	35	10.2
选择问	9	2.6

特指问句式："哪里""谁""如何""何以""怎么""为什么""什么"等。

正反问句式："能否""是否""行不行"等。

选择问句式："是……还是……""……还是"等。

邵敬敏（1996）认为疑问点即疑问句的信息焦点。李宇明（1997）将疑问标记分为四类：一是疑问语调，二是疑问语气词，三是特指疑问词语，四是疑问句法结构（包括"V 不 V"和"X 还是 Y"）。并且，他认为这些疑问标记除负载疑问信息之外，还传递其他语用信息。方梅（1995）根据句子焦点与预设的对应，将焦点分为常规焦点和对比焦点。从这里我们可以看出对疑问构式一致的看法是疑问结构的疑问标记就是焦点标记。下面来看特指问。

张春贤讲话何以感动我们

5 月 26 日，在自治区党委七届九次全委（扩大）会议上，自治区党委书记张春贤两个多小时的讲话结束，全场爆发出长时间的热烈掌声。台下 700 多位与会者来自全疆各行业各地州，他们发自内心的真情流露无疑表达了我们的心声。告别三湘父老赴边疆挂帅不过短短一个月，基本还属初来乍到，张春贤的一番讲话何以感动百姓？笔者以为，原因有三。

其一，不回避问题……其二，务实……如此亲民务实的表态，让我们充满期盼，当然要把掌声送给张春贤。其三，真情。在 26 日上午的大会讲话中，张春贤情之所至，放下讲稿，面对全场代表坦陈心声："我已经深深爱上了这片土地，我要做一名新疆各族人民的'儿子娃娃'！""儿子娃娃"是地道的"新疆话"，能担此名的皆是有能力、有胆识、真性情的堂堂男儿。张春贤以此自期，表达了他对新疆的感情，更显示了他实现新疆跨越式发展的雄心壮志。张春贤如此质朴亲切的真情告白，着实让我们暖到了心里。说到底，<u>老百姓欢迎的是讲真话、办实事、为百姓动真情的管理者</u>。

（《新疆日报》，2010-06-02）

这则标题中"何以"是特指问，焦点在"何以"，相当于"为什么"。具体到语篇，事件以张春贤的讲话"使全场爆发出长时间的热烈掌声"为背景，提出语篇的话题。"何以感动百姓"中，"何以"是焦点标记成分。语篇用"原因有三……其一……其二……其三……"做衔接成分，依次分析了焦点所关注的缘由。整体来看，语篇首先围绕"何以"提出问题，引出语篇的话题，使读者产生疑问，以引起注意；其次标题与语篇正文紧紧关联，具体阐述原因，使读者进一步了解语篇话题的意图；最后总结出答案为"老百姓欢迎的是讲真话、办实事、为百姓动真情的管理者"。整个新闻层次分明，语篇结构完整，以设疑—分析—释疑模式层层相连。新闻语篇以特指问为标题或以其为语篇话题时，疑问代词是焦点成分，它将整个语篇系连起来，形成一个疑问特指构式。构式内部的层次关系就是：第一，以疑问代词这一显性焦点标记建构语篇话题；第二，围绕话题中心，具体摆明有疑而问的原因；第三，解构疑问，归纳语篇要义。由此可以回应标题，再次揭示语篇内涵。

然后来看选择问。正如邵敬敏（1994）对选择问所做的界定：选择问是一种很有语用特色的问句，它提出若干选择项进行询问，不仅明确地提出了询问的主观范围，而且提供了可供回答的若干选择项。其典型关联标记就是"是""还是"，其基本形式为"是……还是……"，其变体（非典型）标记为"……还是……"。下面来看以选择问为标题的例子。

交通违章被查是"霉"还是"幸"

一些司机开车违章时被交警发现查处，多如此抱怨说"今天真倒霉"，但事实往往却是，正是交警的及时查处，排除了事故隐患，杜绝了他们的心存之"侥幸"。所以，笔者想说，司机朋友们带着侥幸以身试法被交警查处，不是什么倒霉的事，而应感到幸运。

交警依法查处不是最终目的，防范才是初衷……但在现实生活中，有少数人却不这样想，特别是一些酒后驾驶的人，总是抱有侥幸心理，以为交通事故与自己"无缘"，更以为不会"倒霉"碰上交警，于是不管不顾、以身试法。殊不知，"侥幸"带来的往往不是"万幸"，而是诸多的"不幸"……交通事故的发生，往往就在一瞬间。前事不忘，后事之师，血的教训告诉我们，交警对违法者的严格执法，其实是及时将交通安全隐患控制消除在萌芽状态，是对包括违法者在内的广大交通参与者的莫大关爱和保护。

"摒弃交通陋习，安全文明出行"，这是去年全国第二个交通安全日的活动主题……希望驾驶人员牢固树立安全驾驶、文明驾驶意识，自觉遵守交通法规，克服侥幸心理，有效防范各类交通事故的发生。

（《新疆日报》，2014-12-04）

这则新闻标题是两个关联词同现的典型选择问构式，凸显焦点标记成分是"是……还是……"，作者的话语焦点就是在两个语义备选项中给出两个询问项，界定了选择范围，即"霉"和"幸"。这两个选择项"霉"和"幸"呈对立关系，从语义上看是正反两个选择项，互不兼容，选择一项表明主观态度，所以正反对立的选择项其对比性最强，焦点值也高，易于引起注意。选择问也要求回答，亮明主观情态的疑问方式，具有一定的主观性，起到话语交际的应答功能。不过应答的方式可以是显性应答也可以是隐性应答。显性应答是在语篇中外显的，有显性标记，或者是直接回答，或者没有直接给出答案，而是通过语篇中的关键语句透视出作者的意图；隐性应答一般不给出明确应答，而是通过正反两方面对比，让读者可以清楚得出应有的结论。隐性应答的对比性、反差性高于显性回答。

结合这则标题来看，标题给出了两个语义备选项分别是"霉"和"幸"，从这里可以看出，关于"交通违章被查"这一话题存在着两个语用预设：一是"交通违章被查是倒霉的事"（从当事者角度，具有普遍性）；二是"交通违章被查是幸运的事"（从执法者角度，有警示效用）。要从客观存在的同一事件的两个正反选择域中明确观点是选择问构式的主要特征。从语篇中可以找到，作者通过语篇衔接语给出了显性回答，即"笔者想说（表明态度的插入成分）""不是什么……，而应……（上下文关联词）"。

是老爷还是公仆？

"无产阶级的公职人员与人民之间是公仆与主人的关系"。这是一百多年前马克思和恩格斯总结出来巴黎公社的一个重要经验……

然而，在现实社会和实际的工作中，我们有的所谓"人民公仆"又做得如何呢？

1月6日和1月8日晚中央电视台的《焦点访谈》和《东方时空》中，分别播出了有关"孩子，你在哪里"与"法院成老赖，截留钱款欠20年不还"这两个事件的详细报道……尤其是每每想起有的法官、警官、医生和官员们在面对老百姓的正当诉求甚至是哀求时，那种老爷式的漠视、傲慢，甚至是蛮横的腔调，都使笔者有太多的感慨和感叹如鲠在喉，不吐不快……问题的关键在于，在这些事情发生的其前、其后和其中是不是还有更深层次、更普遍性的问题与原因呢？也就是说，是什么样的土壤、环境、条件使其能滋生出如此为政府抹黑，使群众蒙冤的畸胎与奇葩呢？其实，在我们身边这种似曾相识的让老百姓"跑断腿、磨破嘴、受尽苦、伤透心"的例子也并不在少数。而且，这些对于老百姓而言是久拖无解、苦求无望的委屈或冤屈，只要一经媒体曝光，又立即都会在当地上级部门的"高度重视"之下迅速得到解决与处理。

"无产阶级的公职人员与人民之间是公仆与主人的关系。"这是一百多年前马克思和恩格斯总结出来巴黎公社的一个重要经验。毛泽东主席也曾不断告诫……只有这些才是我们的命根子。

（《新疆日报》，2013-01-20）

　　与上例一样，这则新闻标题的选择项同样是正反问"老爷"和"公仆"。不同之处在于，这则新闻没有正面认同这两个选择项的某一类，而是通过事件正反两面、主客观对比，借助语篇中语段复指、指示代词回指和衔接语词等手段来揭示作者的观点，让读者顺理成章地得出正确选择。

　　首先，"是老爷还是公仆？"是标题也是构式的焦点标记。带着这个疑问焦点，文章直引一句"无产阶级的公职人员与人民之间是公仆与主人的关系"，这句话表面上看并没有对标题疑问焦点做出回应，但作者在语篇开头隐喻了其意图：公职人员应当是人民的公仆，而不是老爷。其次，语篇用"然而"这一衔接语论述了现实中的"人民公仆"。通过正反对比，分析"问题的关键在于"何处。最后，作者再次回指语篇第一句话"无产阶级的公职人员与人民之间是公仆与主人的关系"，并用"只有……才……"这一表唯一条件的关联语标记将语篇前后连贯起来，"只有……才……"在连接单句成分时其主要语用功能就是强化和凸显整句的语义。"只有"后接代词"这些"凸显语篇所指，也就是再次复指、映射"公职人员应是人民公仆，而不是老爷"这一语用含义。

　　与上文所举例子不同的是，这则新闻标题选择问构式并没有在语篇中有显性应答标记，而是对命题或概念通过正反对比，评判哪一个是正确的选择。因此，我们认为无论是显性应答，还是隐性应答，选择问构式的一个条件就是应该在两个选择项中有一个主观倾向。

　　此外，还有带疑问语气词和疑问语调的标题。

　　　　除夕放假吗？五一调整吗？带薪假咋落实？

　　　　新消法，你来点赞吗？

　　　　农民贷款方便吗？

　　　　步入汽车时代我们准备好了吗？

　　　　"中国好声音"让我们听到了什么？

　　　　"库尔勒香梨"怎么了？

　　这些疑问语气词和疑问语调是疑问标记，是话语层、语篇层的语旨，它们做标题的语气成分，使话题更具焦点性，将疑问与语篇相连。

七、比况结构做标题在语篇中的语用功能

　　　信心比黄金还宝贵

　　　这笑声，比寒冬更冰冷

　　　伤十指不如断一指

　　　"马上体"祝福，不如马上行动

　　　四处灭火不如釜底抽薪

　　　行胜于言

　　　民情民事大于天

　　　新办福利机构床位不得少于 30 张

　　　一个棚等于十亩棉

　　　一个张家界等于三个卢浮宫？

　　比较是常见的表达方式，典型的比况构式包含四个基本要素：比较主体、比较基准、比较点和比较结果。如标题《这笑声，比寒冬更冰冷》中，"笑声"是比较主体，"寒冬"是比较基准，"冰冷"度是比较点，比较结果是"更冷"。从上面所举的标题构式中，我们可以看出新闻标题中比较句结构主要有"A 比 B+AP""A 不如 B""A+形+于 B""A 不少于 B（数量）""A（数量结构）等于 B（数量结构）"等，焦点标记词有"比……还……""比……更……""不如""胜于""大于""少于""等于"。从认知角度来看，它是提取事物之间的比较关系进行或高低、或大小、或多少、或语义程度深浅等方面的对比，是人类共有的一种认知思维方式，人们对客观世界的认知体验反映在语言层面就是不同形式结构的语句。新闻比较构式描述的是两个或多个事物在某个属性（维度）上（相同或不同）的位置关系，从深度（容器—内容）、广度（整体—部分）等角度考量两个比较项的关系，其中一个物体是抽象的，要以一个具体的有价的物体来考量二者价值含量，通过心理测量与认知经验，得出认知结论。新闻标题的比较构式多表现为由无形到有形的价量和性度对比，将两个原本并不存在语义联系的物体价值进行比较评判，从无形到有形，从无价到有价，实际上就是一个比较认知的过程。它具体有下面的特点：

　　第一，新闻标题中两个事物进行对比时，比较主体的价值、功用、属

性度有时是抽象、隐含的，不具有价比性质，人们自然就会筛选一个具体的、价值、功用和程度较易测量与估算的参照物来进行对比度量，作为比较构式的比较基准，这样比较主体的价值和用途就会从与比较基准物的对比中直观判断出来，这反映了事物认知的一般规律。因此，在度量类比较构式中，比较主体的价值是无形的，不可有形估算，用有形来突出无形，凸显比较主体的属性显著度。

第二，度量类比较构式中，用来参照的比较物在人们的头脑认知中一般是可做价值度量的，有形价值或高或低，这取决于人们的认知经验。有形的比较物临时作为无形被比较物的比较对象，进行转换对比和认知，我们称之为比较的转喻。转喻（沈家煊，1999）将人对事体的认识内化为一种心智现象，形成概念和意义，用一个相应的词来命名事体的过程。这说明了转喻机制有助于解释人类语言产生及创新的过程。

我们看到，度量类比较构式将两个本无价值或属性关系的事物进行同比，用其中显性可视物体隐喻抽象的比较主体，暗含两个物体存在着相关性和可比性。用 B 物体有形的价值和属性与 A 比较主体进行价值上的传输、比较，得出 A 的显著度较之 B 是高或是低。我们以新闻"信心比黄金还宝贵"为例具体分析。

信心比黄金还宝贵

近期，新疆各大媒体继续刊发署名文章，作者结合工作、生活实际，或帮助我们认清"三股势力"及其反动本质，或表达思稳定、盼和谐的心声，或抒发爱国爱家的美好情怀。文章发表后，引起读者强烈共鸣，许多人表示，对新疆稳定和发展的信心更坚定了。

信心来自对祖国对家乡的朴素感情……文章没有空话套话，没有大道理，而是用自己的亲身经历和朴实的语言，实实在在地道出了家乡的变化，也道出了作者热爱家乡、建设家乡的美好心愿。我们都生活在同一片蓝天下，这样的文章，更能引起读者的共鸣。

信心来自求发展、谋富裕、思稳定、盼和谐的共同心声。"不管是什么人、什么民族，动乱不是我们想要的，民族仇恨更不是我们想要的，我们只希望过好日子，我们只要幸福生活，这应该是所有老百姓，包括我们少数民族群众共同的心声。"……这些文章字里行间，无不传递出对新疆美好未来的无穷信心和力量。

　　信心来自对形势的科学认识、理性分析和准确把握。《十二木卡姆》、麦西热甫以及成千上万个优美的民间歌舞流传至今，是维吾尔族的文化瑰宝。为什么一些人现在宣扬不能唱歌跳舞呢？伊斯兰教的哪条戒律禁止人们唱歌跳舞呢？……他们的文章深入浅出，有理性分析、有感性表达，不仅帮助我们正确认识民族、宗教等问题，也是对"三股势力"渗透活动的最有力回击。

　　信心比黄金还宝贵。作者立场坚定、旗帜鲜明地站在反分裂斗争第一线，用自己手中的笔，为我们的精神世界注入了珍贵的信心和力量。有了这信心和力量，新疆各族人民定能拧成一股绳，一心一意谋发展、齐心协力促稳定，新疆的明天一定会更加美好。

　　　　　　　　　　　　　　　　　　（《新疆日报》，2013-09-01）

　　这则新闻意在表明"信心"在新疆人民心中的价值和分量，在语篇中作者从几个方面反复回指信息的重要性。从结构上看，作者在每一段起首都运用同一个构式"信心来自……"阐发论点，再具体论证。同一个构式的反复使用、相互照应，强化了语篇的语势和意图。新闻结尾，作者用比较构式进一步在语义上回指语篇话题。"黄金"作为贵重金属，是有形且价值很高的货币物，"信心"是无形、抽象的，作者无法估量其价值，这里将"信心"转喻为"黄金"，可以看出"信心"的量价，但又转指"比黄金还宝贵"，超出了"黄金"的价值，突出了作者的论点，回应了话题论点。

民情民事大于天

困难户搬进了新楼房

　　……给城镇困难居民解决经济适用房和廉租住房，只是今年布尔津县解决民生问题的一个缩影。今年年初，布尔津县委书记高志敏在布尔津县委十届九次全委（扩大）会议上郑重承诺2009年为民办好十件实事……如今年终岁末，布尔津县的十件为民实事件件得到落实，老百姓赞不绝口。

不让一个孩子因贫辍学

在布尔津农牧区，农牧民家长争先恐后地把自己的孩子送到乡里的学校……据布尔津县教育部门统计，2009 年布尔津全县教育投入高达 5000 万元，其中仅县财政直接投入 2400 万元……一直以来，布尔津县把"因家庭贫困导致孩子上不起学"的问题当成最大的民生工程来抓。县委书记高志敏说，百年大计，教育为本，优越的城乡办学条件和设施、良好的教育教学质量、浓厚的校园氛围，才能使更多的家长重视教育、关注孩子成长。我们的目标就是不让一个孩子因为家庭贫困而辍学。

农牧民用上了长明灯

今年年初，布尔津县四套班子领导深入布尔津县六乡一镇，就广大农牧民群众在农牧业生产、新农村建设等经济社会发展中遇到的实际困难和问题进行深入调研，这次调研活动后，布尔津县在学习实践科学发展观活动中明确提出"科学发展、改善民生、打造魅力布尔津"的学习实践主题。……2009 年布尔津县争取国家资金 2.4 亿元，实施了北屯—布尔津 220 千伏输变电线路、城乡电网改造等工程，地处偏远、居住分散的 644 户布尔津农牧民彻底告别了无电历史，用上了长明灯……而对于这些刚刚用上电的布尔津农牧民来说，幸福的生活其实才刚刚开始，因为<u>民生民情大于天</u>，改善民生已经成为布尔津县各级领导身体力行的最大政治。

(《新疆日报》，2009-12-04)

这则新闻首先报道了布尔津县为民生做的实实在在的事，先分述举例，后概括，以一句"民生民情大于天"回应前文，点明主题和论点。这句比较构式中"民生民情"是比较主体，比较基准是"天"，比较点是"于"，比较结果是"大"。在人们的认知潜势中"天"即大，"天大的事"即指"非常重要的事"，这里将"民生民事"不仅喻为"天大的事"，而且是"比天还大"，"大于天"，可见事件的价值和意义。因此，我们说这里将"民生民事"喻为"天"，不是一种隐喻，而是一种转喻。正如前文所说，把无形的不可估量的事物转喻为有形的有价物进行参照，使概念具体化、可视化，转而进行判断和选择。或者，用人们惯常了解的事物转喻不够熟知的事物，进而明确概念和意图。因而，比况构式做新闻标题更能概括语篇的中心，将语篇与标题更紧密的联结起来。

八、"的"字结构做标题在新闻语篇中的语用功能

"的"字结构一直是学界关注的热点。其中一个焦点就在于"的"的隐现问题。关于"的"的隐现情形，学界历来有不同的看法。在新闻标题中，"的"的使用也较常见，一般由两种情况构成：一种是标题中带外显"的"字标记；一种是隐含的"的"字标记。下面我们具体分析新闻标题中"的"的隐现情况。

1. 外显"的"字标记——带"的"字的定中结构
（1）"AP+的+NP"中"的"的双重强标记性

> 飘逸的艾德莱斯绸
>
> 永远的清风
>
> 风风火火的女村支书
>
> 亮丽的风景线
>
> 亲切的关怀　巨大的鼓舞
>
> 公正的审判
>
> 活跃的劳务市场

以上标题是形容词加"的"构成的定中结构，这种构式中形容词对中心词起修饰限定作用。这种构式从语义上较易理解，形容词做修饰成分对做中心词的名词做性状描写，"的"在语法上充当定语的标记成分。这里有一个问题，即以上新闻标题中"AP+的+NP"的"的"存在与否是不确定的。比如第一个标题《飘逸的艾德莱斯绸》中，如果把"的"隐去，标题在语法和语义关系上似乎不成立。

> 飘逸的艾德莱斯绸≠飘逸艾德莱斯绸
>
> 永远的清风≠永远清风
>
> 风风火火的女村支书≠风风火火女村支书（？）
>
> 亮丽的风景线≠亮丽风景线（？）

亲切的关怀　巨大的鼓舞≠亲切关怀　巨大鼓舞

公正的审判≠公正审判

活跃的劳务市场≠活跃劳务市场

经过变换，我们将"的"字标记隐含，可以较清楚地看出省略后的情形：前两个标题中"的"是必有标记，隐去"的"后语义不能成立，不能说"飘逸艾德莱斯绸"和"永远清风"，所以这里 AP 后"的"标记的修饰意味较强，这里它是一个强势必有标记。"风风火火的女村支书"和"亮丽的风景线"中"的"标记隐去后，从表层来看，似乎可以成立，但再深入一层变换，就未必成立。下面来看"风风火火的女村支书"变换后的情况。

（她是）风风火火的女村支书≠（她是）风风火火女村支书

（一位）风风火火的女村支书≠（一位）风风火火女村支书

（她是一位）风风火火的女村支书≠（她是一位）风风火火女村支书

变换后的语义结构均不成立，说明在单层 AP 定语中的"的"标记强度较为显著，不可隐去。

（果子沟是）亮丽的风景线≠（果子沟是）亮丽风景线

（一道）亮丽的风景线≠（一道）亮丽风景线

果子沟是一道亮丽的风景线≠果子沟是一道亮丽风景线

同上面"AP+'的'标记"一样，隐去"的"标记后结构不成立。

"亲切的关怀　巨大的鼓舞""公正的审判"和"活跃的劳务市场"这三个 AP 式结构除去"的"标记后都转变为述宾结构。

亲切的关怀　巨大的鼓舞→亲切关怀　巨大鼓舞（述宾结构）

公正的审判→公正审判（述宾结构）

活跃的劳务市场→活跃劳务市场（述宾结构）

从上述的变换中可以看到，即使是多层定语修饰的 AP 结构，AP 后的"的"标记也没有省略。如带主谓结构修饰语、数量结构修饰语的 AP 结构，

A 与 N 之间都有强标记性特征"的"。AP 结构中的"的"标记除了是语法上的定语标记外，其标记性还可以延伸到语用层面，在新闻标题中，使用一个特定的构式是为了最大限度地反映语篇的最大信息量和最强意图。因此，作者总是要选取最能概括其意图的标题来提示、复指语篇，而不会无谓消耗语篇空间。所以，从语用上看 AP 结构中的"的"还有一层作用，就是指示语篇话题和焦点的标记性作用。如《飘逸的艾德莱斯绸》，"的"在 AP 和中心语之间起语法上的标记作用，"飘逸"为形容词修饰限定其后的中心语，"的"从语法上不能隐去，是语法上的必有修饰标记。不仅如此，从整个标题语篇来看，"的"也起到了连接语篇层面话题和焦点的衔接功能。细分来说，就是"艾德莱斯绸"是语篇的主要话题，而凸显焦点正是"飘逸"，这一焦点突出话题"艾德莱斯绸"。因此，从语法层面来看；我们认为 AP 所修饰的定中结构是一个偏、一个正，但是从语用层面来看，两个都有各自的功能，相互映衬。"的"作为双重标记占据 AP 定中结构的位置。

（2）"PP+的+NP"中"的"的话题衍生性

> 关于先进文化的三个问题
> 法国葡萄园里的高科技
> 赛场上的"武术家庭"
> 大开发中的喀什备受瞩目
> 帕米尔高原上的支教者
> 那拉提草原上的雄鹰

这几则新闻标题都是"介词+的+名词短语"结构。这几则标题中的"的"标记也不能隐去，具有强制性。但是，与 AP 不同的是，以介词做定中结构的"偏"的部分可以独立作为话题而存在，如"关于先进文化""法国葡萄园里""赛场上""大开发中"的"关于""里""上""中"都是介词焦点标记，可以标记话题，这些具有标记话题作用的介词短语与"的"后的名词组合构成一个完整标题的话题，使标题的话题具体化，我们称之为内嵌的隐含话题，即"介词标记话题+的+名词中心语"构成标题的具体话题，也就是语篇话题。因此，"的"在由 PP 构成的标题中有话题构成的标记作用，由标题内隐含话题生成全句话题的语用功能。

关于先进文化（内嵌 topic）→关于先进文化的三个问题（语篇 topic）

赛场上（内嵌 topic）→赛场上的"武术家庭"（语篇 topic）

法国葡萄园里（内嵌 topic）→法国葡萄园里的高科技（语篇 topic）

大开发中（内嵌 topic）→大开发中的喀什（语篇 topic）

这里要注意与另一种介词构成的定中结构相区别，即"为了留住濒临消逝的记忆""为了交出一份满意的答卷"，这类构式是由"PP+VP+的+NP"构成的，而不是由"PP"后直接带"的"标记，受前面述语动词的管辖和限制，不是受介词话题标记的限制。前者中"的"标记不是强制标记，有时可带，有时可不带，可以作为附着成分，不带"的"标记的"PP+VP+的+NP"结构如"为保障职工、企业利益指明方向"。

（3）"数量结构+的+NP"中"的"的话题限定性

这种结构存在两种情况：一是数量短语内嵌定中结构；二是定中结构嵌套数量结构。这两种结构表面上看没有什么差别，但从数量结构中量语的辖域和语义指向来看有明显的差异。这种差异，使得标题的话题有所区别。我们先来看第一种情况：

一项了不起的民生工程

一件深得民心的好事

一片漂亮的"红房子"

一场无声的道德较量

一个永生的英雄

这类标题中"数量结构+的+NP"中"的"的语用功能就是界定新闻标题的话题，使整个标题或语篇的话题更为明确。原因在于由数量结构限定后使原本定中结构做话题成分的 NP 转变为由数量结构充当话题。

了不起的民生工程→（一项）了不起的民生工程

深得民心的好事→（一件）深得民心的好事

漂亮的"红房子"→（一片）漂亮的"红房子"

无声的道德较量→（一场）无声的道德较量

永生的英雄→（一个）永生的英雄

以上几则新闻标题由于受前置数量结构中量词语义指向的限定，明确了语篇标题的话题，由原本 AP 类定中结构转换成了数量短语定中结构，标题的主语也由 AP 类后的 NP 转变为整个数量结构。如《一项了不起的民生工程〉中"AP+NP"即"了不起的民生工程"就是一个带有话题的标题结构，在其前端添加"一项"，其中量词所管辖的 NP 就是 AP 的话题，语义指向也是"民生工程"，也就是两个结构的话题重合为一个话题，相互吻合，只不过加上数量短语"一项"后使得标题的话题扩大为整个数量结构，即《一项了不起的民生工程》既是标题，也是标题的话题，从而明确了标题的话题。因而，这种表层看似是定中结构，实际是数量结构内含定中结构的构式，起到了界定标题话题的作用。

第二种情况，如：

> 一位若羌枣农的自述
> 一位村干部的心声
> 一个小城镇的大作为

这类标题不限于以上几个例子，限于篇幅就不多举例。要说明的就是，这三类标题也是可以转换生成的，不过跟第一种数量结构不同的是，转换后的结构还是定中结构，不是数量结构，话题成分也没有改变。

> （若羌枣农）的自述→（一位若羌枣农）的自述
> （村干部）的心声→（一位村干部）的心声
> （小城镇）的大作为→（一个小城镇）的大作为

从上面的转换中可以清楚地看到，原来的定中结构加上数量短语的限定后，其话题中心并没有改变，主要就是由于量词对其后论元角色的辖域支配不同。如"一位"中管辖的论元是"枣农"，量词"位"的语义指向是"枣农"，因而整个标题的话题还是原话题，即"枣农的自述"。

（4）"NP_1+的+NP_2"中"的"的多重标记性

这类标题中"的"字结构的焦点问题集中在"的"的隐现及其功能上。

> 大学的任务和使命

县委书记的大接访

玉素甫的烦心事

哈密的增长潜力

布尔津企业的精品意识

新疆纺织行业的旗帜

明天的地谁来种？

城乡文明的基础

祖国大家庭的温暖

吐鲁番的佛教石窟

沙漠胡杨的守护者

学界一般认为两个名词 N_1 与 N_2 的语义关系是 N_1 领有 N_2，分歧的关键在于带"的"结构中的 N_1 和 N_2 是否都具有领属关系，或者说 N_1 和 N_2 关系中领属关系的程度大小是否有差异。这一点，学者们的看法不同。如："他的老师当得好。""你别泼他的冷水。"朱德熙（1982）认为"N_1 的"是准定语；黄国营（1982）认为"N_1 的"是伪定语标记；张伯江、方梅（1994）用"广义的领有"的观点解释"N_1 的 N_2"内部的结构关系，指出这类结构应视为领属结构，不管所领有的是具体的事物还是抽象的事物。我们对张、方二位先生的观点持赞同态度，因为一个语言构式中带"的"或不带"的"一定有其语言层面的解释，或是语法的，或是语义的，或是语用认知的，而绝不会是任意附加的。结合以往学者对"的"字结构的语法论述以及"的"字构式在新闻标题中隐现的几种情况，本书认为，首先，"的"字结构除了是领属标记外，还应有其他的语用功能，N_1 和 N_2 间并不完全受领属关系的限制，从本书标题中 N_1 和 N_2 间的语义来看，有时两者的关系表现出较为松散、临时的特点，说它们单纯具有领属关系显得稍为牵强。其次，从表层来看，"的"字的使用在新闻标题中显得较为灵活，有时用"的"，有时不用"的"。何时用"的"，何时不用"的"，显得较为随意。在这种情况下，给我们提出一个问题，即"的"字前后的名词成分是否完全可以用领有关系准确概括，值得商榷。我们认为，领属关系并不是决定省略与否的唯一条件，这一点在新闻标题中呈现得也很明显。在语篇分析中，如何准确把握"的"

的使用与理解，应该在语法、语义以及语用认知功能等方面做重点解读。

结合新闻标题中"NP+的+NP"中"的"使用的情况，我们可以将"的"的隐现情况大致分为三类。

一是使用了"的"标题，即"的"在标题结构中是显现存在的，而且这个外显的"的"字标记在语义上是不能省略的，是标题成立的必备条件。也就是说，无论是结构上，还是语义上，这个"的"都不能省，如《大学的任务和使命》《县委书记的大接访》《玉素甫的烦心事》以及《明天的地谁来种》等。这几个标题中两个NP存在一定的语义领属关系，"的"是表领属关系的标记，但是它并不像"我的手""他的书包"那样具有很强的领属关系。距离相似性不是测量"的"隐现的唯一条件，因为在新闻标题中，语词的组合往往具有临时性，它不仅仅以成分间的语义关系的远近为标准，而是以成分的组合搭配的合法性为重要标准。因此，我们认为这类"的"字结构中的"的"联系的两个语词间是否具有领属关系不是"的"具有强标记性而不能隐含的唯一条件。"的"具有强制性且不能省去的原因还包括新闻语篇自身的内在规定性，具体而言就是标记"话题"和"焦点标记"在语篇中的重要位置，决定了"的"作为凸显话题和焦点的高强度标记。这样也可以解释为什么隐含了"的"标记的标题其话题和焦点成分的强度自然就减弱。

二是"的"字本身并不存在，而从语法关系上看，它是隐含存在的，只是在外部结构上是一个空位，如下面的标题：

马尔代夫天堂岛
盛会好声音
少数民族妇女头饰
新经济组织党建问题
当前领导干部腐败原因及对策

三是"的"在标题结构中占据语法位置，但是它所起到的表领属关系的标记作用并不明显，有些甚至隐去也不影响标题语义的成立，而更多的是起到语用标签的功能。如《城乡文明的基础》《新疆纺织行业的旗帜》《祖国大家庭的温暖》《布尔津企业的精品意识》这些标题中，N_1和N_2领属关系并不明显，带有组合的临时性，更多的是起到强化焦点与话题的作用。甚至如《吐鲁番的佛教石窟》《沙漠胡杨的守护者》中，"的"标记的领属意义淡化，NP_1 和 NP_2 之间的关系更多的是强调事物所处的位置和属性，如《吐鲁番的佛教石窟》并不是侧重强调"佛教石窟"属于"吐鲁番"，"佛教石窟"的领有者是"吐鲁番"，标题所强调的是焦点"吐鲁番"，即"佛教石窟在吐鲁番"，强调的是特定处所或方位，而不是领有、被领有的关系。因而它可以隐去，标题的语义同样可以成立。这里使用"的"标记目的之一就是新闻要突出语篇主题，突出焦点信息，从不同视角对事件、人物、行为做立体描述。

（5）"VP+的+NP"中"的"的隐现及其功能

先来看"VP+的+NP"中"的"的呈现情况。据我们统计，这种述宾结构带"的"标记构成的定中结构，既可以带"的"，也可以不带"的"。有时同构的标题也会出现时而有"的"，时而没"的"的情况。这种述宾结构的带"的"情况看起来似乎随意性较强，没有明显的可控性。来看带"的"标记的述宾结构构成的定中式：

做先进文化的引领者

做现代文化的传播者

山沟里绽放的玫瑰花

能住几辈子的房子

唤醒沉睡亿年的煤海

迎接西部大开发的新机遇

肩负起党和人民的重托

冬日里闲不住的农民

守住平凡的良心

走进吴佩东的"托牛所"

保护森林和野生动植物资源的安全

破解畜牧大区的尴尬

谱写"中国梦"的美好新疆篇章

以上各例我们归为"的"标记性表征较强的一类中，通过对比，这些标题中"的"标记不能隐去。因此，我们认为这些标题中的"的"是标记强制度较高的一类，它或者是突出话题，或者是使焦点显著。这就像音系学的音高振幅图谱，话题性或焦点性特征明显的结构带"的"标记的频率就高，因而其基频图数值就高，振幅就明显；话题性或焦点性特征较弱的结构带"的"标记的频率就相对较低，振幅就趋于平缓。

以下标题就恰好印证了这一观点，这些标题原来是可以不带"的"标记的，也就是说不带"的"标记也成立，不太影响标题的语义。

> 提高领导干部的法律素质
> 搭建服务群众的平台
> 培育和提升企业的核心竞争力
> 建设一支高素质的辅导员队伍
> 培养高素质的现代民警
> 做好新疆的工作关键在党

如《提高领导干部的法律素质》中，"的"就可以隐去，标题语义关系同样成立，这样的结构在下文论述隐含"的"标记的举例中就可看到。隐去"的"后，标题就变为"提高领导干部法律素质"，同样是成立的。据此，我们看到以下标题隐去"的"也是成立的。

> 搭建服务群众的平台→搭建服务群众平台
> 培育和提升企业的核心竞争力→培育和提升企业核心竞争力
> 建设一支高素质的辅导员队伍→建设一支高素质辅导员队伍
> 培养高素质的现代民警→培养高素质现代民警
> 做好新疆的工作关键在党→做好新疆工作关键在党

2. 隐含的"的"字标记

（1）主谓结构"的"字标记隐含

> 我区扩大行贿犯罪档案查询范围
> 特色经济成为伽师经济新支点
> 克州蹚出一条教育扶贫新路子
> 红枣"种"出策勒农民好日子

以上主谓结构标题中的宾语部分是一个多层定语，按照定中结构特征来说，多层定语中可以加入一个"的"来标记，起停顿、修饰、限定等语法作用，但实际结构中却没有添加，如《我区扩大行贿犯罪档案查询范围》中可以在"档案"和"查询范围"间加入一个"的"标记，即"我区扩大行贿犯罪档案（的）查询范围"，这样可以使语法层次关系更明确，语义更清楚。其他几例也如此：

　　特色经济成为伽师经济新支点→特色经济成为伽师经济（的）新支点

　　克州蹚出一条教育扶贫新路子→克州蹚出一条教育扶贫（的）新路子

　　红枣"种"出策勒农民好日子→红枣"种"出策勒农民（的）好日子

下面是主谓结构做谓语的标题，标题中的大主语与谓语中的小主语是从属关系。

　　定居牧民生活乐悠悠

《定居牧民生活乐悠悠》可以转换为定中结构：

　　定居牧民生活乐悠悠→定居牧民的生活乐悠悠

以上这种情况之所以使用不带"的"标记的结构，主要是为了使标题更精练，形式更多样，但其内部的所属关系并未改变。这种结构是隐含"的"标记的特殊结构，即将定中结构中具有领属关系的成分转换为主谓谓语结构。

（2）述宾结构"的"字标记隐含

　　加强高校重点领域反腐力度
　　全力维护团结稳定良好局面
　　全面提高挂职干部综合素质
　　全面提高各族妇女思想道德素质

　　　　加快结构调整和新型工业化进程

　　　　保持社会稳定发展

　　　　讲述心灵故事

　　　　营造良好社会氛围

　　　　做好学生思想转化工作

　　以上这些述宾结构中缺失的"的"标记都是可以还原或填充的，隐去这些"的"标记并不意味着语义关系的改变。前文说过，何时用"的"，何时不用"的"，要看新闻本身的规定和需要，隐去"的"并没有改变内部结构关系，只是在语用凸显方面有所淡化。我们认为，这应该是标题中规定应尽量少地使用虚词等过多标记性语词，以免影响标题整体的简洁和概括性。述宾结构中"的"的缺失与存现都在标题中呈现出灵活性很强的特征，但从原型范畴角度来看，我们以为隐含"的"字标记是一种"的"字结构的变体形式，"的"作为语法和语用标记，带有强制、强化等标记特征，是"的"结构范畴中的典型结构，其他在不同条件下产生的语法和语用变体形式都是在此基础上的异化和特殊化，目的就在于突出某一中心、焦点成分，或概括标题主干，使标题更为凝练，强化语篇主题。

九、作为新闻标题的"X+成/成为+Y"结构

　　　　塔里木油田成为我国最大天然气产区

　　　　煤炭成为新疆吸引投资第一磁场

　　　　立体种植成为吐鲁番市新亮点

　　　　工业经济成为新疆发展的巨大引擎

　　这类结构可以简单概括为"X 成/成为 Y"。"成为"结构的标题有 74 条，占标题总数的 0.3%。这一构式中"成/成为"是联系、衔接 X 和 Y 两个 NP 关系的联结项。"成/成为"做动词焦点标记，表示 X 事物经过施加某一动作，由原来的 X 转变为 Y，这里"成/成为"联结的是事件变化、完成的结果，由旧事物转变为新事物的语义，是一个动态移动、发展的路径。其认知模式如下：

　　（1）存在 X 这样一个事物，这是"成/成为"构式的预设；

（2）存在 Y 这样一个事物，Y 是 X 经历一定运动、发展轨迹后形成的结果或目标；

（3）且 Y 与 X 有认知语义关联；

（4）"成/成为"是关联 X 与 Y 的联结点；

（5）Y 是 X 转化的结果。

如标题《塔里木油田成为我国最大天然气产区》中，"塔里木油田"是本体，是源域；"我国最大天然气产区"是目的域，是本体经过变化后的结果；"成为"是联结项。本体和目标域两者之间的语义关系是同一关系，即"塔里木油田是我国最大天然气产区"，而"我国最大天然气产区也就是塔里木油田"。由源域到目的域有一个进程，这一认知关系是动词焦点标记"成为"投射出来的。因此，"成/成为"类标题也属于 A 到 B 转化的构式。

第三节　小结

本章运用构式语法理论，结合认知语言学的相关内容，如隐喻、原型范畴以及语篇衔接等理论具体分析《新疆日报》标题中的九类语法结构和句式标记，并概括了这些语法构式做标题在语篇中的语用功能。

主谓结构作为一种语法构式，在标题语篇中充当新闻事件的话题。汉语主谓结构是话题型结构，句首焦点就是凸显主语的话题功能。在新闻中，主谓结构充当话题有几种不同变体形式，典型的主谓结构做话题的语法构式就是通常我们所说的无标记主语结构，其他几种主谓结构是带标记的主谓结构，例如加入标点符号等标记手段以突出主语作为话题的功能。再如，带冒号、逗号的主谓结构，使用引号、空格的主谓结构等。

述宾结构也是常见的标题构式。述宾构式的语用功能就是以新闻语篇中事件动作行为的实施、执行为焦点，围绕动词焦点标记阐述言语行为及实施言语行为的过程，对实施行为的原因、方式、途径进行一步步地推进式叙述，标明新闻的主旨。

数量结构在新闻语篇中做标题，其语用功能充当话题成分，并有所隐喻，通过概念间或语篇中的由本物隐喻他人或他事反映作者的真实意图。

介词结构中不同的介词焦点标记在新闻标题中的一个显著语用功能就是介入话题，使新闻主题更明确，与语篇内容的关联度更强。

祈使结构做新闻标题在本书中有两种情况：带情态动词焦点标记成分的标题及不带情态动词焦点标记成分的标题。这两种祈使结构在新闻语篇中不仅可用来表示事件的可能性、必然性及完成事件的条件，还可对新闻事件加以评价并引导舆论。加入情态标记的标题除客观报道新闻事件外，还带有一定的发话者的主观性，这种主观性视不同语境或显性或隐性。

疑问结构的疑问标记是焦点标记，不同的疑问标记含有不同的语用含义。特指疑问中疑问代词是焦点成分，它将整个语篇系连起来，形成一个疑问特指构式。构式内部的层次是：第一，以疑问代词这一显性焦点标记建构语篇话题；第二，围绕话题中心，具体摆明有疑而问的原因；第三，解构疑问，归纳语篇要义，回应标题。选择问包含正反两个选择，正反对立的选择项对比性最强，焦点值也高，选择一项表明主观态度，易于引起注意，因而选择问标记也是焦点标记。特指问与选择问的相同点在于两者都需要有应答，带有发话者的主观情态和意识潜势；不同之处在于特指问应答是显性应答，给读者一个明确回应，选择问应答可以是隐性的，给出两个选择项通过语篇论述让读者根据语篇显示出的语用含义做出适当评判和选择。

比况构式做新闻标题将两个本无价值或属性关系的事物进行同比，用其中显性可视物体隐喻抽象的比较主体，暗含两个物体存在着相关性和可比性。用 B 物体有形的价和属性与 A 比较主体进行价值上的传输、比较，得出 A 的显著度较之 B 是高或是低，从而做出判断。比况构式一般也带有一定的主观情态。

"的"字结构作为一种语法和语用标记，其语用功能带有强制、强化等标记特征，是"的"结构范畴中的典型结构，其他在不同条件下产生的语法和语用变体形式都是"的"字结构的异化和特殊，目的在于突出话题中心或标题中的某一焦点成分，强化语篇主题。

"成为"结构是由源域（A）到目的域（B）的隐喻标记。

第五章
新闻标题与语篇正文的关联与衔接

第一节　引言

　　标题与语篇是相互衔接和关联的。新闻标题是语篇正文论点的概括和重现。从结构上看，新闻标题与语篇正文以不同的衔接方式连缀起来，比如语篇衔接词、语篇衔接结构（虚词、关联词）、语篇插入语、焦点标记词等。韩礼德和哈桑（1976）区分了五种衔接：照应（reference）、替代（substitution）、省略（ellipsis）、逻辑连接（conjunction）以及词汇衔接（lexical cohesion）。不过这些衔接手段是指语篇与语篇的衔接，新闻标题与语篇的衔接有共同之处，也有区别。从外部形式上看，标题与语篇之间存在着结构语义关联；从功能上看，标题与语篇相互映照，彼此衔接。新闻语篇的特征之一就是力求标题与正文的最佳关联，从而使新闻信息结构的传递效果达到最大化。从认知心理的角度看，我们认为标题与语篇、语篇与语篇之间的衔接和关联是通过一定的认知构式来表征的，是交际者对世界知识百科性知识加工、内化的体验过程，而后达成对语篇的理解和认知。正如莱考夫（1987）所说：认知模式是人在与外部世界互动的基础上形成的认知方式，即对我们的知识进行组织和表征的方式，不是客观存在的，而是人类创造的，是人在与自然世界、客观事物的接触中，通过感知体验、心理概念形成的。

　　标题是对新闻语篇的概括与凝练，新闻标题将语篇的内容通过凝缩，用较短的语句将新闻语篇所要阐述的内容抽取出来。标题是对语篇的映射，语篇是标题的复现。因此，新闻标题与语篇是相互关联的，它们通过不同的方式彼此衔接，上下连贯。读者通过读题来搜索信息，继而通过标题引出的话题关注语篇，了解新闻详情。本章将《新疆日报》新闻标题与语篇相结合，从结构关系的角度分析标题与语篇的衔接方式、衔接特点，从功能的角度分析标题与语篇的关联度。

第二节　标题与语篇正文的衔接方式

衔接把存在于语篇内部的、使其成为语篇的外部结构方式及内在语义关系组织起来。语篇中存在着把其中某成分与上下文联系起来的一切可能性。因此，在本书衔接更侧重指语篇之间结构和语义的组织关系，是语篇的组篇机制，以此体现语篇的语用意图，起到传信的功能。

巴赫金（1986）认为，每一话语都被主要视为对特定先前话语的回应，它反驳、肯定、补充和依附其他话语。从《新疆日报》标题与语篇正文相互衔接、映照的方式来看，主要有以下几类。

一、篇首衔接

篇首衔接是指新闻标题在语篇正文开头复现出来的方式。标题与语篇正文在新闻篇首得以衔接。标题与语篇正文在篇首互现，语篇正文回指标题。

"<u>枣送福</u>"彰显新疆情怀

"叶尔羌河对您说——新·春·<u>枣送福</u>"活动启动以来，每一份红枣礼盒都<u>彰显着新疆情怀</u>。（S1）

当美国、德国、哈萨克斯坦、加拿大等 12 个国家的爱国华侨收到来自中国新疆的祝福，（S2）当 19 个援疆省市的援疆干部手捧叶尔羌河捎去的感谢，（S3）当曾经建设新疆、热爱新疆、关心新疆的爱心人士和模范代表怀抱新疆人民的感恩，（S4）爱就像一股暖流，温暖着每一个人的心田，新春最闪光的温情折射出最真的新疆情怀（S5）……

（《新疆日报》，2014-02-07）

这则新闻标题是《"枣送福"彰显新疆情怀》。标题构式是"A 彰显 B"，主语是"枣送福"，主语位置上的成分往往也是语篇的话题，"枣送福"是标题与语篇正文的话题，通过这一话题传递出整个语篇的意图。"彰显"是动词的焦点标记，其后要分配一个论元角色来充当"彰显"的宾语，即"彰显"什么，这一论元往往与表"精神"语义的类相搭配，构成"彰显××精神"这样的构式。从以上对标题构式的结构分析，我们可以看出标题所传递的语义信息就是借用新疆特色产品——红枣，给爱国华侨送去新疆人的祝福，彰显新疆人的感谢和祝福之情，以此传递新疆情怀。

结合语篇正文，我们看到标题的语义内容在语篇正文的起始位置就得到呼应与复现。新闻开篇是"'叶尔羌河对您说——新·春·枣送福'活动启动以来，每一份红枣礼盒都彰显着新疆情怀"。从这一段中提炼出与标题相同的三个关键词，就是"枣送福""彰显""新疆情怀"。我们用图 5-1 表示标题与语篇正文衔接的方式①。

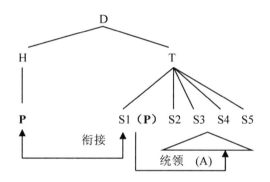

图 5-1 标题与语篇正文篇首衔接（一）

D：Discourse（语篇）

H：Headline（标题）

T：Text（正文）

S：Sentence（句段）

P：Proposal（论点，构成话题）

A：Argument（论据）

→：表示生成、照应

～：表示衔接

△：包含几个小句的句群

---

① 这里的图示依据廖秋忠先生《篇章中的论证结构》一文整理。

从图 5-1 中可以看出篇首衔接的特征：语篇是新闻事件的全部内容，由标题和正文构成；标题在语篇的上位，而且标题内容就是语篇的论点；正文由几个分句构成，其中 S1 是其他几个分句的总括，S1 统领 S2 到 S5，且 S1 充当双重角色。一般而言，几个分句构成的语篇中存在一个统领分句，那么这个统领分句有可能会是语篇的中心论点和要旨，其他分句则具体说明，作为论点的论据构成语篇结构。这则新闻的构式框架就是这样，S1 作为语篇的论点在起首位置与标题相互衔接、呼应，我们用双向箭头表示。

一个棚等于十亩棉
——尉犁县温室种植大户眼里的设施农业

"一个棚等于十亩棉"，这是尉犁县农民袁兴田形容设施农业——日光温室大棚给他带来的收益。（S1）

袁兴田是尉犁县团结乡孔湾村的农民，早在 2002 年，由于家中人多地少，缺少经济来源，袁兴田开始在自留地上搭建了温室大棚进行种植，以改善家里贫困的状况，这一种就是十年。（S2）

4 月 12 日，记者在尉犁县团结乡孔湾村见到了袁兴田，54 岁的袁兴田兴奋地说："靠大棚的种植收入我供着 4 个孩子上大学呢！"……（S3）

袁兴田告诉记者，相比种植棉花，一亩温室大棚种植反季节蔬菜带来的收益和种植十亩棉花带来的收益相等。（S4）忙着收菜的袁兴田给记者算了一笔账，去年他家种了 15 亩棉花，除去农资的开支，收入也就是 4 万多元，而去年 11 月，他与老伴在温室大棚种的油白菜、芹菜，仅一茬油白菜的收入就超过了 1 万多元，芹菜的收入还没有算……（S5）

（《新疆日报》，2012-04-18）

首先，这则新闻同样是标题与语篇正文在篇首衔接的例子，衔接的图示与上文一致。不过，与第一则新闻不同的是，这则新闻标题的论点使用的是直引结构，即将语篇中说话人表达其中心思想的原话作为标题反映语篇内容。使用直引结构做标题，从语用上更能集中反映说话者的意图，也更能凸显语篇的论点，从侧面也能看出作者的意识潜势。

　　篇首衔接的一大特点就是标题紧扣语篇正文开头，标题构式与语篇正文开端语端紧密衔接，语篇论点需要触发标题与它保持一致，标题本身也必须反映论点，对所传递的焦点信息起到一个双重凸显的视觉聚焦和冲击作用，从而使读者即时、便捷地捕捉到新闻语篇的焦点信息。从读者层面来说，这是一种经济省力的语篇衔接模式。

　　其次，每一则新闻，不管是报道性新闻，抑或是评论性新闻，都必须有论证观点，也就是我们所说的语篇论点。具有了论点的新闻，其论点不仅从标题中得以显现，一般还会在语篇内形成论证结构，以围绕论点展开铺陈。因而，论点可能在语篇一开头也即正文开头部分与标题衔接，也可能在篇中或篇尾与标题衔接。这些衔接手段无疑是成立的，重点在于新闻语篇中标题与语篇正文的这种衔接仅仅是由作者主观判断或需要决定的，还是由结构衔接本身所表现出来的语用价值决定的呢？我们的观点正如上面讲到的，一是标题与语篇论点在篇首衔接，从结构位置上看借鉴原型理论，越是接近典型成员的成分，其相似度就高。语篇正文与标题越是接近，其衔接度越高。标题与语篇正文的这种无间隔衔接隐喻的就是这样一种认知心理，距离越近，接触度越高，认同度也越高，双重凸显和叠加强化效应就产生了，这就是篇首衔接的语用意义。

　　从上面这则新闻标题自身结构看，我们可以知道其语义内容，发现语篇论点，彰显一定的情态。标题从表层看是一个等比式，焦点标记是"等于"，但从量上比较，A 和 B 的语义关系还是存在着差别，其语义并不是说 A 等于 B，而是一个 A 等于十个 B。显然 A 在量上高于 B。量比上有差异，则是一个差比构式。"一个棚"是比较主体，也是新闻语篇的主要话题，"十亩棉"是比较客体，比较的标记是"等于"，比较的结果从量上对比自然可以得出："一个"等于"十亩"，"一个"的好处一定是胜于"十亩"。从标题构式的语义关系我们可以看出，新闻要传递的主要信息就是说明大棚种植带来的实在效益。表层是等比但实际是差比的构式语义关系，从内部语词的语义就可以了解到，就是表明说话人的态度，就是 A 比 B 强，通过对比反映语篇主题。因而，带有差比标记的构式标题本身就能反映语篇主要的信息，也自然就可以成为语篇的标题。

　　我们再来看一则新闻。

用法治思维和方式预防化解社会矛盾

从 30 日召开的自治区社会矛盾纠纷排查化解工作小组会议上获悉……共成功调解矛盾纠纷近 43 万件,调解成功率 82.4%。(I1)除交通事故赔偿、物业矛盾纠纷外,全区土地征用、环境污染、房屋拆迁等各类矛盾纠纷均呈较大幅度下降趋势。(I2)会议要求,<u>要善于运用法治思维和法治方式预防化解社会矛盾</u>、保障群众合法权益、维护公平正义。(S1)

自治区党委常委、政法委书记熊选国参加会议并讲话。(S2)熊选国指出,各级党委、政府和各相关部门必须充分认识新形势下社会矛盾纠纷调处工作的极端重要性和紧迫性……(S3)熊选国强调,各地、各部门要着力加强源头预防工作,及时发现不稳定因素,努力变被动调解为主动疏导,事后调处为事先预防……(S4)以法治引领深入推进社会矛盾预防化解工作。(S5)

(《新疆日报》,2015-03-31)

与前两则新闻不同的是,这则新闻开头并不立即亮明论点,而是先使用一些事例作为引语,用字母 I 标示,即 I1 和 I2,由此带出语篇中心话题,与标题相呼应,标题内容在语篇起首段的最后一句话复现,虽然在表述上与标题略有不同,但主体部分相同,都是祈使构式。语篇中使用的是"要善于运用法治思维和法治方式预防化解社会矛盾",标题使用的是《用法治思维和方式预防化解社会矛盾》。如图 5-2 所示。

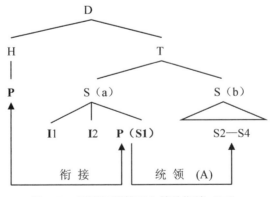

图 5-2　标题与语篇正文篇首衔接(二)

这里我们可以看到，标题与语篇在篇首衔接存在着构式上的表征：标题与语篇在 S（a）中的 S1 处衔接，即在语篇开头阐明论点或者话题中心，S（a）和 S（b）从结构上看处在并列位置，但从语义上看是由 S1 统领 S（b）中的各个子句。也就是说，S1 所属的语篇段 S（a）和 S2、S3、S4 所属的语篇段 S（b）在衔接方式上是总分式的领属关系。前面的例子中 S1 和 S2 各子句间也存在这样的关系。因此，我们说标题与语篇的篇首衔接除了标题和语篇在起首 S1 处衔接外，S1 和其他子句的关系还存在统领与被统领的总分式关系。

把群众满意度作为整改重点

4月13日上午，自治区工商行政管理局召开全区工商系统"严规范强服务提效能，深化'五型工商'主题实践活动"视频动员大会。(I1) 会议要求，在主题实践活动的全过程，特别是集中整改阶段，<u>要把人民群众的满意度作为重点切实抓好</u>。(S1)

据了解，此次工商系统的主题实践活动分为学习教育、征求意见、集中整改三个阶段。(S2) <u>首先</u>以开展局长接待日、工商开放日等形式，宣讲建设服务、亲民、法治、效能、阳光"五型工商"的做法，宣传工商政策法规、行政许可和办事程序等，加大工商宣传与公开工作力度。(S3) <u>其次</u>，采取走访相关部门、回访被处罚对象、下基层、到市场、召开服务对象座谈会等多种形式，广泛征求社会各界，特别是服务对象对工商部门党风廉政与作风效能建设的意见建议。(S4) <u>在集中整改阶段</u>，要把群众满意度作为重点，注重解决窗口服务单位人员的办事态度、效率、素质、形象等方面存在的问题，规范私营个体企业协会会费收取等问题。(S5)

自治区工商局党组书记王新怀要求各级工商部门要以"淡化权力、强化服务"为原则，针对征求到的意见建议等，实事求是制定整改措施，明确整改目标，切实改变工作作风，提高机关效能建设水平。(S6) <u>同时</u>，各级绩效办要以办事大厅、窗口单位和基层工商所为重点，加强对作风效能整改情况的督导检查，并将督查情况在5个工作日内予以通报。(S7)

（《新疆日报》，2012-04-15）

这则新闻中 S1 有一个篇首引语，引出了语篇话题和论点，标题和 S1 在 I1 后衔接。其他子句围绕标题和 S1 展开论述，S1 与 S2—S7 间是总分式关系，其中在子句间又存在包孕关系，即 S2 是 S3、S4 和 S5 的总括句，S3、S4 和 S5 是 S2 的子句，显性衔接标记语是"首先""其次""在……阶段"，S6 和 S7 两句是尾句，与标题和语篇照应。如图示 5-3 所示。

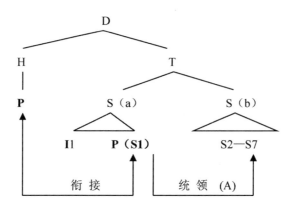

图 5-3　标题与语篇正文篇首衔接（三）

可以看出，新闻语篇中标题与语篇正文是紧密衔接的，语篇与语篇、语句与语句间也是相互衔接的，衔接的方式不同，衔接的紧密度和关联度也不同。一般来说，标题与语篇正文句首衔接直接突出语篇的中心话题，其衔接度是最高的。这样，语篇在篇首亮明话题和论点，这是报道性新闻或评论性新闻组织结构框架的常见手段。从语段间衔接语词的使用也可以看出语段子句的衔接度和关联度。比如这则新闻中使用的表顺序的衔接语词"首先""其次"以及"同时"等，使语篇整体逻辑关系增强。由此，我们说标题和语篇篇首衔接是衔接显著度最强的一种方式。此外，显性逻辑衔接语词的使用也使标题与正文间的衔接显著度得以强化。由此，我们可以概括得出标题与语篇正文篇首衔接的构式特征。

（1）标题与正文在 S1 处衔接照应，一般两者中间没有背景信息或引语[①]。正文直接照应标题。如果有引语或背景信息，其长度一般在两个语段间。

（2）篇首衔接时，S1 与其后的句段一般为总分关系，S1 和标题是全

---

① 我们认为背景信息不同于引语，篇首衔接前出现的前景信息我们理解为引语，引语的长度和数量较之背景信息短而少；在篇中衔接和篇尾衔接中我们理解为背景信息。

篇的论点，S2、S3 等是 S1 的论证和补充，或是论据（A）。因此，S1 统领语篇后续语段。

（3）S1 后的 S2、S3 等语段作为论据来论证 S1，因此这些语段间通常是平行的并列关系。

二、篇中衔接

篇中衔接是指新闻标题在整个语篇中间复现出来的方式。标题与语篇正文在新闻语篇中得以衔接，语篇正文回指标题。

发扬"四自精神"建设美好家园

30 日下午，自治区残疾人联合会第六次代表大会在乌鲁木齐闭幕。会前，中共中央政治局委员、自治区党委书记张春贤到会看望出席自治区残联第六次代表大会的与会代表并与大家合影留念。（S1）

张春贤说，我区各族残疾人自强不息、克服困难的精神值得全社会学习，广大残疾人要把实现"中国梦"与个人梦想结合起来，继续发扬自尊、自信、自强、自立"四自精神"，努力奋斗，改善自己生活，改变新疆面貌，建设美好家园。（S2）

张春贤强调要高度重视残疾人事业发展，增强残疾人参与意识和社会适应能力；让广大残疾人在投身实现两大历史任务中顽强拼搏，实现人生价值；让广大残疾人在全面建成小康社会中建功立业，同全疆各族人民一道，共同创造幸福生活和美好未来。（S3）

（《新疆日报》，2013-08-31）

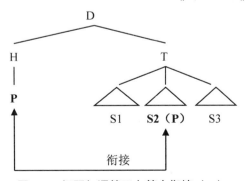

图 5-4　标题与语篇正文篇中衔接（一）

根据图 5-4，可以清晰看出这则新闻标题内容与语篇正文在篇中 S2 处衔接，S1 作为语篇中心论点的背景信息而存在，起引入话题成分的作用，或为语篇论点的提出做铺垫，是信息的前景结构。S3 进一步论证 S2，为强调 S2 做深入说明。结合语义，这则新闻是讲张春贤会见新疆维吾尔自治区残联代表时所做的发言。新闻先是介绍了事件过程和结束的时间，以此引出话题；接着着重转述张春贤的讲话，这是事件的话题核心；最后引用讲话作为结尾，照应标题和话题。

以良好的党风引导民风

4 月 20 日，自治区纪委等三部门联合下发通知，对领导干部操办婚丧喜庆事宜做出严格规定，进一步加强监督管理。要求各级党委（党组）要把加强婚丧喜庆事宜管理作为加强党的作风建设、保持党的纯洁性和促进现代文明建设的一项重要措施，纳入重要议事日程……（S1）

这些措施的意义显而易见：一是利于反腐倡廉。严禁领导干部大操大办红白喜事，就是堵住了腐败入侵的通道，防止领导干部掉落陷阱……二是利于营造勤俭节约的文明风尚。艰苦奋斗、杜绝奢侈，是党中央提出的"八荣八耻"中的一项重要内容。大操大办红白喜事造成浪费，加剧了人们的经济负担。要改变这种陋习，需要领导干部做出表率，也需要严格的制度来约束规范，<u>从而以良好的党风、政风引导民风</u>。（S2）

<u>坚决制止大操大办</u>，是对领导干部的关心爱护。婚丧喜庆大操大办，严重违背党对领导干部道德品行要求，严重违背艰苦奋斗、勤俭节约的中华民族传统，与党的根本宗旨相悖、与现代文化引领的要求相悖……（S3）

<u>坚决制止大操大办</u>，是彰显新疆效率、加快新疆跨越式发展和长治久安步伐的现实需要。毋庸讳言，新疆仍是经济欠发达地区，如果干部群众把有限的积蓄及过多的时间精力用在婚丧喜庆事宜的大操大办上，就与当前"求发展、谋富裕、思稳定、盼和谐"的主旋律相背离……（S4）

　　<u>坚决制止大操大办</u>，是加强党政机关和领导干部作风建设的有效
措施……（S5）

　　<u>当前</u>，新疆正处在大建设大开放大发展的关键时期，更需要各级
领导干部集中精力抓经济发展、民生改善和社会稳定。因而，遏制大
操大办之风，是各族干部群众的共同心愿，是合民心、顺民意之举。
<u>要坚决遏制大操大办之风</u>，促使各级领导干部坚定不移地以现代文化
为引领，移风易俗，清正廉洁，凝心聚力搞建设，一心一意谋发展，
促进在全社会形成科学文明、勤俭节约、健康向上的良好风气。（S6）

（《新疆日报》，2012-04-21）

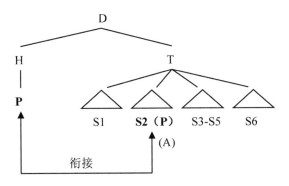

图 5-5　标题与语篇正文篇中衔接（二）

　　这则新闻的结构如图 5-5 所示，标题与语篇正文在篇中 S2 处衔接照
应。S1 就是 S2 和标题的背景信息，阐述话题的起因、由来、关涉对象，
或引入事件的时间、发生地等，这则新闻就是以三部委下发通知禁止领导
干部操办红白喜事这一事件作为提出标题和语篇论点"以良好的党风引导
民风"的由来，故而 S1 是话题的起因。由此，语篇展开论述，提出话题
和观点。之后，语篇连续重复同一语句"坚决制止大操大办"，强调"制止
大操大办"的原因，具有很强的感染力和震慑力。这种同一句式的多次重
复运用，增强了语势，提升了语效，同时从语篇结构上也衔接、照应了前
文，这种重复我们称为"语段同形回指"。因此，可以看出，标题与语篇正
文间、语篇正文段落间的衔接方式中，语句的同形回指衔接更能凸显衔接
的紧密性和关联度。也就是说，同形回指衔接标题与语篇正文的外显标记
越强，关联度也就越高。如果标题与语篇正文局部或某一片段回指衔接，

则其衔接紧密性就弱化，关联度也随之减弱。

通过以上例子，我们可以概括出篇中衔接的结构特征。

（1）篇中衔接的 S1 可视为背景化信息结构，或充当事件语篇的起因、由来，或是铺垫话题。

（2）篇中衔接论点和话题明确后，后面的语段要围绕话题做说明和论证，强化论点。

（3）篇中衔接一般要有结束语段收尾总结，回指语篇正文。如上例最后一个语段中"当前"就是一个总结语。此外，结语处又出现"要坚决遏制大操大办之风"，再次回指语篇正文，形成一个完整的构式语篇。

三、篇尾衔接

篇尾衔接是指标题与语篇正文在语篇结尾衔接的方式。

信心比黄金还宝贵

近期，新疆各大媒体继续刊发署名文章，作者结合工作、生活实际，或帮助我们认清"三股势力"及其反动本质，或表达思稳定、盼和谐的心声……许多人表示，对新疆稳定和发展的信心更坚定了。（S1）

信心来自对祖国对家乡的朴素感情……文章没有空话套话，没有大道理，而是用自己的亲身经历和朴实的语言，实实在在地道出了家乡的变化，也道出了作者热爱家乡、建设家乡的美好心愿。我们都生活在同一片蓝天下，这样的文章，更能引起读者的共鸣。（S2）

信心来自求发展、谋富裕、思稳定、盼和谐的共同心声。"不管是什么人、什么民族，动乱不是我们想要的，民族仇恨更不是我们想要的，我们只希望过好日子，我们只要幸福生活，这应该是所有老百姓，包括我们少数民族群众共同的心声。"……这些文章字里行间，无不传递出对新疆美好未来的无穷信心和力量。（S3）

信心来自对形势的科学认识、理性分析和准确把握。"麦西热甫以及成千上万个优美的民间歌舞流传至今，是维吾尔族的文化瑰宝。为什么一些人现在宣扬不能唱歌跳舞呢？伊斯兰教的哪条戒律禁止人们唱歌跳舞呢？……"（S4）

　　<u>信心比黄金还宝贵</u>。作者立场坚定、旗帜鲜明地站在反分裂斗争第一线，用自己手中的笔，为我们的精神世界注入了珍贵的信心和力量。有了这信心和力量，新疆各族人民定能拧成一股绳，一心一意谋发展、齐心协力促稳定，<u>新疆的明天一定会更加美好</u>。（S5）

（《新疆日报》，2013-09-01）

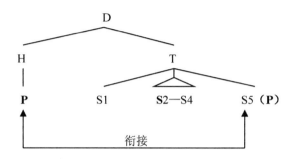

图 5-6　标题与语篇正文篇尾衔接

　　新闻起首语段 S1 叙述事件的起始，承启下文，引出话题和论点。起首语段中"近期"阐明事件的时间，后引出事件背景，语段末尾点出整个语篇话题"信心"。S2—S4 接连三次使用"信心来自……"，形成回指连续统，再次明确语篇的话题，语势升高，加重了作者的主观情态。最后，语段 S5 第一句回指标题，又一次使标题和语篇正文衔接度达到峰值。

　　一般来说，同形回指的篇首衔接，标题与正文完全重合，一目了然，衔接紧密，关联度最高；同形回指的篇中衔接次之；再次是同形回指的篇尾衔接。局部回指的衔接也依此类推。隐含衔接是衔接性最为松散的方式，标题是从语篇内容中提取、概括出的，所以衔接性最弱，关联度取值也就最低。

　　但是上面的语篇表明，标题与语篇正文的照应和衔接并非完全受认知距离的影响。一般说来，篇首衔接中标题与语篇的关联度是强的，这一点是肯定的，这是由语篇起首语句明示论点的作用决定的。语篇起首点明论点，标注语篇的整体构式是总括式的，因而不管标题与语篇起首语段是完全重合还是局部重合，两者的关联度都是明显的。但从以上的例子来看，不能说篇尾衔接的关联度就一定低。假如同以上新闻相同的结构，其标题完全与篇尾结束语重合，相互照应，且语篇中连续使用同一个语句，产生了语气和语势标记，语篇内部的衔接达到了高频次，减轻或弥补了由标题与论点在篇尾衔接带来的弱势，这样就使得标题与语篇正文衔接的关联度同样较强。据此，我们概括出影响标题与语篇正文衔接关联度的几个因素。

（1）标题与正文话题中心的结构位置。

（2）语句重合度。这里的语句重合度分两层：第一层是标题与正文话题中心语或论点的重合度；第二层是语篇正文中衔接语的运用重合度，它分为三类——完全重合、局部重合、提取重合，重合度越高关联度越高。

（3）语篇内部衔接语词的回指率。正如上文的例子，即使标题与语篇正文在篇尾衔接，但是语篇内部有衔接语标记，且衔接语使用的频次很高，构成连续统，这样会提高标题与正文间的关联度，使两者的衔接更为紧密。

我们再看下面的例子。

抓住大好机遇创造新疆更美好明天

8月29日至31日，中共中央政治局委员、国家副主席李源潮在新疆考察调研。在乌鲁木齐市期间，中共中央政治局委员、自治区党委书记张春贤一同调研。

在乌鲁木齐市、阿勒泰地区阿勒泰市、布尔津县、哈巴河县以及新疆生产建设兵团第八师石河子市、第十师北屯市，李源潮深入社区、企业、农村、学校、兵团团场和连队，看望各族干部群众，详细了解发展情况。

李源潮来到乌鲁木齐市明华街社区……

李源潮十分关心兵团的发展，先后考察了兵团第八师石河子总场北泉镇……李源潮希望兵团发挥建设大军、中流砥柱、铜墙铁壁作用。

李源潮考察了阿勒泰市商业街和布尔津县、哈巴河县建设情况……

刚建好的布尔津县一中……他说，你们赶上了好时代，希望大家努力学习，早日成为建设边疆、建设国家的有用之才。

调研中，李源潮对新疆近年来经济社会发展取得的成绩给予充分肯定……希望新疆继续深入贯彻落实中央新疆工作各项部署，紧紧抓住大好机遇，谱写科学发展、稳疆兴疆、富民固边新篇章，努力创造新疆更美好的明天。

（《新疆日报》，2013-09-03）

　　这则新闻标题与语篇正文同样是篇尾衔接,将两个分句糅合起来形成标题和论点,但是新闻中语篇人称代词的高频次回指增强了衔接的紧密度,提升了语篇事件与人物的关联度,因而语篇的语势并未因认知距离远而减弱。

　　需要注意的是,本书对标题与语篇正文衔接的关联度分析和拟测并没有经过实证,只是初步构拟。当然,这种构拟并不是凭空臆想,而是在对语篇材料多次阅读,反复思考之后发现的语篇构式表征,它是心理认知体验,这种感知经验是心理的、理论化的,需要经过实证之后才能有定论。因此,新闻语篇中标题和语篇正文关联度的研究是值得我们关注的课题,它对话语分析、新闻语言创作都有理论参考价值。

四、隐含衔接

　　隐含衔接是指标题与语篇正文在语词上没有重合,标题是从语篇正文中抽取凝练而得的一种衔接方式。

博州:把满意写进百姓心里

　　自今年2月"赴基层转变作风服务群众"活动开展以来,博尔塔拉蒙古自治州各级领导干部相继驻村蹲点,访民情、听民意、解民忧。当地群众说,我们原以为只是走走形式,没想到这段时间,村里还真的来了一些干部,住下来,为我们办实事了……

　　解决一个问题胜过千言万语

　　3月12日,一场融雪型洪水侵袭了博乐市青得里乡的几个村,夏布尔塔村却因为做好了前期预防工作而"幸免于难"。村民感激地说:"要不是工作组提前组织党员、民兵清理了渠中杂物和积雪,我们村肯定被洪水淹了。""知民情、解民忧、暖民心"……博州赴基层干部们个个铭记在心,落实行动。

　　群众只动嘴干部忙跑腿

　　"过去是干部动动嘴,群众跑断腿;现在是群众只动嘴,干部忙跑腿。"博乐市委常委、组织部部长李鸣豹深有感触地说……

　　干部得到锤炼群众得到实惠

　　因地制宜解决群众最关心、最直接、最现实的问题……只有把群众当亲人，群众才会把我们当亲人……

（《新疆日报》，2012-03-20）

这则新闻标题与语篇正文在语句上没有衔接点，标题与正文呈现的是一种隐含衔接，这种衔接从表层上看似乎不存在，因为它不具有形式上的衔接标记，但是从深层语义上看，标题语句是对语篇内容的抽象概括和提取，也就是通过事件的现象提取事件背后的本质。这是一种内涵提取式隐含。语篇正文是由三个相对独立的事件组合而成的一个语篇构式。这三个事件中有一个共同的要素，它就是"干部为百姓做好事、实事"，正是这个共同要素使语篇衔接起来，这个要素贯穿整个语篇，看似松散的语篇由一条红线穿引。因此，标题正是从这三个事件中提取共同因子，反映正文内容和语篇主旨。

还有一种衔接，我们称为直引衔接，即标题直接引用语篇正文中说话人的原话语作为语篇衔接点。它也是一种提取式衔接，不过它不是隐含提取，而是完全提取，把说话人的原话当作标题和语篇正文的话题或论点。这种衔接方式有一个符号标记，就是做标题时标题上要注上引号，表明直接提取说话人的原话。这种衔接方式可以直观表明论点，做到客观、准确传信。这样的例子有很多：

"我还要来新疆"

"为特殊群体做的一切——值！"

"新疆是一个值得投资的好地方"

"吃一粒新疆葡萄就像含了颗糖"

"有啥难事找杨荣"

"我们要与全国人民一起进入小康"

"用达瓦孜拉近两岸人民的心"

五、重复衔接

重复衔接是指标题语句在语篇正文中反复出现，突出语篇含义的衔接方式。

群众才是真正的英雄

在《毛泽东选集》第 3 卷的《〈农村调查〉的序言和跋》中有这样一段话："群众是真正的英雄，而我们自己则往往是幼稚可笑的，不了解这一点，就不能得到起码的知识。……每一个共产党员都要把人民放在心中最高位置，尊重人民主体地位，尊重人民首创精神，拜人民为师，把政治智慧的增长、执政本领的增强深深扎根于人民的创造性实践之中。"（S1）

既然是强调，那说明现在一些干部的思想观念里"群众是真正的英雄"已经比较淡漠……今年 2 月去南疆采访，在火车上与一位同行者聊天，她从事农业工作，她告诉我南疆的一个农民老汉"听领导的话"把麦子地种上西瓜，辛苦一场只是给领导林果业成绩单上增加了光彩……（S2）

群众才是真正的英雄。如果这个"领导"能多向群众学习，多倾听他们对土地对生活的想法和需求，再去服务群众、再去做"五年规划"，那么，政绩单就会既成全了自己又造福了群众……我们希望这次的"赴基层转变作风服务群众"活动，既轰轰烈烈又扎扎实实，也就是说，躬身以群众为师，使之成为长期为群众服务的真诚实践。（S3）

（《新疆日报》，2012-06-17）

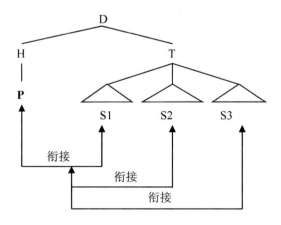

图 5-7　标题与语篇正文重复衔接

这则新闻标题在语篇的 S1、S2 和 S3 中都与标题照应，突出语篇话题和语用含义。可见，重复标题的衔接方式就是强化语篇语旨和语效。

行胜于言

自治区两会的大幕已徐徐落下，但新的征程才刚刚起步……

时不我待，<u>行胜于言</u>。灿烂的蓝图，从来都是和脚踏实地结合在一起的……

<u>行胜于言</u>，不是不言，而是言必求实，以行证言。可以说，行胜于言是弘扬新疆精神、践行新疆效率、提升新疆能力的具体体现……

<u>行胜于言</u>，反映的是敢于担当、舍我其谁的精神面貌和气概，是积极向前、昂扬向上的人生态度和追求，是服务百姓、奉献社会的人生价值和境界……

<u>行胜于言</u>，有了行动却不讲效率没有时间观念，便会造成很大的资源浪费……行胜于言，行要行得细，细微之处见功夫，万事成功皆做于细，并贵在坚持……今日之"行"为明天之"果"。只要我们<u>行胜于言</u>，奋斗、奋斗、奋斗，就一定能够谱写出科学跨越的最美好的篇章！

（《新疆日报》，2013-02-01）

这则新闻同样是标题和语篇反复照应、衔接，在语段里有相同的语篇衔接语直接照应标题，以凸显衔接语和标题。在篇尾通过一个关联衔接语"只要……就……"，重复使用的"奋斗"和一个感叹符号，更加强化了语篇的论点："行胜于言"。

综上所述，标题与语篇的不同方式的衔接，其关联度也不尽相同；关联度的大小不只决定于单一的条件，它受语篇内部要素彼此衔接与否、衔接紧密度和频度的影响，是多重要素共同作用的结果。因此，这需要量值分析，我们应该完善这类分析。

第三节　标题与语篇正文的衔接标记

一、语篇内衔接语回指

语篇内衔接语回指是指除标题外，语篇内衔接语在语篇中多次映照标题，突出语篇主题。

肩负神圣使命勇立时代潮头

自治区党委书记张春贤 4 月 17 日至 18 日到新疆日报社、新疆电视台、新疆人民广播电台、新疆经济报社等主要媒体调研，看望一线干部职工，发表重要讲话，对自治区新闻媒体和广大新闻工作者提出新的要求和期望。

张春贤同志充分肯定了近年来特别是中央新疆工作座谈会两年来，自治区各新闻单位取得的成绩和好思路、好做法……

学习贯彻张春贤同志的重要讲话，我们要牢记新闻媒体的使命和职责，发挥好新闻媒体作为党和人民的喉舌作用，发挥好新闻宣传的主渠道、主阵地作用……

学习贯彻张春贤同志的重要讲话，我们要坚持以现代文化为引领，做跨越式发展和长治久安两大历史任务的宣传者、实践者、守护者……

学习贯彻张春贤同志的重要讲话，我们要努力提高自身素质，建设一支高素质的新闻队伍……

时代召唤着我们，责任砥砺着我们。处在大建设大开放大发展时期的新疆，新闻事业前景广阔，新闻工作者大有作为。新闻工作者是光荣的，是良心、奉献、牺牲、公平的象征。新疆的广大新闻工作者要进一步增强事业心和责任感，肩负神圣使命，勇立时代潮头，用饱蘸激情和充满活力的笔触与镜头，记录新疆，引领时代，创造无愧于历史，无愧于党和人民的光辉业绩！

（《新疆日报》，2012-04-19）

　　这则新闻标题和语篇在篇尾衔接，且完全重合。此外，语篇各语段第一句就是一个语言片段"学习贯彻张春贤同志的重要讲话"，作为语篇衔接语联系上下文，起到系连作用，这是语篇衔接语的连贯作用。

二、指代词照应

　　指代词照应是指用第三人称指代词标记回指、照应语篇。新闻语篇常常会使用指代词照应标题，达到标题与语篇核心思想的统一。

推进社会主义核心价值体系建设

　　今天上午，自治区党委举行常委（扩大）会议，专题研究讨论推进自治区文化大发展大繁荣工作。自治区党委书记张春贤主持会议。<u>会议要求</u>，在文化建设实践中，<u>要推进中国特色社会主义核心价值体系建设</u>，体现爱国主义为核心的民族精神、改革创新的时代精神、"爱国爱疆、团结奉献、勤劳互助、开放进取"的新疆精神。首先讨论了自治区《关于坚持以现代文化为引领推动文化大发展大繁荣的意见（讨论稿）》。<u>会议强调</u>，推动自治区文化大发展大繁荣，要坚持以现代文化为引领；坚持以文化惠民为出发点和落脚点……

　　<u>会议认为</u>，全面贯彻落实党的十七届六中全会精神，坚持以现代文化为引领，推动文化大发展大繁荣，对于实现新疆跨越式发展和长治久安具有十分重要的意义……<u>会议要求</u>，在文化建设实践中，要推进中国特色社会主义核心价值体系建设，体现爱国主义为核心的民族精神、改革创新的时代精神、"爱国爱疆、团结奉献、勤劳互助、开放进取"的新疆精神。会议强调，推动自治区文化大发展大繁荣，要坚持以现代文化为引领……<u>会议认为</u>，编辑出版《新疆文库》是新疆历史上规模最大的一项文化基础工程……有利于传承中华民族优秀文化和民族特色文化。同时这项工程也是一项基础工程和自信工程。<u>会议强调</u>，收录、编纂工作要坚持维护国家统一、民族团结；尊重历史、新疆特色；古今中外、兼收并蓄；面向世界、面向未来；先易后难、循序渐进……

　　<u>会议决定</u>，从今年起，自治区将用8年左右时间……自治区将划

拨专项资金用于《新疆文库》的编纂出版。

（《新疆日报》，2012-05-05）

这则新闻主要话题是关于"推进社会主义核心价值体系建设"的会议，语篇中使用"会议要求""会议强调""会议认为""会议决定"等语篇衔接语，其中指代词"会议"更是反复使用，达到7次。语篇中使用第三人称指代词标记和照应语篇的主要作用是突出新闻事件的重要性、客观性。

三、逻辑衔接语衔接

逻辑衔接语衔接是指通过语篇内部的逻辑连接语来照应标题和语篇，这些逻辑语作为语篇的副语言成分、联结语篇、传递信息，彰显语篇整体含义。

融入群众　宣传群众　引导群众

来到柯坪县盖孜力乡下喀什力村住村已经一个多月了。我们按照要求，对照六项任务，积极开展工作。通过入户走访、召开各种会议，基本摸清了本村的村级阵地建设、"两委"村班子和"七支队伍"作用发挥情况……

通过一个多月的驻村工作，我个人认为"访民情、惠民生、聚民心"活动的核心是做好群众工作，要围绕融入群众、宣传群众、引导群众三方面来展开。

首先是融入群众。我们要放下架子上炕头、下地头，和群众打成一片，拉近干群距离。帮助群众干干农活……

其次是宣传群众。习近平总书记指出：新疆"最大的群众工作就是民族团结和宗教和谐"……

再次是引导群众。农牧区相当一部分群众法治观念淡薄，"等、要、靠"思想严重。我们必须通过各种工作手段，引导群众勤劳致富、遵纪守法、家庭和睦、邻里团结……

如何做到融入群众、宣传群众、引导群众，我认为，一要动真情。我们对待村民就像对待自己的亲人一样，就一定能换来群众的信任、理解和支持，就没有做不好的工作。<u>二要有真学问</u>。要使工作取得实实在在的成绩，必须虚心向群众学、努力向书本学，打下扎实的理论功底。<u>三要有真本领</u>……

（《新疆日报》，2014-04-27）

这则新闻先交代了新闻的时间等背景信息，标题与语篇话题在篇首照应，在论证语篇时使用了逻辑衔接词"首先""其次""再次"及"一要""二要""三要"。这些逻辑衔接词将语篇正文和标题完整连贯起来，构成条理清晰、严密的语篇构式，加深了标题和语篇正文、语篇段落间的关联度。

第四节　小结

本章着重论述了新闻标题与语篇正文的衔接方式和关联度，认为标题与语篇正文的衔接方式主要有篇首衔接、篇中衔接、篇尾衔接、重复衔接和隐含衔接，并结合具体新闻语篇做具体阐释。不同的衔接方式有不同的关联度。结构位置上的认知距离不是决定标题和语篇衔接关联度的唯一因素。本书认为，影响标题与语篇正文关联度的因素有：（1）标题与语篇衔接的结构位置，一般而言，语篇对标题复现的间隔距离和频次很大程度上影响了标题与语篇的关联度。（2）语篇衔接语句重合度。语句重合度分两层，第一层是标题与语篇话题中心语或论点的重合度，第二层是语篇中衔接语的运用重合度。它分为三类：完全重合、局部重合、提取重合；重合度越高，关联度越高。（3）语篇内部衔接语词的回指率。语篇衔接词回指标题越多，标题与语篇正文的关联度越强。这是新闻标题与语篇正文关联度的一般表征，有时标题与语篇正文的关联度也呈现出交互影响的不对称特征，绝非一成不变。

第六章
新闻语篇正文的衔接模式

第一节　引言

本书在上一章着重论述新闻标题与语篇正文间的衔接方式及关联度。本章将对新闻语篇正文中的衔接模式做详细探讨。

胡壮麟先生在《语篇的衔接与连贯》（1994）中认为，语篇是指任何不完全受句子语法约束的、在一定语境下表示完整语义的自然语言，是为了通过语言这个媒介实现具体的交际任务或完成一定的行为。

哈里斯（Harris）等将话语分析作为语篇研究的开端，他提出把语篇研究作为语言学研究的主要目标之一，句子可以放在语篇结构模式中研究。

系统功能语言学的代表人韩礼德提出了衔接理论，认为在词义上所有的结构都应该是衔接的，并不是在语法层面上才有衔接力。韩礼德和哈桑（1976）在《英语的衔接（中译本）》（2007）中明确将衔接定义为"那些组成语篇的非结构性关系"，是语篇中的一个成分和对解释它起重要作用的其他成分之间的语义关系，并将语篇视为语义单位。

我们认为，衔接（cohesion）这一概念可以从三个方面进行解读：一是结构形式层面，具体指语篇内部单位在语音、语调、词汇、语法上的衔接方式和衔接机制；二是在语义解释的层面上，衔接是一个语义概念，它是指语篇中语言成分之间的各种语义关系；三是语用层面的衔接，主要以认知隐喻等方式来关涉语言成分之间的潜在联系。

语篇分析理论与衔接相关的术语还有"连贯""关联"，这里需要对三者之间的区别和联系做识辨。

连贯（coherence）是语篇最基本的特征之一，指的是连接话语或一组句子的意义的种种关系。我们认为连贯包括三个主要层次：第一，指的是语篇底层各种概念、关系等相互影响和关联；第二，这些相互影响和关联外化为紧密连接语篇的表层形式；第三，关联和连接都应遵循一定的顺序，多数情况下，这些顺序是有标记的。

黄国文（1988）认为，衔接是一种"有形的网络"，连贯是一种"无形的网络"，同时指出连贯不但要依靠语篇表层结构中的衔接，而且要符合语义、语用和认知原则。

朱永生（1996，1997）提出除了要对语言的形式衔接标记和方式进行研究外，还应该重视其他因素的作用。

概括起来，衔接与连贯都是话语的一种语义特征，都是语篇的重要特征，它们的作用都是保障语篇内容的自然流畅，两者依赖的是每个单句的解释和其他句子的解释之间的联系。两者的不同之处在于：连贯是"潜在的功能性的联系"，它是语篇内部或语篇相互之间的语义关联；衔接存在于语篇的表层，通过语法与词汇手段实现连接语篇不同组成部分的目的。衔接是有形的，是显性的；连贯隐匿于语篇的底层，通过逻辑与语义上的顺畅来完成语篇文通理顺的目的，是无形的，是隐性的。

斯帕珀和威尔逊（Sperber，Wilson，1986）得出了关联理论。他们在交际—认知的框架下认为：人类认知常常与最大关联性相吻合，每一个明示的交际行为都应设想为它本身具有最佳关联性。两位学者将"关联"这一概念转移到认知心理范畴，为关联理论的研究开辟了更广阔的领域，提出了更合理的方法论。

我们认为，衔接和连贯帮助我们从静态层面上更具体、更准确地分析出语句的字面意义和逻辑语义。但是在语篇加工、语篇分析与理解过程中，关联是一个重要的特征，它涉及的主体是双向的，即关联不仅包括语篇生成者的语句信息的编码，同时还包含了语句信息的接受者，即解码者。关联不仅仅是结构形式上诸如语音、词汇、语法的关联，也不仅是语义表层上的关联，还关涉潜层的语义，这种潜层的语义要靠不同对象或主体间潜藏的关联映射出来，因而它是"明示—推理"的过程，它将语言解码与推理融为一体去揭示自然语言理解的一般规律。

对新闻语篇的建构、推理、解读是语篇信息由编码到解码的过程，是"事件叙事—传递—事件解构"的双向互动过程，这一过程由语句的结构、语义及认知推理组成。基于此，在分析新闻语篇正文中的衔接方式时，我们使用衔接模式表征，在分析语篇正文中的衔接紧密度时，使用关联度表示。

韩礼德（2011）把衔接分为了语法衔接和词汇衔接。语法衔接包括四种：指代、替代、省略和连接。词汇衔接主要包括重复、同义/反义、上下义词、搭配等。后来韩礼德（1985）又重点分析了情景语境的三大因素：话语范围、话语基调、话语方式。

张德禄（2001）提出，衔接是一种谋篇手段，表达小句间和小句以上单位的联系，也表达把语境与语篇联系起来的谋篇意义，张德禄后来与张爱杰（2006）从情景语境层面对语篇衔接进行了分析。

陈曦（2018）探讨了情景语境和社会文化语境在语篇中发挥的隐性衔接机制，从而建立起语境和语篇语义之间的联系，使得语篇的语义范围和语域相一致。

本章在前人研究的基础上，将新闻语篇正文中的衔接模式概括为语法衔接、语义衔接和概念认知衔接。其中语法衔接分为照应、替代和省略；语义衔接分为词汇语义衔接和逻辑语义衔接，其中词汇语义衔接包括词语复现、词语关联和词语搭配，逻辑语义衔接包括语义同指和语义蕴含；概念认知衔接主要阐述新闻语篇中的概念隐喻及其作用。

第二节　语篇正文的语法衔接模式

语法衔接是指通过语法手段来实现语篇意义之间的关联。新闻语篇中的语法衔接也同样存在。

一、照应（reference）

照应也称"所指""指称"，是一种语义关系，它指的是语篇中的一个成分做另一个成分的参照点，即语篇中的一个语言成分与另一个可以与之相互解释的成分之间的关系。在语篇的生成过程中，照应性使发话者通过语言手段来指代语篇中所涉及的实体、概念或事态。新闻语篇正文中的照应可以分为人称照应、指示照应、比较照应和时间照应。

1. 人称照应

　　今年 72 岁的<u>张长龄</u>是新疆中泰（集团）有限责任公司退休职工，<u>他</u>的爱好之一是收藏全家人的工资条。在<u>他</u> 1994 年 12 月的工资条上，清楚地增加了养老金这一栏，当月，<u>张长龄</u>缴纳的养老金是 10.67 元。"以前企业养老，工人养老金与企业经营效益挂钩。现在养老金由社保发放，无论企业效益怎样，<u>我们</u>的养老金都不受影响，更有保障了。"<u>张长龄</u>说。（《新疆日报》，2018-12-06）

这则新闻中，第三人称代词介绍了新闻主体——退休职工张长龄，之后"张长龄"又出现了两次，用以突出本篇新闻的主角。文中"<u>他（的）</u>""<u>他</u>""<u>我们</u>"这三个代词都是指向"张长龄"，起到了接续照应的作用。需要指出的是，虽然正文中"他"与"我们"人称不同，但是所指代的是同一个人，它们是同指。"我们"引出直接引语，是说话者的自述。由此可见，新闻语篇中，第一人称代词通常出现在新闻人物的直接引语或者新闻人物的情况自述中。

　　"要不是自治区旅游发展委员会的干部帮忙，<u>我</u>家的棉花现在还在地里呢！"麦盖提县央塔克乡东方红村村民<u>吐尔尼沙·司力木</u>感激地说。严冬已至，地里的几亩棉花让<u>吐尔尼沙</u>老人犯了难：<u>她</u>和老伴身体不好，孩子们又都不在身边，别人家都已在卖棉花了，而<u>自家</u>的棉花却还没有采摘。让<u>吐尔尼沙</u>欣喜的是，自治区旅发委第一批参加民族团结结亲周活动的 24 名党员干部闻讯主动上门，帮助<u>她</u>家拾棉花。（《新疆日报》，2018-01-06）

这则新闻先以说话人自述的形式"我"引出新闻人物——吐尔尼沙·司力木。之后"吐尔尼沙""她""自家"都是照应本篇新闻人物的语词。

可以看出，以上两则新闻中都同时出现了第三人称和第一人称照应指代词，第一人称"我""我们"都是直接引用或者自述，第三人称使用次数相对较多。林纲（2012）认为新闻语篇中第三人称的运用最多，这是因为这样的表述方式更有利于体现新闻记者的中立、公正立场。

自治区政协机关干部<u>严辉</u>来到巴楚县多来提巴格乡恰江村 69 岁的<u>亲戚</u>阿布拉·尤努斯家。<u>阿布拉</u>家缺少劳动力，厕所多年未修，非常破旧。放下行囊的<u>严辉</u>和同来的 5 名同事顾不上休息，一齐动手，赶在天黑之前加高了围墙、调整了踩板，把厕所整修一新。<u>阿布拉</u>感动地说："<u>亲戚</u>一点儿架子也没有，一来就帮忙打扫院子、修厕所，<u>我</u>心里特别感动。"第二天上午，<u>严辉</u>发现<u>老人</u>独自扛着斧头出门，<u>严辉</u>赶紧追了上去。当得知<u>老人</u>要给院子外面的饲草垛扎栅栏，<u>严辉</u>立即抢过斧头，喊上同事，砍木头、挖坑，热火朝天地干了起来。漂亮的栅栏扎好了，<u>老人</u>乐得合不拢嘴。"<u>我们</u>到亲戚家不是来享福的，<u>我们</u>一定要沉下心、俯下身帮扶<u>亲戚</u>。帮扶就要帮到<u>亲戚</u>心坎上，把民心真正凝聚起来。"<u>严辉</u>说。（《新疆日报》，2018-01-06）

这则新闻出现了 6 个人称，分别是"严辉""阿布拉·尤努斯""我""老人""我们""亲戚"。正文中共出现 6 次"严辉"，开头出现 1 次，篇中和结尾共出现 5 次，与正文开篇相照应。用人称代词"严辉"衔接分句，使得前后分句紧凑，句子流畅。使用第一人称代词"我们"2 次，照应"严辉"及他的同事。第三人称"阿布拉"出现 3 次，"老人"出现 3 次，"阿布拉"和"老人"及第一人称"我"交替使用，相互替代，相互照应，与正文开头描述阿布拉已 69 岁高龄相呼应。文中"亲戚"出现了 5 次，既指向"阿布拉"，也指向"严辉"，是双向互指，体现了各民族互为"亲戚"，互帮互助，紧密团结，谁也离不开谁。

还有不少新闻语篇正文中，人名与人称代词交替使用。如：

阿图什市国利华服装有限公司生产车间内，55 岁的<u>古丽尼沙·哈力唐</u>坐在 29 号机位前，双手在缝纫机上抚摸着。<u>她</u>清楚地记得，2016 年 4 月，<u>她</u>放下牧羊鞭进入公司时就坐在这个机位。<u>古丽尼沙</u>是阿图什市哈拉峻乡古尔库热村村民，从小靠放牧为生。为了给丈夫治病，<u>她</u>几乎卖光了家里的羊。2016 年，杨益忠在古尔库热村任第一书记时，<u>古丽尼沙</u>找到他，说想走出大山去打工，不想再穷下去了。杨益忠得知<u>古丽尼沙</u>喜欢缝纫，前后联系了半个月，推荐<u>她</u>在国利华服装有限公司就业。"刚来的时候，我跟不上进度，杨书记就拜托车间的同事照顾我。"古丽尼沙说，为了尽快适应工作，她主动加班学会了技术。可她的年龄大了，工作一段时间后视力下降，跟不上流水作业，一年前公司调整了她的工作岗位，每一次调整，杨益忠都会专程从村里来到厂里了解情况。"150 公里的山路，颠簸难走，可杨书记再忙都会来。"古丽尼沙感动地说。古丽尼沙回忆，第一笔工资领了 1200 元，她一狠心花 900 元买了一个冰柜，这是她平生第一次用自己的工资给家里置办大件电器。(《新疆日报》，2018-06-04)

这则新闻中人名"古丽尼沙"出现了 7 次，而第三人称代词"她"出现了 9 次，人名和人称代词相互代替使用可以在一定程度上减少语句成分的过多重复。再如：

在诸多任务中，张锐面对的最大挑战是北京市重大援疆项目——和田国家农业科技园先导区的推进。从 2017 年 7 月园区启动起，张锐就负责其规划与建设，这给了从事农业园区规划 30 多年的张锐一个施展抱负的大舞台。面对挑战，张锐说："越难的事情，越会激发我的斗志。"是的，这份重任里承载着他的光荣与梦想。张锐真切地感受到，投身于援疆建设的大潮里，他的聪明才智得到了最大程度的发挥。(《新疆日报》，2018-06-05)

这则新闻中，人名"张锐"和第三人称代词"他"交替出现，相互照应，充当结构的语义成分。

另外，在新闻语篇的正文中也常常出现地名的复现，用来凸显新闻语篇的语义中心和话题重心。如：

在霍尔果斯国际商贸中心，个体工商户李红河正在忙着招呼顾客。今年 51 岁的李红河 30 年前从老家来到霍尔果斯做生意，他感慨地说："这些年霍尔果斯口岸发展变化太大了。以前，我们做生意只能摆摊儿，口岸也没有高楼大厦，而现在霍尔果斯已经拥有了多个现代化商贸市场。"新的霍尔果斯口岸旅检大厅正在建设中。霍尔果斯南部联检区及通道建设项目 2012 年开始建设，建成后预计可实现年

过货量 300 万吨、过客 500 万人次的通关能力。(《新疆日报》,
2018-06-06)

这则新闻主要围绕"霍尔果斯"发展建设这一主题。因而正文中多次
出现"霍尔果斯",用以强调其位置的重要性,使读者的阅读焦点在短时间
聚焦到这一地名上来。

新闻语篇中,人称照应除了最常见的第三人称外,还会出现第一人称
"我+X"的照应形式。这类照应形式是新闻编辑者以第一人称的口吻直接
报道相关事件,将新闻讲述者与新闻内容相融合,合二为一,从心理和感
情上拉近与读者的距离。如:

　　我区各地对发展旅游业高度重视,新疆旅游业发展精彩纷呈、夺
人眼球,呈现出蓬勃的生机和活力。(《新疆日报》,2018-08-10)

　　"一带一路"倡议提出五年来,作为"丝绸之路经济带"核心区,
我区不断加大基础设施建设,陆上交通大通道初步形成。(《新疆日
报》,2018-08-12)

　　我区不断深化知识产权改革,强化知识产权创造……(《新疆日
报》,2018-08-04)

这种第一人称自我指称称为移情(empathy)。"移情"理论是由语言学
家库诺(Kuno,1987)提出的,他将移情定义为"说话人将自己认同于……
他所描写的事件或状态中的一个参与者"。"移情"就是说话人与其所描写
的事件参与人或物的关系的密切程度。说话人总是从某一个视点或某一个
观察角度对事物的状态进行描写,所以"移情"也可以定义为观察事物的
视点或角度。而且视点与说话人距离越近,则该点的移情程度越高,反之,
移情程度则越低。

从本质上看,使用"移情"策略的目的在于缩短交际双方之间的心理
距离,实现彼此间的情感趋同,构建和谐的人际关系,从而实现双方所期
待的交际效果。戴维斯(Davis,1996)指出,移情是深思熟虑的认知过程。
在这个过程中,个体主动尝试将自己置于他人的内心世界,并通过某种认
知努力,通过某种方式对他人的情感、思想、态度、信念等进行理解。因

此，语用移情的关键是说话人能从认知心理的角度理解他人，是受主观性调控的认知过程。说话人在说一段话的同时，也表明了他对自己所说的话的评论、立场、态度和感情。

2. 指示照应

指示照应通过指示代词来体现所指对象在时间和空间上的远近，主要指语篇中运用近指系统"这""这里""这边""此"等与远指系统"那""那里""那边""彼"等进行照应。胡壮麟（1994）认为，指示照应在指时间时呈现单向的直线关系，指空间时呈现纵向立体关系。新闻语篇也会采用指示照应，其目的是增强受传者的现场感。如图6-1所示。

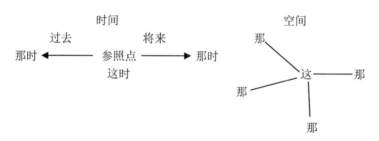

图 6-1　指示照应示意图

（1）近指照应

新闻语篇中，常常会使用近指指示代词来指代前文所述时间、人物、空间，回指照应前文所指。较为常见的是表地点的近指照应词"这""这里""这时"等。

> 5月29日，记者来到位于库尔勒市以北20多公里处的<u>希尼尔水库</u>。水库东岸边万亩<u>胡杨林</u>一片生机盎然的绿色，水面上成群的水鸟觅食嬉戏。据了解，10多年前，<u>这里</u>还是风吹黄土蔽日遮天、盐碱荒滩草木不生的苍凉景象。陶成保是<u>这片</u>胡杨林的播种者之一。……<u>这片</u>地处在风口，风大、土壤环境较差。"……<u>这片</u>生态林对保护水库环境特别是水质具有重要作用，而且生态林地处沙漠与绿洲的边缘地带，对保护绿洲也有重要意义。……<u>这里</u>的沙尘小了，能见度高了，环境好了。"（《新疆日报》，2018-06-02）

这则新闻开头出现了"希尼尔水库"和水库东边的"胡杨林"两个地

名，之后分别用"这里"和"这（片）"两个近指的指示代词照应。

南疆四地州是国家确定的 14 个集中连片特困地区之一，<u>帕米尔高原</u>则是南疆脱贫攻坚中最难啃的"骨头"，<u>这里</u>海拔高、自然环境恶劣、灾害频发，基础设施建设推进难度极大。（《新疆日报》，2018-06-04）

同样，上面的新闻用近指代词"这里"照应原成分"帕米尔高原"。

近指照应词除上述的"这""这里"外，新闻语篇中还常常使用"该""此"等指示代词。

由北京援建的<u>新疆和田国家农业科技园先导区</u>通过实践探索出一套解决方案：采取政府指导、企业运作、农民参与的<u>运行机制</u>。<u>这种机制</u>运行近一年，充分调动了相关企业在项目管理、产品销售、示范推广等方面的积极性，助力越来越多的农户脱贫。<u>该先导区</u>的运行机制，是专门为和田地区脱贫攻坚量身定制的。……<u>该模式</u>正向和田市、和田县、洛浦县、墨玉县等周边乡村推广，助力精准脱贫作用逐渐显现。（《新疆日报》，2018-06-04）

上面这则新闻中用"这"和"该"照应先行词"新疆和田国家农业科技园先导区"和"运行机制"。近指代词"该"是对语篇中先行成分的回指。再如：

作为目前国内最大的轻烃回收装置，<u>塔里木油田凝析气轻烃深度回收工程</u>去年 8 月 30 日正式投产。<u>该工程</u>由塔里木油田与巴音郭楞蒙古自治州政府按 90%和 10%的比例共同投资建设，并依托<u>此项目</u>成立新疆巴州塔里木能源有限责任公司。（《新疆日报》，2018-06-14）

2014 年，伊力哈木穿针引线，村里成立了<u>毛驴养殖专业合作社</u>。伊力哈木为入社的贫困户争取到了小额贴息贷款，解决了他们养殖没本钱的难题。目前，<u>该村毛驴养殖合作社</u>存栏毛驴上百头，形成了合作化、专业化增收路径。（《新疆日报》，2018-06-28）

8 月 5 日，<u>伊犁哈萨克自治州畜牧总站驻新源县那拉提镇塔依阿</u>

苏村"访惠聚"工作队副队长王健在村民家了解树莓收入情况。该工作队引导贫困户发展庭院经济，发展果树、蔬菜种植以及土鸡养殖等，增加村民收入。(《新疆日报》，2018-08-09)

以上三则新闻中"该"分别与所指先行词"塔里木油田凝析气轻烃深度回收工程""村毛驴养殖合作社""伊犁哈萨克自治州畜牧总站驻新源县那拉提镇塔依阿苏村'访惠聚'工作队"相照应，起到了与前指词呼应、同等替代的作用，同时凸显话题焦点。第一则新闻中指示代词"此"的出现也是对前文"该"的照应和复指。可以概括出，指示代词"该""此"的出现都必须同时具备一个条件，即在其之前必须要有具体指称的先行词，并且这一先行词是明确、具体的所指。

7月27日，温宿县统计局驻克孜勒镇其克特村"访惠聚"工作队组织村民举办瓜果蔬菜评比大赛。此次活动旨在引导村民依靠科学勤劳致富。(《新疆日报》，2018-07-31)

这则短新闻前句报道了事件的时间、地点和事件的内容，后一句中"此次活动"使用近指照应词"此"与前句相照应，回指前文。后句与前句较为接近，时间衔接紧密，所以用近指照应词。

胡壮麟（1994）认为在语篇中可以从已知信息和新信息的分布掌握某事的确定性和特指性，从已知信息进入新信息。语篇中的共知信息对于作者和听读者而言具有确定性和特指性，因此后续语篇在回指前指事件时可以借助近指照应成分来指称。

除了"这""此""该"之外，新闻语篇中还有"本"这一指示照应词。如：

本报乌鲁木齐7月30日讯……（《新疆日报》，2018-07-31）

本报若羌8月7日讯记者高娃报道……（《新疆日报》，2018-08-08）

本报阿克苏8月8日讯……（《新疆日报》，2018-08-09）

今日起，本报推出"'一带一路'倡议五周年特别报道"，多层次、多角度、立体化呈现"一带一路"建设中的鲜活故事……（《新疆日报》，2018-08-10）

需要注意的是，有时近指代词"这"与其后时间名词构成时间短语出现在新闻语篇中，其时间的所指范围并不是确定的，而是泛指的时间场域，但这并不会造成听读者对时间理解的偏差。如：

> 新道路、新水渠、新路灯，<u>这两年</u>村里的变化太大了！（《新疆日报》，2018-02-28）

（2）远指照应

新闻语篇中，也会使用远指指示代词来指代前文所述时间、人物、空间，回指照应前文所指。较为常见的表地点的远指照应词是"那""那里""那时"。如：

> <u>2013 年</u>对周庆兰是充满考验的一年。<u>那一年</u>，她作为油库主任，全新的工作刚刚起步；<u>那一年</u>，她的孩子即将迎接中考；<u>那一年</u>，她送走了挚爱的亲人，因为忙于工作，错过了对母亲最后的陪伴……（《新疆日报》，2018-05-01）
>
> <u>2016 年年底</u>，李敬超与乌鲁木齐市沙依巴克区炉院街片区管委会双河社区居民叶尔兰别克·朱马泰结对认亲。经过交谈，李敬超了解到叶尔兰别克的父亲因病长期卧床，母亲也因身体不好在家养病，一家人的生活重担全都压到叶尔兰别克的身上。<u>那会儿</u>，叶尔兰别克一边打零工，一边照顾年迈多病的父母……（《新疆日报》，2018-08-09）
>
> "住破房，睡土炕，锅里白水煮菜帮，土豆窝头半年粮。"这是改革开放前八家户村的真实写照。<u>那时候</u>，全村点的是煤油灯，喝的是土井水，走的是小土路，始终没有摆脱贫困的生活状况。（《新疆日报》，2018-08-12）

以上的 3 个例子中"那一年""那会儿""那时候"分别与当前时间做对照，对目前时间而言是较早的，在时间距离上较远，因而使用远指代词"那"来照应。

3. 比较照应

比较通常涉及两个或两个以上事物间的比较，在语篇中的上下文中会出现比较的对象和比较标记，目的是强调被比较事物在程度、大小、范围、优劣等方面的优势或不足，从而实现新闻语篇所强调的主旨、意图。

（1）照应词"比"

> 2017 年，全区草原综合植被盖度、高度分别达到 41.48% 和 27.9 厘米，比近 5 年平均水平增加了 1.71 个百分点和 2.42 厘米。（《新疆日报》，2018-06-18）

《新疆日报》正文中有不少比较照应的新闻，这种新闻多以数字上的类比做比较，说明某项工作取得的成绩和进展。上例就是为了说明全区草原综合植被率的提高，用今年的数据与近五年的数据做对比，从而使读者一目了然。

（2）照应词"更""更加"

> 经过库车县电子商务公共服务中心牵线搭桥，库尔班的 30 亩杏子全部被内地客商订购一空，每公斤 10 元到 12 元的销售价格让他感受到丰收的喜悦，更让他对发展杏子产业充满信心。（《新疆日报》，2018-06-18）

这则新闻中使用"更"来照应农民种植小白杏获得了丰收之后，对发展杏子产业的信心增强了。

> 这是更谋长远的改革大布局——这是更高起点的改革再出发——这是更涉险滩的改革攻坚战——这是更惠民生的改革新指向……（《新疆日报》，2018-08-06）

这则新闻接续使用 4 个"更"，突出强调了我国改革开放面临的更高目标和前进的方向，在语用功能上凸显出语言的力量，渲染说话者的语势。

> 在脱贫攻坚战的决胜阶段，改革各项工作要更加聚焦发力，更加强调一把手负总责、更加强调聚焦问题破解难题、更加强调压实责任加强督战，以不断深化、精准的改革举措为脱贫攻坚注入强大动力。（《新疆日报》，2018-08-06）

这则新闻出现三个"更加强调"，充分表明脱贫攻坚决胜阶段我们要高度重视的问题，增强了新闻语篇所凸显的核心内容，使读者将阅读聚焦在焦点信息上。

> 为能<u>更好</u>地帮助刘志军一家，塔依尔找到给王成刚做治疗的医院，详细询问了病情、治疗方案及所需费用……塔依尔的好，刘志军一家人都记在心里，塔依尔常去社区看望他。"一次，阿姨看我脸色不太好，就问我是不是遇到什么事了，我给她说了后，她就宽慰我说没有过不去的坎儿，有时觉得阿姨<u>比</u>我的妈妈都细心。"……从帮扶到走进对方的世界，他们相互理解、相互鼓励、相互扶持，这四口之家的故事还将续写<u>更多</u>感动。（《新疆日报》，2018-06-19）

这则新闻讲述了两个民族家庭之间的团结情，文中用"更好""更多""比"突出表达了新闻中刘志军家庭和维吾尔族亲戚塔依尔家庭不是亲戚胜似亲戚、相互关心关爱的真情。

> 主流媒体<u>更加</u>注重贴近基层，<u>更加</u>注重话语创新，<u>更加</u>注重以精彩的故事吸引人、用深沉的情感打动人，沾泥土、带露珠、冒热气的报道越来越多。（《新疆日报》，2018-02-19）
> ……帮助乡亲们张贴春联，讲解春联的美好寓意，祝愿乡亲们新的一年生产<u>更</u>发展、生活<u>更</u>富裕、家庭<u>更</u>幸福。（《新疆日报》，2018-02-18）
> ……必将以庆祝改革开放 40 年为重要契机，勇立"一带一路"建设潮头，奔向<u>更</u>繁荣、<u>更</u>和谐、<u>更</u>美好的明天。（《新疆日报》，2018-08-10）

从以上新闻中可以看到，新闻语篇正文中出现比较照应词"更""更加"的频次较高，上面三则新闻中"更"和"更加"的反复使用，渲染了语篇气氛，也充分表达了新闻中事件主体的情感和态度。

（3）照应词"越……越……"

> ……结为兄弟感情<u>越来越深</u>，……众人关怀生意<u>越做越好</u>（《新疆日报》，2018-06-18）

......列车轰鸣飞驰，中欧班列沟通世界的道路将会<u>越走越宽广</u>。以中欧班列为媒，新疆开放合作的"朋友圈"正<u>越来越大</u>。（《新疆日报》，2018-06-19）

这两则新闻连续使用了"越……越……"这一比较照应词，表现新闻事件进展程度，表达书写者的主观情感。

（4）照应词"与……相比"

2017 年，仅中欧班列乌鲁木齐集结中心就开行了 710 列。<u>与全国开行的班列相比</u>，新疆始发的中欧班列已与重庆、成都、郑州、义乌等地始发的班列<u>同</u>处第一方阵。（《新疆日报》，2018-06-19）

新闻开头使用了"与……相比""同"这两个比较照应词，说明乌鲁木齐在中欧班列中的地位日益重要。

（5）照应词"如"

"大眼睛"余素甫·托乎提经营着一家饭馆，认识了很多要好的各族朋友，"特别是大哥于守斌一直在帮助我，还教会了我很多道理，我们这辈子都是最好的兄弟。"他说。

....

新朋旧友融情<u>亲如一家</u>，就像大哥说的那样，民族团结就是生活中点点滴滴的小事，用心待人，就能<u>亲如一家</u>。

（《新疆日报》，2018-06-18）

这则新闻主要通过讲述余素甫和于守斌的平凡故事，反映出各民族在日常生活中谁也离不开谁的兄弟之情。两次出现比较照应词"如"，表明在新疆各民族就像石榴籽那样紧紧抱在一起。

（6）照应词"无比""越发"

面对气势雄伟的天安门城楼，库尔班大叔的后人们非常振奋，心中充满了对党对祖国的<u>无比</u>崇敬，他们<u>越发</u>感受到生活在伟大祖国的幸福与骄傲。（《新疆日报》，2018-02-18）

正文中"无比"和"越发"的使用照应出库尔班大叔的后人对伟大祖国的热爱，对祖国母亲的祝福。

（7）照应词"和……一样""与……一样""像……一样"

"我们互学语言，互学包饺子、包粽子、炸馓子，关系近得就<u>和一家人一样</u>。"于秀英说道。（《新疆日报》，2018-02-19）

文中"和……一样"将不同民族的邻里关系与"一家人"相照应、相比较，在语义上将民族团结跟一家人的亲密关系相对等，让人感到温暖、亲切，拉近彼此的距离，体现出作者想要传递的主旨。同时语篇前后具有承接照应关系，使用"和……一样"将语篇前后紧密地衔接在一起。

在喀什地区，<u>与努尔艾合买提一样</u>住进安居富民房的村民已达17.1万户。（《新疆日报》，2018-02-28）

这则新闻中使用的"与……一样"同样表示两类同等事物（人）的比较，这是因为两类事物（人）在概念范畴中具有相关性。

朱德熙（1982）在《说"跟……一样"》中认为"跟……一样"从意义上看有两种解释，一是实际的比较，二是修辞的比拟。第一种表示实际的比较说明是两件事的比较，两事相同或者不同，即A事物与B事物相同或者不相同，两者有对应的肯定形式和否定形式。但仔细对比以上两则新闻之间的差别，可以看出"和一家人一样"与"与努尔艾合买提一样"还是有细微的差别，"和一家人一样"更加侧重两类事物的比拟性，"与努尔艾合买提一样"更侧重两家人的比较。

李剑锋（2000）认为，这一格式不论比喻还是比较，都是将未知事物同已知事物相比照，借助二者之间的相似性，通过已知把握未知，都是人类范畴化的一种手段。人类正是这样，通过在歧异的现实中不断发现相似性，由此对世界万物进行分类，进而形成概念，从而以少生多，以简驭繁，不断深化对世界的认识。它是人类的这种认知手段在句法上的反映。

必须尊重自然、顺应自然、保护自然，<u>像保护眼睛一样</u>保护生态环境，<u>像对待生命一样</u>对待生态环境……（《新疆日报》，2018-06-25）

　　这则新闻就是用了传统修辞中的比拟方式，将保护生态环境与保护人的眼睛、对待生命等同起来，使读者加深对生态环境保护的认识和理解。

（8）数字比较

　　"前年，不算小麦收入，一亩核桃收入 1000 元，去年一亩核桃收入达 2600 元。"努尔艾合买提说。(《新疆日报》，2018-02-28)

　　调价前，我区原一般工商业电价 0.508 元/千瓦·时至 0.515 元/千瓦·时，各地非居民照明电价 0.525 元/千瓦·时至 0.700 元/千瓦·时不等。调价后，我区一般工商业及其他类目录销售电价统一调整为 0.4744 元/千瓦·时至 0.4814 元/千瓦·时；输配电价 0.2324 元/千瓦·时至 0.2394 元/千瓦·时。(《新疆日报》，2018-08-11)

　　1993 年全村销售总收入 2.24 亿元，人均收入 3500 元；1994 年全村销售总收入 3.5 亿元，人均收入 4000 元；到了 1998 年，全村总产值 6.13 亿元，人均收入 6130 元。八家户村在改革开放的大潮中奋勇前行，一年一个台阶，创造了独有的"八家户样本"。(《新疆日报》，2018-08-12)

　　上面所举的 3 个例子均包含了时间对比和数字对比。同一个事件在不同的时间场里产生的变化借助数字的大小、多少来直观呈现，使读者对前后变化及所产生的效用一目了然。数字对比的优点就是直观、明晰。在新闻语篇中，为突出表现事件前后的不同，往往采用数字的比较来说明，一方面表现出时间节点上数字信息变化带来的利或弊，一方面强调新闻语篇所侧重的语义。再如：

　　从 1978 年到 2017 年，全国城镇人均可支配收入由 343 元增加到 36000 多元，农村居民人均纯收入由 134 元增加到 13400 多元；基本医疗保险、社会养老保险从无到有，分别覆盖 13.5 亿人、9 亿多人；从相对落后的教育水平到跃居世界中上行列，城乡免费义务教育全面实现，高中阶段、高等教育毛入学率分别达 88.3%、45.7%；7 亿多人口摆脱绝对贫困，占同期全球减贫人口总数的 70%以上……(《新疆日报》，2018-08-13)

上面这则新闻通过大量具体数字充分说明改革开放 40 多年来我国人民生活发生的翻天覆地的变化。这样的新闻无须书面辞藻来修饰，准确的数字足以说明问题。再如：

两年来，乌鲁木齐站经历了 <u>17 次</u>旅客列车运行图调整，从试运营初期每天开行 <u>4 对</u>动车组列车、每日运送不足 <u>2000 人次</u>，增加到目前 <u>70.5 对</u>列车（含高铁、普速列车）、日均发送旅客超过 <u>2.5 万人次</u>，交通枢纽地位日益凸显。（《新疆日报》，2018-08-13）

（9）时间比较

① 逆序比较——现在跟过去相比

"<u>现在</u>村里的路好了，我们干农活儿、逛巴扎方便多了。"2 日，望着门外平坦的柏油路，和田市肖尔巴格乡阿依丁库勒村村民肉孜艾力·艾麦尔高兴地说。<u>而去年上半年</u>，肉孜艾力家门前还是一条土路，晴天骑电动车经过卷起一阵尘土，雨天道路泥泞。（《新疆日报》，2018-08-11）

这则新闻是现在与过去的比较，在时间的线条上为逆序比较。将修路后给百姓带来的结果和好处与修路前的状况加以对比，让读者感受到修路后群众由衷的喜悦之情。

② 顺序比较——过去跟现在相比

"住破房，睡土炕，锅里白水煮菜帮，土豆窝头半年粮。"这是<u>改革开放前</u>八家户村的真实写照。那时候，全村点的是煤油灯，喝的是土井水，走的是小土路，始终没有摆脱贫困的生活状况。<u>如今的</u>八家户，农民家庭彩电、冰箱、洗衣机已普及。50%的人家住上了漂亮的楼房，5%的人家买了小汽车，三分之一的农户安装了程控电话，家家都有一笔数量可观的存款。时光如流。<u>如今</u>，在原八家户村的村址上，是宽阔的马路、鳞次栉比的高楼大厦。（《新疆日报》，2018-08-12）

这则新闻是过去与现在的比较，在时间的线条上为顺序比较。先描述新闻中所提"八家户"改革开放前的写照，之后着重讲述了"八家户"如今（改革开放后）的巨变，前后对照，读者顺理成章得出结论。

这类比较从表层形式上看是时间脉络上的对比延伸，但从深层语义上看，其核心是同一事件在时间线条上产生的变化，这种变化往往是质的变化，能产生强烈的对比效应。

4. 时间照应

一则新闻语篇时间要素是必备要素之一，为避免同一时间的多次重复，同一则新闻语篇中会采用不同的表达手段表示同一个时间，这就是新闻语篇的时间照应。

> 7月31日，在新疆军区某部，自治区文联曲艺家协会主席高建新为官兵表演小品。当日，由自治区文联曲艺家协会等单位主办的庆"八一"建军节联谊活动在该部队举行，10余个精彩的文艺节目，受到部队官兵欢迎。（《新疆日报》，2018-08-01）

上面这则新闻中的"当日"就是对先行时间词"7月31日"的同一照应。这样的时间照应在新闻语篇中也很常见。再如：

> 今年是习近平总书记提出"一带一路"倡议五周年。五年来，本着"共商、共建、共享"理念，推动政策沟通、设施联通、贸易畅通、资金融通、民心相通，"一带一路"倡议从理念转化为行动，从愿景转变为现实，取得了丰硕成果。五年来，作为"丝绸之路经济带"核心区的新疆……深入贯彻习近平总书记推进"一带一路"建设系列重要讲话精神，紧扣"五大中心"建设重点任务，紧紧围绕社会稳定和长治久安总目标，务实创新，主动作为，推动核心区建设行稳致远……（《新疆日报》，2018-08-10）

这则新闻中连续用两个"五年来"与先行词"今年"相照应，明确了时间，即"今年"具体所指和"五年来"的具体时间段。语篇中虽然没有直接交代"今年"是2018年，"五年来"的时间段是2013年至2018年，但是只要关注了习近平总书记"一带一路"倡议提出到发展的重要讲话的读者都会非常清楚，这是共知的信息，有时是不必出现的。

当前，中国特色社会主义进入了新时代，人民政协事业面临新的形势和任务，必须以习近平新时代中国特色社会主义思想为指导……（《新疆日报》，2018-07-31）

"现在，不仅有工作队队员帮我们，还有新疆农业大学的专家指导我们，我们有信心带领村民一起脱贫致富奔小康。"拜什托格拉克村党支部书记阿卜杜喀迪尔·阿卜杜外力说。（《新疆日报》，2018-08-09）

以上两则新闻中虽然没有显性的先行时间词与"当前""现在"对应，但是根据语篇全文，读者不难推测出说话人所指的时间。这种时间照应我们称为隐性照应。新闻叙述者与读者可以达成共识的，是共知的信息。

伽师县是新梅主产地之一，经过 10 多年培育扶持，如今新梅产业已经成为伽师县富民强县的支柱产业，为实现群众增收脱贫提供了强有力的支撑。（《新疆日报》，2018-08-12）

上面这则新闻中时间词"如今"照应前一成分"经过 10 多年培育扶持"，两者之间构成前后顺序衔接。

二、替代（substitution）

替代是指用替代形式指代上下文出现的词语，可以分为名词性替代和小句替代。

1. 名词性替代

名词替代就是用替代形式替换名词或名词词组的现象。如：

昌吉回族自治州以习近平新时代中国特色社会主义思想为指引，2016 年启动"美丽乡村行动计划"，加强村庄建设、引领产业发展、强化环境整治、培育文明乡风，取得显著成效。全州已经初步建成 40 个"村庄美、村民富、村风好"的美丽村庄。（《新疆日报》，2018-02-19）

4 月 26 日，洛浦县多鲁乡群众在该乡宝源电子扶贫卫星工厂制作耳机组件。2017 年起，洛浦县依托乡级巴扎孵化中心引进劳动密集型企业，设立扶贫卫星工厂吸引贫困人口就业。目前全县建设扶贫卫星工厂 42 个，已投产 26 个，共解决当地贫困人口 2309 人就业，每人月平均工资在 2000 元左右。(《新疆日报》，2018-05-01)

上面两则新闻语篇中的"全州"和"全县"分别用来替代开头的"昌吉回族自治州"和"洛浦县"，这样可以避免重复，减少语篇累赘感。

无论中国发展到什么程度，<u>中国</u>始终是世界和平的<u>建设者</u>、全球发展的<u>贡献者</u>、国际秩序的<u>维护者</u>。(《新疆日报》，2018-08-01)

"者"本身指"一类人"，在这则新闻里具有衔接关系的"者"是指其所替代的对象，可以在语篇中找到，并且"者"与替代对象之间构成一种衔接关系。这则新闻语篇中三个"者"字结构——"建设者""贡献者""维护者"前指"中国"，与"中国"形成前后衔接。再如：

驻村以来，<u>工作队</u>自觉当好<u>宣传员</u>、<u>帮扶员</u>、<u>战斗员</u>，协助基层组织识别贫困对象。(《新疆日报》，2018-08-06)

这则新闻中的"宣传员""帮扶员""战斗员"前指"工作队"，与"工作队"之间形成衔接关系。

2. 小句替代

小句替代就是用替代形式来替换整个小句或小句的一部分。汉语中常出现的替代形式是"这样""那样"等。

当人们在家中享受着浓浓的年味时，<u>有这么一群人，默默地坚守在工作岗位上，为千家万户的团圆美满奉献着自己的力量</u>——乌鲁木齐国际机场分公司消防护卫部消防救援大队就是<u>这样</u>一个集体。(《新疆日报》，2018-02-20)

文中"这样"一词替代前文画线部分"有这么一群人……"，这样做是为了避免句子冗长，使表达更加简洁、有力。

三、省略（ellipsis）

胡壮麟（1994）认为，省略指某结构中未出现的词语可从语篇的其他小句或句子中回找。它属于句法省略。韩礼德和哈桑解释其为"零式替代"，并将省略分为名词省略、动词省略和小句省略。我们认为，省略是指语篇中为更简洁、精练地表达而省去某种语言成分，这种成分是可以补充上的成分。除语法上的省略外，新闻语篇中还包括语义成分的省略或空缺。

1. 主谓结构省略

　　<u>我们要</u>以此为契机、为动力，（我们要）坚持以习近平新时代中国特色社会主义思想为指导，（我们要）深入贯彻党的十九大和十九届二中、三中全会精神，（我们要）全面贯彻落实习近平总书记关于新疆工作的重要讲话和重要指示精神，（我们要）进一步深刻认识新疆反恐维稳工作面临的严峻形势，（我们要）坚持警钟长鸣，（我们要）进一步绷紧稳定这根弦，（我们要）树牢长期作战思想，（我们要）进一步聚焦社会稳定和长治久安总目标，打好反恐维稳组合拳，推动以习近平同志为核心的党中央治疆方略落地生根，确保新疆社会大局持续和谐稳定。（《新疆日报》，2018-06-16）

为了使新闻语篇内部结构更加连续、紧凑，衔接更顺畅，有时只在新闻开头出现全文的主语，统领全篇，其他分句的主语如果与全句主语相一致，可以将其省略，保持语篇的结构严整、语义连续。

　　<u>各级党组织坚持</u>以严的标准要求干部、（各级党组织坚持）以严的措施管理干部、（各级党组织坚持）以严的纪律约束干部，（各级党组织坚持）以最坚决的态度、最果断的措施刷新吏治，打出了一套从严治吏的"组合拳"，优化净化了党内政治生态。（《新疆日报》，2018-07-03）

这则新闻中同样省略了全文的主语和谓语"各级党组织坚持"。从结构上看，使新闻整体更为凝练；从逻辑语义上看，省略了主谓结构的小句，与主句的向心联系更为紧密，起到结构上省略、语义上聚焦的作用。

　　党的十八大以来，<u>塔里木油田公司</u>认真贯彻落实第二次中央新疆工作座谈会精神，（塔里木油田公司）深入贯彻落实党中央决策，按照自治区党委部署，以及集团公司有关要求，（塔里木油田公司）积极履行经济、政治、社会三大责任，（塔里木油田公司）积极探索油地融合发展新途径，（塔里木油田公司）充分利用塔里木盆地的资源和区位优势，切实将新疆的油气资源优势转化为区域经济优势，（塔里木油田公司）积极构建油地相互支持、互利友好的合作共赢关系，努力让发展成果更多惠及资源地各族群众。（《新疆日报》，2018-06-27）

　　两年来，我区各新闻媒体牢记这"48字职责使命"，（我区各新闻媒体）守好舆论阵地，（我区各新闻媒体）坚持正确政治方向，（我区各新闻媒体）坚决贯彻落实以习近平同志为核心的党中央治疆方略特别是社会稳定和长治久安总目标。（《新疆日报》，2018-02-19）

　　上两例中，本该分别在每一个分句前重复出现"塔里木油田公司""我区各新闻媒体"，但可以看出，全文主语为同一个，即语篇主语。同样，新闻语篇的开头引入全文的主语后，其他各分句或小句的主语可以承前省略，使表达与理解更顺畅。新闻语篇中的这种零形式指称照应可以连续出现，以方便读者解读新闻信息，免除搜索上下文先行词语的不便。

　　在《新疆日报》中的政府工作会议报道语篇中，这种承前省略主语的例子非常多，我们看下面两个例子。

　　会议强调，（各级党委）要深刻把握中央关于全面深化改革工作的新要求新部署，（各级党委）进一步增强做好改革工作的责任感、紧迫感。（各级党委）要紧紧围绕总目标，突出重点、攻克难点，不断推进各项改革向纵深发展。（各级党委）要牢固树立"四个意识"，把抓改革作为重大政治任务和重要政治责任，不折不扣落实好中央部署的改革任务。（各级党委）要深化拓展反恐维稳"组合拳"各项举措，围绕全力打好三大攻坚战、推动高质量发展、深化兵团改革等，推出一批重点改革举措，发挥改革的突破性、先导性作用，推动自治区党委重大决策部署落地见效。（各级党委）要抓好自治区党政机构改革，把握基本原则，突出工作重点，确保改革平稳推进、如期完成。（《新疆日报》，2018-06-27）

　　会议要求，（各单位）要聚焦重点、抓住关键，坚决打好打赢南疆四地州深度贫困地区精准脱贫攻坚战。（各单位）继续抓好能力培训，做到分层次、多形式、全覆盖，确保全员得到培训、能力整体提升；（各单位）继续抓好精准管理，推进实名制管理工作落实、落细、落具体；（各单位）继续抓好项目执行，选好项目、抓好进度、强化管理；（各单位）继续抓好资金落地，严程序、强监督、防风险，确保扶贫资金精准投放、落地见效；（各单位）继续抓好力量统筹，做到领导干部带头、深化定点扶贫、拓展协作扶贫，形成全社会共同支持脱贫攻坚的格局；（各单位）继续抓好精神扶贫，强化宣传引导，弘扬苦干精神，推进智力扶贫，激发贫困群众内生动力。（《新疆日报》，2018-06-27）

2. 动词谓语省略

北京，国家博物馆。……"纪念马克思诞辰200周年主题展览"正在这里举办，……陕西吴起县南沟村。20年前的照片上，这里一片秃黄。（《新疆日报》，2018-07-02）

这则新闻省略了动词谓语，用名词性成分做谓语，强调新闻事件的地点。这类处所名词做谓语的新闻具有很强的现场感。

3. 小句省略

习近平总书记指出，新时代党的建设要以加强党的长期执政能力建设、先进性和纯洁性建设为主线，以党的政治建设为统领，以坚定理想信念宗旨为根基，以调动全党积极性、主动性、创造性为着力点……

（习近平总书记指出）——触及思想灵魂，深挖"四风"病根。（习近平总书记指出）——扫除思想尘垢，争做严实干部。（习近平总书记指出）——开展"两学一做"，锻造合格党员。

（《新疆日报》，2018-07-03）

这则新闻以"习近平总书记指出"这一小句作为整个语篇的主语成分，统领语篇结构，在语用上起凸显、提示作用，其后各分句间省略了这一统领成分，用破折号替代前面的主句。这样做可以避免语义上的重复，使得上下文的各分句衔接起来更加紧凑。若将省略的小句还原，会造成核心动词之间衔接距离变远，衔接力度变弱，同时省略小句也使得行文更加简洁、流畅、通顺，容易让听众和读者抓住文章重点。

4. 缩略结构

缩略是为了称说方便，对事物称谓中的成分进行有规律的节缩或者省略。它是一种书面词或短语的缩略形式，用来代替整体，通常从整体中删减部分成分，达到简化的目的。

（1）国名缩略

"我现在可以每个月回家 2 到 3 次，我为<u>埃塞</u>能有这样一条铁路感到骄傲。"今年以来，他已经是第 6 次乘坐<u>亚吉</u>铁路列车前往埃塞俄比亚东部城市德雷达瓦。……<u>中老</u>铁路实现全线开工，<u>匈塞</u>铁路塞尔维亚境内段、<u>中泰</u>铁路合作项目一期工程开工建设……（《新疆日报》，2018-08-14）

这则新闻中出现了国名缩略的情况，读者需根据上下文判断具体国名所指。其中"埃塞"是指"埃塞俄比亚"，"亚吉"铁路是指从埃塞俄比亚首都亚的斯亚贝巴到吉布提的铁路。"中老"铁路是指中国与老挝合作修建的铁路，"匈塞"铁路是匈牙利到塞尔维亚的铁路，"中泰"铁路是指中国与泰国合作修建的铁路。

（2）数字缩略

殷志平（1999）认为，汉语数字缩略法指的是用数字概括并列成分的项数，然后附上原语中并列成分的某一共同特征的一两个字，从而使并列的词组形成带有数字的缩略词。

人们为了说话简便，常常使用缩略语进行沟通和交流，而数字又在我们的生活中随处可见，因此有学者对数字缩略语进行了研究。从研究现代汉语数字缩略语到研究其他语种的数字缩略语，数字缩略语的研究趋于多样化。数字缩略语在新的背景下体现出了更加丰富的内涵，也因概括性强的特点而在言语交际中得到了广泛的应用。李芳《现代汉语数字缩略语浅析》（2007）一文中，从数字缩略语的概念分歧、数字缩略语的类别及其形成方式和数字缩略语范畴的误区这三个方面对数字缩略语进行了分析，并对数字缩略语的结构分类做出了具体的阐述。曾庆娜《数字缩略语浅析》（2008）一文中，对数字缩略语的构成方式和特点做出了分析，它使数字缩略语的使用更加规范化。于淼《数字略语的语用功能与翻译策略》（2013）一文中，对数字缩略语的类型、数字缩略语的使用功能和译法进行了讨论，对数字缩略语的语用功能和翻译策略做出了详细的论述。

在政治文献和新闻语篇中也常常使用数字缩略形式。康喆文《汉语数字缩略语俄译探析——以中央文献中的数字缩略语为例》（2017）一文中对中央文献的定义、中央文献中数字缩略语的特点（从构成和语义两方面）和中央文献中数字缩略语的翻译策略做了分析。童富智《论中央文献数词略语的日译策略——基于对〈2017 年政府工作报告〉的考察》（2019）一文对数词略语的结构特点和文本特点、政府工作报告中数词略语的日译策略做了分析，并对政府工作报告中数词略语的日译做了多角度探讨。

① 数字缩略语的结构

A. 数词/数量短语+共同语素

数字缩略语把原有词语中的各类分项（包括词、短语、句子等）通过数字的形式概括归纳起来，再将每一分项中所包含的共同语素提取出来，构成"数词/数量短语+共同语素"的结构。

a. 首字提取

　　学党章党规、学系列讲话、做合格党员——"两学一做"
　　自我净化、自我完善、自我革新、自我提高——"四个自我"

b. 位移提取

　　全国人民代表大会、中国人民政治协商会议——"两会"

c. 中间提取

　　坚决维护习近平总书记党中央的核心、全党的核心地位，坚决维护以习近平同志为核心的党中央权威和集中统一领导——"两个维护"

d. 尾字提取

义务教育有保障、基本医疗有保障、住房安全有保障——"三保障"

政治合格、执行纪律合格、品德合格、发挥作用合格——"四个合格"

"丝绸之路经济带"和"21世纪海上丝绸之路"——"一带一路"

对伟大祖国的认同、对中华民族的认同、对中华文化的认同、对中国共产党的认同、对中国特色社会主义的认同——"五个认同"

道路自信、理论自信、制度自信、文化自信——"四个自信"

政治意识、大局意识、核心意识、看齐意识——"四个意识"

形式主义、官僚主义、享乐主义、奢靡之风——"四风"

坚决打好防范化解重大风险、精准脱贫、污染防治的攻坚战——"三大攻坚战"

创新、协调、绿色、开放、共享的发展理念——"五大发展理念"

B. 数词/数量短语+特征语素

这是数字缩略语的另一种构成形式，与上述形式不同的是缩略主体之间不存在共同语素，但可以通过原有词语的类别属性整理出特征语素，继而组成"数词/数量短语+特征语素"的结构。

a. 属性归纳

热带、南温带、北温带、南寒带、北寒带——"五带"

造纸术、指南针、火药、印刷术——"四大发明"

b. 比喻归纳

重庆、武汉、杭州、南昌——"四大火炉"

梅、兰、竹、菊——"四君子"

c. 意义归纳

"金砖国家"，指巴西、俄罗斯、印度、中国和南非五个国家，因其国名英文首字母与英文单词的"砖（brick）"一词拼写相同，因此形成此缩略语。

d. 不对称归纳

全面推进经济建设、政治建设、文化建设、社会建设、生态文明建设，实现以人为本、全面协调可持续的科学发展——"五位一体"总体布局

信念坚定、为民服务、勤政务实、敢于担当、清正廉洁——"好干部"五条准则

② 数字缩略语的文本特点

缩略语具有简便性和概括性的特点，因此在社会和交际中经常被创造和传用。政治文献和新闻语篇中所包含的数字缩略语涉及国家重要工作的内容，因而具有较强的影响力和传播力。

缩略语的语素组合不同于词的语素组合，无法根据一般构词规则来理解其意义。从数字缩略语的构成来看，数字突破了语素组合的规范，直接用来修饰实词或虚词，而"词缀+共同语素/特征语素"已经被语素化为一个整体，被赋予单独的实体意义。数字缩略语的意义就是其语言符号本身所指的事物，即被缩略前的原有词语。因此，数字缩略语与原有词语之间存在指称与被指称、反映与被反映的关系，人们理解缩略语时，先理解原有词语，再通过原有词语理解其指称的事物。以下是新闻语篇常用数字缩略语举例。

> 在这一思想的指引下，各级党组织切实增强"四个意识"，坚定"四个自信"，紧跟党中央全面从严治党步伐，坚持从严管党治吏，狠抓基层基础，着力培养选拔党和人民需要的好干部，聚天下英才而用之……（《新疆日报》，2018-07-03）

这则新闻中出现了高频数字缩略语"四个意识""四个自信"。如果对这两个缩略成分不了解，将无法明了其中所蕴含的深刻含义。

> 触及思想灵魂，深挖"四风"病根……从 2016 年 2 月开始，"两学一做"学习教育在全体党员中展开……从党员管理基础环节、基本

制度入手，落实"三会一课"……（《新疆日报》，2018-07-03）

这段新闻中出现了"四风""两学一做""三会一课"等数字缩略形式的政治术语。这种表述方式结构紧凑、衔接紧密、好识好记，在意义上要准确把握其所指称的具体内涵。像此类常常见诸报端的政治术语，我们应当熟稔于心。

围绕统筹推进"五位一体"总体布局和协调推进"四个全面"战略布局，主动配合党和国家重大工作部署……（《新疆日报》，2018-07-03）

"五位一体"总体布局和"四个全面"战略布局是党的十八大报告中提出的重要理论。"五位一体"总体布局是指经济建设、政治建设、文化建设、社会建设、生态文明建设五位一体。"四个全面"战略布局是指全面建成小康社会、全面深化改革、全面依法治国、全面从严治党，展现了党中央治国理政的总体框架。

改革开放是决定当代中国命运的关键一招，也是决定实现"两个一百年"奋斗目标、实现中华民族伟大复兴的关键一招。（《新疆日报》，2018-08-13）

这则新闻中的"两个一百年"奋斗目标是党的十八大报告提出的。第一个一百年，是到中国共产党成立一百年时（2021年）全面建成小康社会；第二个一百年，是到新中国成立一百年时（2049年）建成富强、民主、文明、和谐、美丽的社会主义现代化强国。"两个一百年"，在习近平总书记自中共十八大以来的历次公开讲话与文章中，出现了100余次，其重要性非同一般。

新疆软件园已成为首府乃至全疆的软件信息产业核心园区、大数据产业创新服务中心、信息产业国际交流合作窗口，为"丝绸之路经济带"核心区"五大中心"建设提供强有力的技术支撑。（《新疆日报》，2018-08-14）

"五大中心"是指新疆作为"丝绸之路经济带"核心区，要建成交通枢纽中心、商贸物流中心、文化科教中心、医疗服务中心和区域金融服务中心。

本报乌鲁木齐8月8日讯记者李行报道：8日，2018年"百名法学家百场报告会"法治宣讲活动首场报告会在新疆人民会堂举行，自治区"双百"活动组委会还将赴有关地州市和自治区高校开展法治宣讲，进一步推动"双百"活动向基层延伸。(《新疆日报》，2018-08-09)

这里的缩略语"双百"就是指新闻中的"百名法学家百场报告会"。

四、同构关系

同构关系是一种语义结构，胡壮麟（1994）提出了同构关系的说法，之后，黄国文和朱永生等也明确同意。同构关系不是简单词汇的重复，而是一种句式结构的相似，类似于修辞学中的排比，但不同的是，修辞学中的排比句式中是连续的小句，而同构关系则可以跨越句子、段落存在。同构关系一定是形式和语义的统一。胡壮麟指出同构关系有四种，分别是：重复、交替、添加、拼合。四种同构关系中拼合多出现在会话语境中，此处不再具体阐释。

1. 重复

重复指同样的结构、同样的词汇在语篇的两个及以上的句子中出现，以体现语篇的中心思想或主题，最后达到强调的目的。

保护自然就是保护人类，建设生态文明就是造福人类。保护生态环境就是保护生产力，改善生态环境就是发展生产力。(《新疆日报》，2018-06-25)

这则新闻连续4次使用了"A就是B"的句式结构，反复强调保护自然、建设生态文明的重要性。

慢慢有了品牌意识、市场意识、质量意识。(《新疆日报》，2018-08-09)

这则新闻语篇 3 次出现了"××意识"的定中结构，突出强调了新事物、新思想产生的动态进程。

2. 交替

交替是在不更动原结构和基本词语的情况下，以同类词语置换原结构中的某一词语。胡壮麟先生认为，这种方式既避免了完全重复同一结构和词语所造成的单调乏味，又可为排比进入高潮做准备。

推动新思想不断<u>往深里走</u>、<u>往实里走</u>、<u>往心里走</u>。(《新疆日报》，2018-08-02)

这则新闻中采用介词结构框式"往……走"，交替出现"深里""实里""心里"，用 3 个词一层层推进，构成动态深入的认知心理图式。

必须<u>尊重自然</u>、<u>顺应自然</u>、<u>保护自然</u>，像保护眼睛一样保护生态环境，像对待生命一样对待生态环境……(《新疆日报》，2018-06-25)

这则新闻使用述宾结构，动词是层层有序、呈线性排列的，其后支配的论元都为同一个指称角色"自然"，表明人类对于自然应采取的行动和措施。

习近平总书记指出：中国人民是具有<u>伟大创造精神</u>的人民，是具有<u>伟大奋斗精神</u>的人民，是具有<u>伟大团结精神</u>的人民，是具有<u>伟大梦想精神</u>的人民……(《新疆日报》，2018-05-17)

这则新闻属于交替的同构关系，这一结构是"中国人民是具有伟大……精神的人民"，同类词语"创造""奋斗""团结""梦想"逐一替换了原结构中做定语的成分，这 4 个具有同构关系的短语结构，在语篇中前后紧密衔接，凸显了新闻语篇整体结构的严谨性、层次性。

3. 添加

添加是指在同样的结构上增加若干词语或句子，以达到语篇的衔接与连贯。

<u>中国将继续</u>高举和平、发展、合作、共赢的旗帜，始终不渝走和平发展道路、奉行互利共赢的开放战略。<u>中国将继续</u>积极维护国际公

平正义，主张世界上的事情应该由各国人民商量着办，不会把自己的意志强加于人。中国将继续积极推进"一带一路"建设，加强同世界各国的交流合作，让中国改革发展造福人类。中国将继续积极参与全球治理体系变革和建设，为世界贡献更多中国智慧、中国方案、中国力量，推动建设……让人类命运共同体建设的阳光普照世界！（《新疆日报》，2018-03-21）

这则新闻为"中国将继续+VP"结构的添加同构关系，在"中国将继续……"这一结构后面增加若干词语或句子，使意义之间相互衔接。4 个"中国将继续……"把中国维护和平与发展的一贯立场层层表明出来，语气坚定，语势较强。习近平总书记在第十三届全国人民代表大会第一次会议上的讲话中多次使用同构关系，其优势在于不仅将上下文衔接起来，也使得语篇的语义内容衔接更加紧密。

第三节　语篇正文的语义衔接模式

正如韩礼德所说，衔接是一个语义关系。新闻语篇在语义上的衔接方式主要包括词汇语义衔接和逻辑语义衔接。词汇语义衔接包括词语复现、词语关联、词语搭配；逻辑语义衔接包括语义并列衔接、语义转折衔接、语义因果衔接。

一、词汇语义衔接

1. 词语复现

胡壮麟（1994）认为，词汇语义衔接中最直接的方式就是具有同样语义、同一形式的词汇在同一语篇中反复出现，即词语复现，它强调一个单词或词组的重复。词语复现在新闻语篇中是常见的语篇衔接手段，若运用得当，可以很好地明确意义主题，保持上下文的连贯性。运用词语复现这一衔接手段能够使语篇语义重心明确。

（1）"动词 VP+NP"复现

新闻语篇中，动词 VP 的复现较为常见。以下列举一些复现率较高的 VP 结构。

①"有+NP"复现

"有"作为一个典型的动词，具有动词的一般特征。吕叔湘在《现代汉语八百词》中对"有"的一种解释为：[动]1."表示领有，具有。可带'了、过'，否定式为'没有、没'。"动词"有"最常用、最基本的意义就是表示领有、表示存在、表示估量或比较、表示出现或发生、表示多和大。

刘丹青（2011）认为，"有"是汉语中仅次于"是"的第二高频动词，它的最基本的语义，从古到今大体一致，表示领有关系，即有生命的个体特别是人对事物的拥有关系，领有者和被领有者分别占据主语和宾语的位置。在语义倾向上，它表示领有的"既好又多"，主要表现在领有句宾语强烈地、甚至刚性地排斥负面定语和主观小量定语。与此同时，汉语信息结构中强势的尾焦点原则使领有句以宾语核心或带定语的宾语为自然焦点，要求其定语与领有句整体的"好而多"语义保持一致，以免背离这些倾向的定语单独成为焦点。领有的原型属性包含"有益"的特征，如"有财富/土地/资源/权力/门路/靠山"。

通过举例论证，刘丹青指出，"有+N"结构中，假如 N 带有组合式定语，那么定语就是附带的信息，其信息强度或凸显度不能超过宾语核心。也就是说，"有"字领有句的焦点不应是修饰宾语的定语，而是要扩大尾焦点范围，将定语和核心名词整合成一个句内板块，打包成为焦点，"有"字领有句不允许定语单独作为自然焦点、把居尾的宾语核心排除在焦点之外。从语义上看，"有+N"的常规理解是对主体有益的数量多的领有，N 被理解为好而多的事物。

新闻语篇中出现"有+NP"结构的重复，我们认为，"有"在新闻语篇中表示存在的语义特征并不典型，表领有引申的语义特征更为显著。

> 习近平总书记强调，新闻舆论工作者要转作风改文风，俯下身、沉下心，察实情、说实话、动真情，努力推出有思想、有温度、有品质的作品。（《新疆日报》，2018-02-19）

这则新闻中包含"有+N"结构，"有"后的名词性成分是名词"思想""温度""品质"。"思想"本身是一个中性名词，可褒可贬，但是"思想"前添加"有"，构成"有思想的作品"这一短语，其褒义色彩明显增强，在这里是指作品内容有立场、有观点；"温度"是一个隐喻名词，意思是作品内容使人感到温暖、亲切；"品质"本身就是一个带褒义的抽象名词。这三个名词与"有"搭配符合刘丹青所说语义上对主体有益的特征，我们称之为"精神层面的领有"，三个"有+N"连续使用，表达语篇作者期待的数量多。这一结构也与新闻语篇的整体语义相契合。

> 确保受灾群众<u>有</u>住处、<u>有</u>饭吃、<u>有</u>水喝、<u>有</u>必要的生活保障。（《新疆日报》，2018-08-02）

这则新闻中接续出现"有+NP"结构，"住处""饭""水""必要的生活保障"是"有"包含的物质条件，符合名词 N 的好而多的语义特征，同时"住处""饭""水"是具体的物质需求，"必要的生活保障"是补充说明，体现出上级部门对群众生活细致、全面的考虑。此外，"住处""饭""水"是语篇的焦点，不同的是，"必要的生活保障"作为尾焦点，定语"必要的"和核心名词"生活保障"整合成一个句内板块，打包成为焦点，旨在突出新闻语篇的焦点信息。

②"进+NP"复现

动词"进"本身独立做谓语表示从一个地点或位置移动到另一个地点或位置，表示动态的路径。"进+NP"从语义上看是位移事件表达的过程，是"运动""路径"互动合作的过程，构成一种位移构式，即"进+地点或容器"。

> 新疆日报启动"新春走基层"活动，组织 7 个小分队，由报社领导带队分赴天山南北，<u>进</u>农村、<u>进</u>社区、<u>进</u>企业，与工农商学兵一道，捕捉美好的新春气息、发展气象。（《新疆日报》，2018-02-19）

上述新闻包含"进+NP"的重复，构成"进+处所"的位移构式。处所宾语"农村""社区""企业"表位移"终点"。该结构的具体语义特征是：[运动+路径+处所性终点+向内]。

推动习近平新时代中国特色社会主义思想<u>进课堂</u>、<u>进教材</u>、<u>进师</u><u>生头脑</u>，把新疆高校建设成为传播马克思主义思想的坚强阵地。(《新疆日报》，2018-08-01)

这则新闻中"进+NP"的重复与第一则有所不同，不同之处在于"进"后所填补的两个名词"教材"和"师生头脑"不是处所名词，而是抽象、有界的容器。该结构的具体语义特征是：[运动+路径+容器性终点+向内]。

③"动词'管'+补语+NP"复现

<u>管好</u>关键人、<u>管到</u>关键处、<u>管住</u>关键事、<u>管在</u>关键时。(《新疆日报》，2018-07-07)

动词"管"在这里义为"统辖""管理"，它是基于古代锁钥为管状，引申而来。这里的意义变化机制一般认为是转喻，基于相关性，从一个认知域过渡到另一个认知域。需要注意的是，这则新闻中对"管"的重复使用主要是为语句的整体结构齐整、均匀，并非为凸显"管"的行为义，其语义焦点并不在"管"上，而是在其后的补充成分上，即关于"怎样管""管到哪一部分""管什么"以及"什么时候管"。这也是新闻要强调的重心所在。

④"动词'深化'+NP"复现

朱庆祥、方梅在《现代汉语"化"缀的演变及其结构来源》(2011)中引用张云秋对"×化"功能语义等级序列的研究域里，张云秋认为"深化"类动词性最强，具有及物动词特征。朱庆祥、方梅指出，"深化"类的"变化"意义比较明显，整个结构具有明显的"使成"意义，动作性强。我们认为，"深化"这类结构是"性质形容词+化"构成的动词结构，语义上除蕴含"使成"义之外，更重要的是，"化"是一个动态演变的过程，是渐进深入的过程，因此它的主要语义还应包含有"程度加重"之义，这一点可以从"深化"可变换为"加深"，"强化"可变换为"加强"推知。

要坚决把思想和行动统一到习近平总书记关于脱贫攻坚工作的重要指示精神上来……<u>深化</u>对脱贫攻坚重大意义的认识和把握，<u>深化</u>对脱贫攻坚目标标准的认识和把握，<u>深化</u>对脱贫攻坚精准方略的认识和把握，<u>深化</u>对脱贫攻坚力量统筹的认识和把握，<u>深化</u>对脱贫攻坚作风建设的认识和把握……（《新疆日报》，2018-06-20）

这则新闻中，"深化"一词的反复使用恰好表明了该语篇的内容应引起读者重视的语义，有鲜明的语气色彩。

⑤ "动词'坚持'+NP"复现

<u>坚持</u>人与自然和谐共生。<u>坚持</u>绿水青山就是金山银山。<u>坚持</u>良好生态环境是最普惠的民生福祉。<u>坚持</u>山水林田湖草是生命共同体。<u>坚持</u>用最严格制度最严密法治保护生态环境。<u>坚持</u>建设美丽中国全民行动。<u>坚持</u>共谋全球生态文明建设。（《新疆日报》，2018-06-25）

这则新闻"坚持"反复出现了 7 次，突出表明了新闻发布者的坚定决心、立场和态度，带有鲜明的强调语气。语篇结构紧凑，语言简洁，语势铿锵有力。

⑥ "动词'加强'+NP"复现

<u>加强</u>医疗服务质量和安全<u>监管</u>，严格落实质量和安全管理核心制度；<u>加强</u>医疗卫生机构运行<u>监管</u>，严格执行医疗机构分类管理要求；<u>加强</u>公共卫生服务<u>监管</u>，提升服务水平；<u>加强</u>从业人员<u>监管</u>，严肃查处违法违规行为；<u>加强</u>行业秩序<u>监管</u>，建立健全联防联控机制；<u>加强</u>健康产业<u>监管</u>……（《新疆日报》，2018-08-04）

动词"加强"在新闻语篇中的出现率很高，为突出表达新闻内容的焦点信息，"加强"还常常重复出现，上面这则新闻中就反复出现了 6 次"加强+名词（监管）"的成套搭配，着重强调政府对医疗卫生事业的高度重视。

⑦ "动词'学习'+NP"复现

培训期间，代表们将深入<u>学习</u>习近平新时代中国特色社会主义思想，<u>学习</u>党的十九大和十九届二中、三中全会精神，<u>学习</u>以习近平同志为核心的党中央治疆方略特别是社会稳定和长治久安总目标，<u>学习</u>自治区党委重大决策部署……（《新疆日报》，2018-07-03）

这则新闻中突出动词焦点标记"学习","学习"出现了 4 次,可见新闻的主旨就在于强调如何"深入学习"以及"学习什么"的问题。"学习"是这段新闻的话题焦点,"深入"是对"学习培训"的要求。

⑧ 其他动词的复现

"我们将坚持专项扶贫、行业扶贫、社会扶贫、援疆扶贫等多方力量、多种举措有机结合起来和互为支撑的'四位一体'大扶贫格局,统筹各类帮扶力量,形成强大合力……"(《新疆日报》,2018-05-01)

这则新闻中多次出现"扶贫",凸显出新闻的主题就是紧密衔接"扶贫"工作,"扶贫"成为语篇的焦点信息。

察布查尔锡伯自治县摘掉贫困帽以来,坚持"摘帽不摘责任,摘帽不摘政策,摘帽不摘帮扶,摘帽不摘监管",完善扶贫长效机制,巩固提升脱贫成果。(《新疆日报》,2018-06-18)

上面的新闻中以"摘掉贫困帽"为语篇话题,连续使用 VP 动词结构"V+N+不+V",相继出现 4 次,构成"摘帽不摘+名词 NP"的连续构式,结构上组合有序,语义上强调执行工作或任务这一行为重心,让受众感受到语篇强调的内容,凸显出新闻中主体对完成脱贫攻坚任务的坚定决心和信念,这样更具号召力和感染力,语气上也得到了加强。

(2)"副词 AP+VP"复现

……扎扎实实解决群众最关心最直接最现实的问题,村里的各项工作有了很大起色……(《新疆日报》,2018-08-04)

上述新闻中最高级程度副词"最"的重复使用,从语义上看最大限度地突出语篇强调的核心内容,起到了加强程度的作用。再如:

必须坚持以人民为中心,重点解决损害群众健康的突出环境问题,提供更多优质生态产品……必须按照系统工程的思路,构建生态环境治理体系,着力扩大环境容量和生态空间……必须构建产权清晰、多元参与、激励约束并重、系统完整的生态文明制度体系……必须加强生态文明宣传教育,牢固树立生态文明价值观念和行为准则,把建设美丽中国化为全民自觉行动……<u>必须</u>同舟共济、共同努力，构筑尊崇自然、绿色发展的生态体系……（《新疆日报》，2018-06-25）

吕叔湘在《中国文法要略》（1982）中指出，表示客观必要的"必须"由限制词"必"和动词"须"组成，将其归为情态动词类。而吕叔湘的《现代汉语八百词》中，"必须"被认定为副词，解释为"一定要，表示事实上、情理上必要"，修饰动词、形容词，或用于主语前，表示否定用"不必"或"无须"。黄伯荣、廖序东在《现代汉语》（增订五版）中也将"必须"划在情态动词一类。可以看出，学界在对"必须"的词类界定上存在不同看法。基于本书中"必须"后跟实义动词，我们暂将"必须"看成非典型性副词。

杨才英、叶瑞娟在《"必须"的语义特征及其主观化——兼与"must"比较》（2016）一文中认为，"必须"是一个高信值情态词，一般来说，说话者表现的强制性越高，听话者的选择余地或商量余地就较小，那么其商讨空间就越小；反之，说话者的强制性越低，为听话者提供较大的选择余地和商量空间，其商讨空间就越大。

再从"必须"的情态量值来看，"必须"表达一种强制规定性的高值情态。这种高量值在命题句中主要表现为客观规律要求使然的不可违背性，在规定句中表现为一种社会规约的不可违反性，在建议句中则表现为一种个人意志的不可违抗性。而从说话者角度看，"必须"表达的则是在自然规律与条件之间、在社会规范与行为之间、在个体意志与行为之间几乎没有回旋余地。

结合上文所举的例子，新闻语篇中重复出现了 5 次"必须"，可以看出，新闻创作者所表现出的强制性很高，听话者的选择余地或商量余地很小，其商讨空间就很少，具有不可违反性；同时说明说话者的语气不容置疑，没有回旋的空间，表明说话者的态度和主观情感。

（3）"介词+NP"复现

新闻作品的思想从何而来？"温度"又体现在哪里？答案就<u>在</u>以人民为中心的工作导向，<u>在</u>与党和人民同呼吸、与时代共进步的价值取向，<u>在</u>对生动实践和火热生活的深沉情怀。（《新疆日报》，2018-02-19）

这则新闻开头设置了一个设问，之后回答问题用连续的介词结构"在+NP"的重复告诉新闻工作者如何锤炼新闻作品的思想。

> 以库尔勒机场为基础，以临空经济区为载体，以"航空+旅游"为抓手，以"航空+特色农副产品销售"为突破口，拓展航空产业发展领域，延伸航空产业链。（《新疆日报》，2018-08-01）

> 以"一个都不能少"的勇毅，深入推进脱贫攻坚战；以逢山开路、遇水架桥的闯劲，坚定不移全面深化改革；以"功成不必在我"的担当，推动经济迈向高质量发展；以"拿起手术刀"自我革命的气魄，正风反腐保持高压态势；以"不信蓝天唤不回"的决心……（《新疆日报》，2018-07-02）

以上两则新闻是介词结构"以+NP"的重复使用。"以"的基本用法是引进动作的凭借、方式、手段。这两则新闻用"以+NP"结构充当状语成分引出动作的方式，位置处在动作行为之前。"以+NP"的重复出现，说明新闻的信息焦点不着重突出事件的执行动作，而在于事件完成的方式和凭借，也就是说这两则新闻要突出的核心是用什么样的方式、以什么样的精神去完成事件，而非具体事件的完成过程。

> "一带一路"从理念转化为行动，从倡议变为共识，从愿景成为现实，建设成果丰硕，对世界格局产生深远影响。（《新疆日报》，2018-08-15）

这则新闻是介词"从"的重复使用，结构式为"从+N+VP"。"从"表示起于，一般后接处所或起源，如处所词语、方位词语，表示事件的出发点，也就是路径的起点。不过"从"后的N并不都是表处所的名词，还可以是隐喻化的抽象名词。这则新闻中的N就分别是"理念""倡议"和"愿景"。前文我们提到"从……看（或其他同功能类动词）"结构是一个有标记的结构，其标记成分就是介词"从"，表示事件或事件发展路径的起源，经过事件发展程序、移动轨迹，最终达成发展目标和结果。从一个始源域起始，到过程移动，最终投射到目的域，就是从开始到结束、从理想到现实的演进过程，这就是"从+N+VP"结构的语义特征。

（4）形容词定语的复现

重复是写作中极为常见的手法。无论是词、词组，还是句子的重复使用，其目的就在于将其所表示的事物、情景推向仅使用单个的词、词组、句子表达所不能达到的程度，以期引起读者强烈的共鸣，或给读者留下深刻的印象。因此，重复是一种重要的修辞手段。陈望道在《修辞学发凡》（2008）中指出："用同一的语句，一再表现强烈的情思的，名叫反复辞，人们对于事物有热烈深切的感触时，往往不免一而再、再而三地反复申说。"

使用重复的手段，可以使语言精练、语气加强或意念深化，同时还可以表示各分句间意思上的连贯性。形容词的重复使用，表示事物的性质特征在程度上的逐渐加强，表达上获得了一定"量"和"质"的强化，同时达到渲染语气、增加感情色彩的效果。

> <u>伟大</u>的时代、<u>伟大</u>的实践，孕育<u>伟大</u>的理论。（《新疆日报》，2018-06-25）
>
> "……我们基层干部收获最大的就是跟着工作队学到了<u>好</u>理念、<u>好</u>方法、<u>好</u>思路，这是最大的财富。"图尔贡说。（《新疆日报》，2018-08-02）
>
> 产业发展壮大的同时，一个个有<u>新</u>技术、<u>新</u>观念、<u>新</u>视野的新型职业农民也一同成长起来。（《新疆日报》，2018-08-09）

上面三则新闻通过形容词的重复使用，使新闻语篇语义更连贯，语气得到了加强。

（5）比拟复现

> 以实现新时代强军目标、建设世界一流军队为奋斗目标，以<u>铁一般</u>的信仰、<u>铁一般</u>的信念、<u>铁一般</u>的纪律、<u>铁一般</u>的担当，坚决铸牢听党指挥这个强军之魂。（《新疆日报》，2018-08-01）

为达到某种修辞效果，人们常采取一些使语义突出、前后呼应的重复手段，使句子间联系更紧密，使文章结构更紧凑。这则新闻采用比拟重复的方式突出语篇语义，以四个"铁一般"不断增强说话的语气、语旨和语效。

（6）AABB 重叠式复现

新闻语篇中常出现形容词 AABB 重叠式、名词 AABB 重叠和动词 AABB 重叠式的表达。目前学界对形容词 AABB 重叠式研究的成果较多。

从汉语功能上看，形容词 AABB 重叠式通常做状语、补语，表示程度加深。关于形容词 AABB 重叠式的语法意义，不同的学者观点存有差异，概括起来，有表程度、表状态、表强调、表量等。朱德熙（1982）曾指出，形容词重叠式在状语和补语位置上往往带有加重、强调的意味，而在定语和谓语位置上则表示一种轻微的程度。张敏（1998）从类型学和认知语法的角度提出形容词重叠式的语法意义是表示"量的增加"。石毓智（1996）将其概括为"定量"，它使基式定量化，而不同数量特征的基式其定量结果可能会有或大或小的差异。刘丹青（1986）认为形容词的重叠式主要用来再现事物的状态，给事物以主观的描写。戴浩一、薛凤生（1994）指出，在现实生活中，我们会将两个或多个相同的物体归在一起，会在一段时间内重复相同的动作，会表达某种状态的程度的加深。

李凤吟（2006）认为形容词的重叠都包含着量的观念，与人们的主观观念发生密切关系，表示对性状程度的强调。AABB 式表示形容词所指性质达到适度的、足够的量。李守纪（2007）认为形容词 AABB 重叠式主要用于对比的语境中，通过对比来夸张、强调事物某方面的程度与数量。朱景松（2003）从形容词重叠的语义条件、语法功能和表达功能三个方面将形容词重叠式的语法意义归结为：表某种状态、表示适度的足够的量、激发主体显现状态的能动性。李劲荣、陆丙甫（2016）认为形容词从原式到重叠式的过程是一个从性质到状态、从隐量到显量的过程，而描绘实际上就是对事物认识的"加细"，因为"加细"而显现出了相关的量。也就是说，对事物进行描绘就是要显现相关的量，从而表达说话人的主观感情色彩，这是形容词采取重叠形式的目的。在他看来，形容词 AABB 式的语法意义就是描绘性和生动性，描绘性和生动性制约着可重叠为 AABB 式的形容词在其构成方式、构成语素以及跟它搭配的名词等诸多因素上的特点。

新闻语篇中使用形容词重叠式就是为了体现新闻真实描绘、足量表达的特征。

　　　　大家一边包饺子，一边看春晚。电视里<u>红红火火</u>、<u>热热闹闹</u>、<u>团团圆圆</u>的节日气氛很吸引人，老人看得津津有味……（《新疆日报》，2018-02-18）

　　这则新闻中 3 个形容词重叠式做定语修饰主语。根据李劲荣关于形容词重叠式的可能性—现实性—功用性的路线，可能性是指具有描绘性特征，现实性是指在一定的事件场景之中，功用性是指足量。也就是说，具有描绘性特征的形容词重叠式都是在特定的事件场景中进行描绘的，描绘的目的就是要"足量"，进而表达说话人的主观估价和感情色彩。显然，这则新闻中的三个重叠式即在春晚这一具体事件场景中进行足量描绘，凸显了节日的欢乐氛围。

　　从形容词重叠式的语义指向看，三个重叠式形容词语义均指向定语中心语"节日"，再次印证表达者足量描绘的目的就是突出新闻语篇的主旨。

　　　　有的干部<u>平平安安</u>占位子，<u>忙忙碌碌</u>装样子，<u>疲疲沓沓</u>混日子……（《新疆日报》，2018-07-02）

　　这则新闻同样是三个形容词重叠式做状语，表情状。语篇描绘的是现实工作中一些干部不作为、不担当的工作作风。用"平平安安"描绘干部在领导的位置上不作为，缺乏竞争意识、危机意识；用"忙忙碌碌"描绘干部工作流于表面，装腔作势；用"疲疲沓沓"描绘干部在工作中缺乏奋斗精神，语篇辛辣地揭露、讽刺了某些干部的工作作风，表达出明确的主观态度和强烈的感情色彩。

　　从语义指向上看，"平平安安""忙忙碌碌""疲疲沓沓"这三个形容词重叠式语义指向并不是其后修饰的动词短语"占位子""装样子""混日子"，而是指向施事主语"有的干部"，再次说明表达者足量描绘的目的就是突出"有的干部"不作为的现象。

　　（7）数量词复现

　　　　<u>一组组</u>数据、<u>一个个</u>数字，记录着亿万中国人民生活从短缺到比较殷实、从贫困到小康的历史性跨越。从凭票证购买商品到通过电商"买遍全球"，从单调的文化生活到多姿多彩的影幕、荧屏、舞台，从

"自行车王国"到高铁总里程世界第一……<u>一串串</u>事例、<u>一幕幕</u>场景，印证着每一个中国人生活翻天覆地的变化。(《新疆日报》，2018-08-13)

这则新闻使用了"一组组""一个个""一串串""一幕幕"等数量词，数量词的复现除表示"量的增加"，还突出强调了语篇的情感。

2. 词语关联

(1) 同义词的使用

同义词衔接是出现频率较高的一种衔接手段。同义关系构成的衔接可以为文章增色，避免语篇的单调和乏味。同义词使用在新闻语篇中出现较多的是动词同义词。

中国特色社会主义进入新时代，<u>掀开</u>了实现中华民族伟大复兴的新篇章，<u>开启</u>了加强中国同世界交融发展的新画卷。(《新疆日报》，2018-08-01)

这则新闻中使用了"掀开"和"开启"两个同义词，这两个词语中体现的概念意义相互呼应，前后两句所表达的意义互相补充，使得语义更加饱满。同义词的使用起到了衔接上下文的作用，在语篇中产生了一种相互呼应的关系，充实了语篇的词汇，增强了语篇的表达效果。

工作队用老百姓听得懂的语言，<u>宣讲</u>党的惠民政策，<u>宣传</u>脱贫增收经验，<u>宣传</u>脱贫致富能手。(《新疆日报》，2018-08-02)

<u>确保</u>受灾群众有住处、有饭吃、有水喝、有必要的生活保障，<u>保障</u>人民生命和财产安全。(《新疆日报》，2018-08-02)

<u>加强</u>各类抢险队伍培训，提升实战能力和救灾水平。<u>加大</u>宣传力度……(《新疆日报》，2018-08-03)

必须<u>构建</u>产权清晰、多元参与、激励约束并重、系统完整的生态文明制度体系……必须加强生态文明宣传教育，牢固树立生态文明价值观念和行为准则，把建设美丽中国化为全民自觉行动……必须同舟共济、共同努力，<u>构筑</u>尊崇自然、绿色发展的生态体系……(《新疆日报》，2018-06-25)

以上的 4 个例子均是同义词相互替换使用，分别是："宣讲"和"宣传"构成同义词；"确保"和"保障"构成同义词；"加强"和"加大"构成同义词；"构建"和"树立""建设""构筑"构成同义词。同义词的交替使用，使得前后分句衔接力度加强，避免语义重复的同时也为语篇增加了语义强度和感情色彩。再如：

> 我们的总体工作思路，就是让科技成为新动力，积极推广新技术应用，提升各机场运行监管能力，提高运行效率。（《新疆日报》，2018-08-05）

这则新闻中"提升"和"提高"是一对同义词，分别与宾语"能力"和"效率"相对应。同义词的交叉搭配，能够加重语气，突出形象，增强表现力，使语篇前后表达的意义互相补充，增强了语篇的完整性。

> 农村土地改革以"盘活土地资源，激活农村潜力"为落脚点。（《新疆日报》，2018-08-06）

语篇中"盘活"和"激活"构成同义反复的动词语义场，"盘活"的形象意义更强，起到了增强语言表达效果的积极作用，同时也使语篇更富生动性。

（2）反义词的使用

反义词在意义上的对立通常是客观事物矛盾对立的反映，通过反义词来揭示事物的对立面，可以使人们在鲜明对比下认清事物的是非、善恶、轻重、缓急，收到良好的表达效果。

意义上有对立关系的词语在语篇中的使用可以丰富语篇的词汇，通过词语意义的鲜明对照和相互映衬，把事物的特点深刻表现出来，同时可以起到加强语气、强调核心意思的作用，还能够增强语篇的可读性，增强读者对语篇内容的关注度和重视度。如：

> 中国将相当幅度降低汽车进口关税，同时降低部分其他产品进口关税，努力增加人民群众需求比较集中的特色优势产品进口。（《新疆日报》，2018-04-18）

这则新闻中"降低"和"增加"是一对反义词。反义词的使用，使语篇意义之间的对比效果更加鲜明，语气更加坚定，态度更为明确，增强了语言的表达效果。反义词在语篇中的使用就是造成正反对比，通过对比，能够体现语篇整体语效量度和价值取向。通过对比，可以表明语篇主体的立场和态度。

3. 词语搭配

词语搭配是指意义上同属于一个语义范围的词语之间形成语义链条，跨越句子产生衔接，可加强语篇内容的衔接力度。

> 最严格的生态环境保护制度，构建高效统一的……监管体制。建设……自然保护地体系，完善……考核评价体系，建立……生态保护补偿机制。(《新疆日报》，2018-06-25)

这则语篇中，"监管体制""自然保护地体系""考核评价体系""补偿机制"这些词语是对"生态环境保护制度"的具体阐释，同时这些词语形成一个词汇网，词语之间相互联系形成语篇的衔接关系，将语篇的衔接力进一步加强，使语义更连贯。

> 近年来，自治区加强耕地数量、质量、生态"三位一体"保护和管控，确保最严格的耕地保护制度落到实处。2018年，自治区国土资源厅着力夯实耕地保护工作基础，特殊保护永久基本农田，推进在建土地整治工程收尾，助推贫困地区脱贫攻坚。(《新疆日报》，2018-06-25)

这则新闻中，"耕地保护制度""耕地保护工作""保护永久基本农田""土地整治工程"这四个短语都是对语篇开头"自治区加强耕地数量、质量、生态'三位一体'保护和管控"的具体解释。这些词语构成一个统一集合体，相互搭配衔接，使得语篇紧紧围绕新闻主题铺开，增强了语篇衔接的向心力。

二、逻辑语义衔接

逻辑语义衔接是指通过连接各种成分来反映话语中的各种逻辑关系。

衔接词通常是过渡词，它可以表示时间、原因和结果以及条件之间的逻辑连接。通过这类连接性词语，人们可以了解句子之间的语义联系，甚至可以经前句从逻辑上预见后续的语义。

逻辑衔接成分按照其隐现情况可以分为显明性衔接成分和隐含性衔接成分。文章通过清晰可辨的连接性词语呈现衔接关系，那么就是"显明性"示意。与此相反，在有的情况下，或是信息本身的逻辑关系非常清楚，或是情景语境提供了必要的启示，即使没有连接性词语，语篇也可以是连贯的，这被认为是"隐含式"的衔接方式。本章在前人研究的基础上，将逻辑语义衔接的具体表现形式及其所对应的语义进一步具体化。

1. 语义对等衔接

（1）带连接词的语义对等衔接

语义对等衔接产生和存在的条件是通过逻辑连接词将若干分句连接起来，被连接的各个组成单位在句法结构上具有对等的地位，在具体的句法语境中起同样的作用。表对等语义关系的衔接可分为并列、顺承、解说、选择和递进五类。这种分类方式在不同研究中的划分类别和名称上会有所差异，但不管哪种分类方式，对表示前后语句间的语义关系是平等关系，无主从之分，具有平行性和独立性等辅助特征。

从整体上看，这种对等衔接连接两项或者两项以上的事件，以平等、独立、并行的方式共同表达分句间的关系，分句独立性强。这类衔接常用的衔接词有两种，一种是单用衔接词，如"同时""而且""并（且）""进而"等；一种是合用衔接词，如"不但/不光/不仅……而且/还/也……""既……又/也……""是……也/还是……""不是……而是……""一方面……，另一方面……"等。也有无标记衔接形式。

① 并列衔接

A. 并列衔接词"同时"

　　我们鼓励中外企业开展正常技术交流合作……<u>同时</u>，我们希望外国政府加强对中国知识产权的保护。（《新疆日报》，2018-04-11）

这则新闻中，并列衔接词"同时"将前后分句连接起来，构成一个完整的结构上并列、分句间地位同等的语义结构，避免了分句间语义关系的松散。不过，我们注意到，"同时"在衔接前后句时，其衔接力会随着新闻场景的具体事件产生变化。这表现在以下两方面。第一，"同时"衔接两个小句时，前后小句的主语一般是一致的，这样，后句主语通常是可以省去的。但是我们看到，这则新闻中"同时"衔接的后句主语仍然保留，并没有省略，如果这时把"同时"省去，两个小句同样可以构成一个语义完整的句子。那么为什么"同时"后句的主语没有省略，而且"同时"也没有省略？这看起来不符合新闻表达简省、凝练的要求。第二，后句主语和"同时"共现，表面上看，"同时"作为衔接词的语法衔接度减弱，但"同时"作为衔接词的功能性在增强。也就是说，在特定场景下，"同时"和未省略的部分共现是为了突出表达说话人的语气和态度。从音节节奏上看，在衔接词"同时"后会有停顿，其后未省略的部分语气会显著加强。这则新闻中，"同时"后有一个间歇停顿，后句未省略的主语"我们"会在语气上显著增强，凸显说话人的立场和态度。

　　　　我区实施以企业为核心的促进就业社会合作伙伴联动机制，开展供需交流、政策解读、形势研判等活动……同时，突出精准帮扶，保障重点群体就业。(《新疆日报》，2018-07-14)

　　与上则新闻不同的是，这则新闻衔接词"同时"后句的主语承前省略。我们可以判断，这里侧重标示"同时"的语法衔接作用，其语用功能性不在主导位置。

　　综上所述，"同时"的语法意义和功能并非一成不变，它随具体的前后句而变，特别是与后句成分的省略情况呈紧密相关态势。当"同时"与后句主语共现时，"同时"的语法衔接度减弱，语用功能性增强；当后句主语成隐性状态时，"同时"的语法衔接度增强，语用功能性减弱。

　　B. 并列衔接词"并"

　　黄伯荣、廖序东在《现代汉语》(增订五版)中将"并"归为连词类，起连接作用，连接词、短语、分句和句子等，表示并列、选择等关系。根据观察，"并"用于连接动词性成分和分句的情况更常见。新闻语篇中，"并"多衔接分句，且衔接后句的主语一般承前省略。

……并与村干部结成一对一帮扶对子，手把手教思路、传经验、提要求、压担子……（《新疆日报》，2018-08-02）

以自治区人大常委会主任肖开提·依明为总领队的 2018 年天山环保行执法检查组第一组来到昌吉回族自治州，就农村环境整治情况进行检查，并与昌吉州领导及有关部门负责人座谈。（《新疆日报》，2018-06-27）

以上两则新闻中使用了衔接词"并"，连接前后两个分句，两个分句间是并列关系。从语篇结构和语义上看，"并"不仅起到连接两个分句的作用，它还应包含一个成句条件，即通常情况下"并"和其后的小句不能单独成句，要有前句共同完句。并列连词不仅可以单用，还可以合用，上面的两则新闻就是连词"并""与"合用。

《方案》明确，主要对各省（自治区、直辖市）党委和政府及其有关部门开展督导，并下沉至部分市地级党委和政府及其有关部门。（《新疆日报》，2018-07-06）

外交部部长助理陈晓东介绍习近平主席出席中阿合作论坛第八届部长级会议开幕式有关情况，并回答记者提问。（《新疆日报》，2018-07-07）

以上两个例子中，"并"衔接的是动词性成分。如果去掉前句，只留下"并"和其后的小句，可以看出语义是不完整的。由此，"并"在连接两个句子时，同时还连接了前句的内在语义。也就是说，"并"作为一个连接标记出现，要满足一定的条件。

首先，"并"在衔接后句时，为起到衔接紧密的作用，会省略前句的部分成分（一般是主语），是承前省。

其次，如果将"并"删去，使前后两个分句拼合成一个整体，那么必须在缺位的"并"的位置上添加补充成分，并且是可以从前句的部分成分中提取的。这是因为"并"在对语义进行衔接时，要删掉与"并"语义重复的部分。如上例"外交部部长助理陈晓东介绍习近平主席出席中阿合作论坛第八届部长级会议开幕式有关情况，并回答记者提问"一句中，删掉

"并"后在其空位要补充前句的主语部分"（外交部部长助理）陈晓东"，这样才能从语义上将两个分句系连起来。

再次，汉语是意合句，"并"起衔接作用的一个条件是后句的部分成分与前句重合，省略重复的成分，用"并"将两个分句连接起来，使全句结构对称匀整。关于"并"取消后应该在空位上填补哪一个成分，可以从后句中缺省的成分来判断，缺失哪一个成分，就从前句中抽取出相应的部分回填。

最后，以上的两个例子里"并"连接的前后句的语义关系虽然是平行关系，但有时间上、过程上的先后，前后两个行为动作之间存在先后顺序，因而应为顺承关系。

> 阿拉伯国家石油和天然气资源丰富，需要进一步拓展外部市场，并吸引外部投资发展其能源产业。（《新疆日报》，2018-07-12）

这则新闻中"并"衔接动词性短语，主语承前省。从语义关系上看，前后项的语义关系是平行关系，但从逻辑上看，包含事件发生的先后顺序关系。"并"的前后项按事件发展的顺序排列，首先是"拓展外部市场"，其次是"吸引外部投资"，一般不可互换位置。

> 习近平主席将于7月19日至24日对阿联酋、塞内加尔、卢旺达和南非进行国事访问，并于7月27日至28日过境毛里求斯并进行友好访问。习近平主席此次访问对提升中国同阿联酋关系水平……促进中东和平稳定具有重要意义，并将推动进一步深化中非政治互信……此访必将有力推动中国同上述国家关系深入发展，加强中国同亚非发展中国家团结合作，并为将于9月召开的中非合作论坛北京峰会凝聚更多共识。习近平主席将同萨勒总统举行会谈……并见证签署多项合作文件。习近平主席将同卡加梅总统举行会谈，并共同见证签署多个合作协议……（《新疆日报》，2018-07-14）

这则新闻篇幅较长，但在衔接词"并"的作用下，全文层次分明，逻辑清晰。语篇可根据衔接词"并"前后项的逻辑语义关系，分为4个层次。全文"并"共重复使用5次。第一层衔接的主语是"习近平主席"；第二层衔接的主语是"此次访问";第三层衔接的主语是"习近平主席将同萨勒总统";第四层衔接的主语是"习近平主席将同卡加梅总统"。将"并"与前后项紧密衔接起来,可以很清晰地梳理出语篇的内在层次。

C. 并列衔接词"既……又/也……"

"既……又/也……"可以连接词、短语、句子,前后项是并列的语义关系。"既……又/也……"所连接的分句在语义上属于同一范畴,或者是相联、相关的事,或者是相联、相关的动作,不能是任意的、毫不相干的两件事或两个动作。

> 双向"强对流"既有进,也有出。(《新疆日报》,2018-04-18)

这则新闻衔接词"既……也……"衔接的是动词并列关系,"有进""有出"是相互对立的并列。

> 中国既有长远规划,又能脚踏实地,发展成就令人钦佩。(《新疆日报》,2018-06-26)
>
> 农忙季节吴英既要忙地里的庄稼,又要照顾两个年幼的孩子……努尔古丽既要忙地里的玉米收割,又要喂养棚圈里的牛羊……(《新疆日报》,2018-07-12)
>
> 绿水青山既是自然财富、生态财富,又是社会财富、经济财富。(《新疆日报》,2018-06-25)

以上两则新闻中,"既……又……"连接的分句表示的是几件事情或几个方面并存。有时"既……又……"可以与衔接词"同时"互换使用或共现使用。

D. 并列衔接词"是……也/还是……"

> 这被认为是A股国际化的里程碑,也是内地资本市场对外开放的"又一大步"……(《新疆日报》,2018-04-18)
>
> 韩家庄村是蒙古族聚集的牧业村,也是重点贫困村。(《新疆日报》,2018-07-12)

以上两则新闻中使用了"是……也是……"这一表并列关系的衔接成

分，"是"与"也是"连接的小句主语为同一个主语，主语一般在语篇开头，标明新闻的主题（话题），衔接词后的两个并列小句可以在顺序上互换，通常不影响整句的语义。可以看出，"是……也是……"在连接小句时，对小句在结构和语义上的制约性更强一些，要求其一致性、对称性。与"既……又……"一样，"是……也是……"有时可以与衔接词"同时"互换使用或共现使用。

革命精神<u>是</u>事业发展壮大的制胜法宝，<u>也是</u>共产党人最为醒目的精神标识。（《新疆日报》，2018-07-02）

这则新闻的语篇是用"是……也是……"表并列关系的结构，我们来看其生成机制。

"革命精神"是全句主语，由它和"是"及 NP 短语"事业发展壮大的制胜法宝"构成一个判断句，紧缩后可以简省为"革命精神是制胜法宝"。

第二个分句"也是……"起到与前句进行衔接的作用。"也是"后同样是 NP 短语，紧缩后简省为"也是精神标识"。

第二个判断句还原成独立句子要删掉"也"，在其空位上回填"革命精神"这一主语，即"革命精神是共产党人最为醒目的精神标识"。

并列关系在使用衔接词时，前句是整句，后句要将整句删去实义成分转为缺省句，用语义相同、表达更简洁紧凑的虚义成分来替代。原句为："革命精神是事业发展壮大的制胜法宝，革命精神是共产党人最为醒目的精神标识。"变换后为："革命精神是事业发展壮大的制胜法宝，也是共产党人最为醒目的精神标识。"

E. 并列衔接词"一方面……另一方面……"

<u>一方面</u>传统产业出口增长势头依旧迅猛，中国企业在世界舞台上的表现越来越活跃、越来越自信。<u>另一方面</u>，中国制造在"走出去"的同时，更在努力"走上去"。（《新疆日报》，2018-06-25）

说干就干，王新庄<u>一边</u>送买买提依明去县城拜师学艺，<u>一边</u>帮他租门面、粉刷店面、做货架、办营业执照。（《新疆日报》，2018-07-04）

并列衔接词"一方面……另一方面……"和"一边……一边……"在

新闻语篇中的运用，体现事物、事件之间的一体性和对称性特点。张莹（2010）认为，通过成分复现形成的并列结构标记，是借助自身表现形式上的对称来体现连接成分之间的对称和一体性关系的。这种框架式的并列结构排除其他因素的干扰，可使句意保留在并列范畴内的作用力更强。

F. 并列衔接词"和"

据我们观察，衔接词"和"在用法上的争议较多。杨萌萌（2014）认为，和在句法上具备名词、动词、形容词三种实词用法，而且在特定语句中甚至无法明确辨别它到底是名词、动词还是形容词。从一个"实"的词虚化为介词，已经过了相当漫长的语法化过程，更进一步的虚化便受到当前语言系统的限制。最终，"和"的虚词词类为介词和连词。

杨萌萌、胡建华（2017）列举了乔纳森（Johannessen）有关并列连词的观点，提出并列连词是功能性中心语（functional head），而不是词汇性中心语，判定依据是：

第一，功能性中心语构成封闭的集合，而并列连词正是数量有限的一类范畴；

第二，功能性中心语在语音或形态上不独立，比如非重读、体现为词缀、附缀形式或零形式，而并列连词就是非独立成分；

第三，功能性中心语只留出一个补足语（complement）位置，而且补足语通常不是论元，这意味着功能性中心语不会给补足语指派题元；

第四，功能性中心语不能与其补足语分开，也即功能性中心语必须选择补足语，且二者不能分离，而词汇性中心语的补足语是可选的（optional），比如 N、A、V 都可以不带补足语而直接投射；

第五，功能性中心语不具备描述性语义内容，在语义上充当函子/功能元件（functor）；

第六，功能性中心语必须在底层结构（deep structure）有自己的投射；

第七，功能性中心语的标志语（specifier）能够封锁最大投射，因而不能迭代/重复（iterate），而词汇性中心语的标志语可以迭代/重复。

胡建华以连词"和"为例，认为乔纳森判定并列连词为功能性中心语的论据中，"在语音或形态上不独立"和"不具备描述性语义内容"是合理的，且只有"在语音或形态上不独立"一项具有实际可操作性。尽管这些论据不尽完美，但有一点是可以肯定的：真正的并列连词是句法上的一种功能性连接件，本身没有语义内容，只具有连接并列项、构成句法并列关系的功能。

胡建华进一步结合斯塔森（Stassen）的类型学考察来看英语和汉语的显著差异，提出：只有如英语 and 的连接件才是真正的并列连词，汉语的"和"的情况与英语并不一致，汉语句法并列结构各组成部件在句法上的关系是紧密固定的，主语位置上的"和"只能是介词而不可能是并列连词。

根据以上观点，我们观察到，新闻语篇中"和"出现更多的位置并不在主语的位置上，做介词使用的频率相对于做连词的低。因此，我们认为，"和"在新闻语篇中的词汇性中心语的作用在弱化，而功能性中心语的作用更显著，虚化为衔接前项和后项的并列语义更为常见。

> 我有个好亲戚，他费心费力帮<u>我和妻子</u>联系工作。对当地村民进行技能培训和就业安置。（《新疆日报》，2018-07-05）

区别"和"做介词还是连词的一个特征就是"和"前后的论元是否可以互换位置。不能互换时，"和"可以视为介词，可以互换时，"和"一般应视为连词。依照胡建华的观点及介词、连词的一般特征，上面这则新闻中，"我和妻子"在小句中处于宾语的位置，且前后衔接项可以互换，不影响语义，"和"连接的成分在整句中是受事衔接，语义焦点不在被帮助的对象，而在"谁"帮助了我和妻子。可见在语篇整体中"和"是一个功能驱动的中心语，不是词汇驱动的语词，所以是只有语法意义、起衔接作用的衔接词。

> 把<u>基层党建和脱贫攻坚</u>结合起来，就是要把各方力量拧成一股绳，<u>实现脱贫致富和加强党建</u>双促进。（《新疆日报》，2018-07-05）

这则语篇中出现了两次"和"，"和"连接的并列短语是焦点信息。第一次由"和"构成的并列项"基层党建""脱贫攻坚"与介词"把"结合，是介引的对象；第二次"和"连接的是动词"实现""加强"，"脱贫致富"与"党建"做动词支配的对象。这两个"和"虽然都是并列衔接成分，但语义仍有不同，一个是被介引的对象，一个是动词支配的对象。"和"的衔接将"党建"和"脱贫"这两个语篇话题平行标记出来。

> 阿拉伯国家和中国有着传统的友谊，基础牢固，双方合作密切。会议通过并签署了<u>《北京宣言》《论坛 2018 年至 2020 年行动执行计划》</u>和<u>《中阿合作共建"一带一路"行动宣言》</u>3 份重要成果文件。（《新疆日报》，2018-07-12）

这则新闻中使用了两次"和"，这两个"和"都是衔接词。第一个"和"连接的并列结构"阿拉伯国家和中国"做主语。这里要注意的是说话者属于哪一方。从语用角度看，在国家与国家领导人会晤时，说话者代表的是某一国家、地区，因而要将本国放在前面，将对方国家放在后面。这则新闻的说话者是阿拉伯国家的代表人，所以将"阿拉伯国家"置于首位。

第二个"和"衔接了 3 个并列成分，当小句出现多个平行成分时，衔接词的位置一般都在最后一项成分之前。

G. 并列衔接词"不是……而是……"

在语义上"不是……而是……"是对举关系，就是前后项的意义相反或相对，表示两种情况或两件事情的对比或对立，用肯定和否定两个方面对照来说明情况或表达所要肯定的意思。

> 这<u>不是</u>一般性的会展，<u>而是</u>中国主动开放市场的重大政策宣示和行动。（《新疆日报》，2018-04-18）

可以看出，这则新闻中"不是……而是……"是反义对举，前句为否定义，后句为肯定义，突出说话人所要表达的观点，信息焦点的位置在后句上。也就是说，这类对举并列的语义焦点不在于否定前项，而是通过对举，关照后项，强调后项的重要性，所以读者在看到这样的新闻信息时，自然会将视觉焦点聚焦在"而是……"所强调的焦点信息上。这是新闻语篇的一个特点，即既要在有限的板块内提供高密度信息量，又要让读者在短时间内达到与写作者认知一致，使读者重建信息结构，获得并理解超字面的新信息。要达到这个目的，需要借助一些手段，包括逻辑语义衔接手段。这样，可使语篇结构紧凑，使语篇语义显豁，读者能最大限度地复制、解构，从而准确解码、感知、体验，与写作者达成共识。

H. 衔接词"就是"

保护自然<u>就</u>是保护人类，建设生态文明<u>就</u>是造福人类。保护生态环境<u>就</u>是保护生产力，改善生态环境<u>就</u>是发展生产力。(《新疆日报》，2018-06-28)

衔接词"就是"通常可以视为隐喻标记，可将抽象的事物具象化。这则新闻通过"就是"将前后项事物的相关性联系起来，表明其相关性，使读者更加清晰地理解保护生态环境的重要性、紧迫性。

② 顺序衔接

A. 顺序衔接词"先……再……"

我们<u>先</u>采用物理方法清园，改变食心虫的生存环境，<u>再</u>用性诱剂诱杀。(《新疆日报》，2018-08-05)

"先"和"再"是表示顺承关系的衔接词，表明动作的前后顺序，使衔接更为紧密。使用顺序衔接词可以使语篇结构紧凑，表述简洁。

B. 顺序衔接词"第一……第二……第三……""一（要）……二（要）……三（要）……"

说干就干，在深入进行可行性研究之后，伊力哈木和驻村工作队定下了<u>三步走</u>的计划。<u>第一步</u>做足准备。通过驻村工作队牵线搭桥……<u>第二步</u>搞好示范。针对群众顾虑大、不敢种的问题……当年试种紫菀大获成功，每亩纯收入达 3000 元。<u>第三步</u>形成规模……(《新疆日报》，2018-06-28)

这则新闻采用总分式描述的手法，条理鲜明，层次清晰，先总说"三步走"，再具体阐释三步走的逻辑顺序。这样的语篇结构在新闻中很常见。

一要确保政治忠诚……二要坚定政治方向……三要严明政治纪律……四要净化政治生态……五要夯实政治基础……六要落实政治责任……七要突出政治标准……八要强化政治担当……九要提升政治能力……(《新疆日报》，2018-07-02)

画家们<u>一是</u>重点了解"访惠聚"驻村工作给新疆带来的变化，<u>二是</u>亲身感受驻村工作队真实的工作状态。(《新疆日报》，2018-02-04)

这两则新闻使用数词做衔接，按逻辑顺序一一列举了要阐述的事件要点，重点突出，简明扼要，使人一目了然。

③ 递进衔接

A. 衔接词"不仅/不但……而且/更……"

衔接词"不仅/不但……而且/更……"之后的分句的意思比前面分句的意思更进一层，一般由轻到重，由浅到深，由易到难。

<u>不仅</u>有利于<u>促进</u>理清"丝绸之路经济带"核心区建设思路，明确建设方向，突出建设重点，提高核心区建设决策服务水平，<u>而且有助于</u>统一思想、凝聚共识，<u>促进</u>核心区建设重点任务落地，正确引导核心区建设预期，<u>促进</u>新疆实现社会稳定和长治久安总目标。(《新疆日报》，2018-08-01)

<u>不仅</u>要继续"引进来"，<u>更</u>要着力"引精品"。(《新疆日报》，2018-04-18)

以上两则新闻均表示递进的语义，衔接词"不仅……而且/更……"将两个相近的语义关系衔接起来,位置靠后的语义比位置靠前的语义更深，层层递进，强调的意味更强，突出表现新闻表达者的语义情态。

B. 衔接词"不仅……还……"

这张蓝图<u>不仅</u>包括经济合作，<u>还</u>包括阿拉伯国家与中国在政治、文化、技术等层面的全方位合作。(《新疆日报》，2018-07-12)

2016 年,村党支部<u>不仅</u>给他发放了 5 只扶贫羊,<u>还</u>给他做担保……(《新疆日报》，2018-07-04)

对于乌鲁木齐市动物疾病控制与诊断中心技术员王涛而言，选择扎根新疆<u>不仅</u>是因为这片热土培养了他，<u>还</u>因为这里的人们给了他家一般的温暖，<u>尤其</u>是他的"阿帕"早热木·他西。(《新疆日报》，2018-08-12)

上面三则新闻使用衔接词"不仅……还……",语义重心在后句"还"所衔接的语句上。不过,这三则新闻标题可以将前句递进衔接词"不仅"省去,同样成立,不过从语气上显然有弱化。合用衔接词,由前句引入强调后句的重要性,完句性、语义显豁性都强于省略前一分句的衔接词。

> 不仅可以服务游客,还围绕智慧旅游、安全旅游、应急预警等服务经济社会发展。……不仅为农民解决了农产品供求信息不对称的问题,还提供惠农政策、科学种植、自然灾害预警等服务。(《新疆日报》,2018-07-12)

这则新闻使用两次"不仅……还……",突出显示新闻主人公的重要作用。可以看到,衔接词"不仅……还……"前句的主语,也是后句的主语,是可隐可现的。前句主语的隐现取决于前句与整个语篇主语的距离,距离语篇主语越近,省略的可能性越大;距离语篇主语越远,那么前句中可能会用第三人称代词或者指示代词来复现主语。

C. 衔接词"而且"

有时合用的并列衔接词会省略为单用形式,如"不仅……而且……"有时省略为"而且……"。"而且"可连接词、短语、句子、语段,在意义上表示再进一步,也可以表示并列关系。在表示对人或事物的同一方面的评价时,前后成分互换时语义不改变;在表示对人或事物进行由内而外的描写或评价时,前后成分不能互换;在表示对人或事物由客观事实到主观评价的描写时,前后成分不能互换。

> 合作论坛能够助力阿中关系向前迈进,潜力无穷,而且有助于在该框架下进一步延续和发展中国与阿拉伯国家源远流长的关系。(《新疆日报》,2018-07-12)

D. 衔接词"甚至"

> 刚入疆时,吐鲁番市人民医院肾病内科医务人员极其缺乏,甚至只有唐文彬一名执业医生。唐文彬克服困难,着力打造吐鲁番市首个集门急诊、病房、血液净化中心于一体的肾脏病专业化医疗团队。(《新疆日报》,2018-08-04)

这则新闻中，"甚至"衔接前后小句，语义递进，表明当地医务人员的缺乏，"甚至"衔接的后项是语义重心，增强语篇的感染力。

④ 解说衔接

A. 分述—总说衔接词"总之"

通常，对"总之"的语法特点的概括为："总之"为连词，对上文列举、论述的内容加以概括或进行提炼；表示说话人对某人、某事的笼统看法。"总之"也是一种语义添加的衔接手段，出现的位置有两种，一种是在句子与句子之间发挥其总结的衔接作用，另一种则是在新起一段的开头，作为领词来对上文的段落进行总结。

> 用音乐话剧这个载体，反映"访惠聚"驻村工作和"民族团结一家亲"活动给各族群众带来的实惠和家乡发生的巨大变化；用歌舞寓教于乐，净化心灵。总之，就是要用文艺表演传播正能量，传播社会主义核心价值观，凝心聚力……（《新疆日报》，2018-02-06）

这则新闻中，采用先具体说，再概括说的方式。用"音乐话剧""歌舞"等具体艺术形式服务大众、净化心灵之后，用衔接词"总之"作为顺接连接成分，用"文艺"概括之前的"音乐话剧""歌舞"，把前句的已知信息加以归纳，以帮助听话人掌握说话人或作者的意图。

"总之"的语用功能表现在表示概括总结、强调，用于结束话题、保持连贯性，标记语义转化、新话题的引入等。

> ……空间和海洋技术正在拓展人类生存发展新疆域。总之，信息、生命、制造、能源、空间、海洋等的原创……（《新疆日报》，2018-05-29）

这则新闻中，"总之"处于段落中，是对前一段文字的总结，构成了总—分式段落层次。"总之"的衔接作用不仅是一个简单的概括，更是上下文衔接起来的一种归纳，起到了概括总结并强调的作用。

> 总之，只要我们保持战略定力，坚持稳中求进工作总基调……（《新疆日报》，2018-11-02）

"总之"的另一种用法，就是在新起一段的开头作为领词来对上文的段落进行总结。这则新闻中，"总之"就是作为领词对上文总结，同时为下文起头。这里"总之"在起始位置上的使用，在语义上并没有增加新的内容，而是对已知语义内容的再次概括和强调，同时引入新话题。

B. 解释衔接词"一种……一种……"

为了服务于企业"拎包入住"，园区采取了两种方式的厂房建设，<u>一种</u>是标准化厂房，<u>一种</u>是定制型厂房。(《新疆日报》，2018-05-09)

这种解释关系的衔接是先总说，再分述，是总体概括到具体解释的过程。

(2) 不带连接词的语义对等衔接

这类语义对等衔接的连接词是隐性的，需要从语篇中前后句的语义结构关系中分析推断。

① 连续动词或动词短语的并列衔接

吴英<u>放</u>下家里的活儿，悉心<u>照顾</u>妹妹，做饭、收拾家务、<u>带</u>孩子，忙了一个多月。(《新疆日报》，2018-07-12)

这则新闻中用几个连续动作表示并列关系。行为动作的出现有先后顺序，是连动并列式。通过一系列的动作动词，表明新闻中人物的辛劳，同时使新闻连贯性、动作性更强，更具画面感。用具体的动作描绘生活场景要比用抽象词汇书写更具实用性和可接受性。

要坚决把思想和行动<u>统一</u>到习近平总书记关于脱贫攻坚重大意义的重要论述上来，<u>统一</u>到总书记关于脱贫攻坚政治责任的殷殷嘱托上来，<u>统一</u>到总书记关于脱贫攻坚目标、标准的明确要求上来，<u>统一</u>到总书记关于脱贫攻坚精准方略的重要指示上来，<u>统一</u>到总书记关于脱贫攻坚力量统筹的科学部署上来，<u>统一</u>到总书记关于脱贫攻坚作风建设的谆谆告诫上来……(《新疆日报》，2018-06-30)

这则新闻中没有出现并列衔接词，但用重复出现的动词"统一"串联起了全句的中心思想，就是要"统一"思想和行动。语篇结构衔接紧凑，层次分明，语势显著，具有很强的号召力、感染力、说服力。

　　<u>始终同人民想在一起、干在一起</u>，<u>就要</u>不忘初心，以造福人民为最大政绩……<u>始终同人民想在一起、干在一起</u>，<u>就要</u>牢记使命，将改革开放进行到底……<u>始终同人民想在一起、干在一起</u>，<u>就要</u>奋发有为，以更硬的肩膀扛起历史责任……（《新疆日报》，2018-07-01）

　　这则新闻是并列连接结构，从表层看是由重复出现的"始终同人民想在一起、干在一起，就要……"这一"小句+就要"结构构成。这一结构的多次平行出现，表达说话者对实现预设目标所提的要求，就是要"不忘初心""牢记使命""奋发有为"。可见，"小句+就要"在深层上不是一个简单句，而是蕴含了预设目标的复杂句，预设目标为：（如果/要想）要"始终同人民想在一起、干在一起"。整个句子的前件是预设目标，后件是实现目标的前提条件。因此，理解隐含衔接词的并列关系，要从语篇结构已知信息的深层语义结构上分析前项、后项之间的逻辑语义关系入手，从而更精准地把握新闻作者的谋篇布局和真实意图。

　　<u>坚持生态兴则文明兴</u>。建设生态文明是关系中华民族永续发展的根本大计……<u>坚持人与自然和谐共生</u>……<u>必须</u>尊重自然、顺应自然、保护自然，像保护眼睛一样保护生态环境……<u>坚持绿水青山就是金山银山</u>……<u>必须</u>坚持和贯彻绿色发展理念，平衡和处理好发展与保护的关系……<u>坚持良好生态环境是最普惠的民生福祉</u>。生态文明建设同每个人息息相关……<u>必须</u>坚持以人民为中心，重点解决损害群众健康的突出环境问题……<u>坚持山水林田湖草是生命共同体</u>。生态环境是统一的有机整体。<u>必须</u>按照系统工程的思路……<u>坚持用最严格制度最严密法治保护生态环境</u>。保护生态环境必须依靠制度、依靠法治。<u>必须</u>构建产权清晰、多元参与、激励约束并重、系统完整的生态文明制度体系……<u>坚持建设美丽中国全民行动</u>。美丽中国是人民群众共同参与共同建设共同享有的事业。<u>必须</u>加强生态文明宣传教育……<u>坚持共谋全球生态文明建设</u>。生态文明建设是构建人类命运共同体的重要内容。<u>必须</u>同舟共济、共同努力，构筑尊崇自然、绿色发展的生态体系……（《新疆日报》，2018-06-25）

这则新闻篇幅较长，看起来很复杂。结合语篇特点可以看到，语句间的共同特征就是重复使用动词"坚持"和情态动词"必须"。从字面上看，这则新闻也是缺失衔接词的并列关系结构。但是对"坚持"和"必须"的逻辑语义关系深入分析后可以看出，"坚持"作为动作动词多次出现，突出强调的不是整个语篇的主旨，而是表明新闻主体的一种主观态度和感情。其内在蕴含的语义重心不在前件，而在后件，即实现"坚持"任务的条件，也就是"必须+VP"。也就是说，这则新闻的焦点在"必须+VP"上。

② 名词短语并列衔接

会议强调，各地各部门要切实把思想和行动统一到党中央、国务院关于医改工作的决策部署上来，统一到自治区党委工作安排上来……会议指出，要突出重点，狠抓关键，切实完成好今年医改工作的各项目标任务……会议指出，当前我区医改工作任务繁重、时间紧迫，进入攻坚克难的关键时期……（《新疆日报》，2018-12-05）

这则新闻用"受事主语+同义谓语动词"反复出现的形式构成无衔接词的并列连接。具体是"会议强调""会议指出"，这种形式的并列连接在新闻语篇中出现，目的是使新闻语篇内容信息压缩，突出焦点信息，缩短新闻长度，减少冗余信息。

陈全国说，2017年，在以习近平同志为核心的党中央坚强领导和亲切关怀下，陈全国指出，过去的一年……陈全国强调，2018年是贯彻党的十九大精神的开局之年……（《新疆日报》，2018-01-01）

这则新闻同样采用了主谓结构做并列衔接的衔接成分，具体是"施事主语+同义谓语动词"这一结构式，其作用同上则新闻的作用相同。

2. 语义转折衔接

语义转折衔接是指后一句转变了前一句的语言意义。语义转折衔接的作用除了衔接上下文之外，还能够让语篇接收者对讲话内容安排的思路、强调的话语重点有一个更加清晰明确的认识。

（1）衔接词"然而"

用"然而"衔接句子可表示转折关系，但有时并不只是表示一种单纯的转折关系，还有许多复杂的语义关系。周锦国（2006）将"然而"的表达功能分为如下几种类型。

一是表对立的转折关系，表明两种事物之间是直接对立的，它们同时存在，互相对立，"然而"前后的语句各代表直接对立的一个方面。这是转折关系中最重要的一种关系，在转折中强调后一分句的语义。

二是表因果违逆的关系，甲事为因，乙事是逆着甲事而出现的结果。如"A，然而 B"等于说"A，所以一般情况下非 B，但实际上 B"。

三是"然而"后的分句起补充说明的作用，语义内容相对弱化，目的是用后面的内容对前面的内容加以订正和补充。

四是"然而"无转折意味，前后内容更多的是一种平行性的说明，只是作者在说话时为了强调二者的差别而使用"然而"，以体现作者感情上的一种细微变化。

> 越是幸福的日子，越要懂得珍惜。然而，有那么一小撮人受到宗教极端思想的侵蚀和毒害，成了"三股势力"利用的对象，做出危害国家、危害人民的事情……（《新疆日报》，2018-01-09）

这则新闻是对立转折结构。"然而"的前句使用比较衔接词"越……越……"强调语篇主题是"要懂得珍惜幸福"，后句与前句对立，陈述有些人不懂得这样一个道理，不珍惜眼前的幸福生活，"做出危害国家、危害人民的事情"。"然而"的前后项形成对立，突出后项语义，引人深思，发人深省。

> 有借有还，天经地义。然而，靳兵、王玉芳夫妇借的 2000 元，还了 18 年都没有还掉，这一直是他们的一块心病。（《新疆日报》，2018-08-03）

这则新闻中，"然而"连接的前项与后项间的语义关系中，对立的语义稍弱，反而说理的语义增加。前项说的是道德规约，是条件，后项是对这一道德规约的违反。虽然两项是相反关系，但从语义上看，并非完全对立，而是有特殊原因，可理解为"A，所以一般情况下非 B，但实际上 B"。这种情况是非常规违逆关系，不是绝对对立的矛盾关系。

概括来说，"然而"的前句通常会阐述一个具有普遍性的事件、事实或者一个道理、道义、规约，后项是对规约的违背，不遵守规约、打破道义、违背正义等情况同时存在。这时，要根据具体情况来判断，这种对立强调的是绝对对立，还是相对对立。绝对对立是正反、是非、对错的对立，相对对立是特殊情况下出现的偶然情况，这时可以根据上下文语境推理相对对立成分间语义的逻辑关系。上面新闻中的"借钱"与"还不上"的对立就不是绝对对立、故意违背，而是一种特殊语境下的超常规违逆，因而会形成一种悬念，吸引读者的好奇和关注，营造出迫不及待要继续阅读语篇、一看究竟的氛围。

（2）衔接词"虽然……但是……"

现代汉语中的"虽然"与"但是"搭配使用，表示转折。"虽然"后边接的是一个带有较宽泛较普遍意义的前提的句子，然后用转折连词"但是"一转，后边承接的是一个表达与前句相违背的句子。如果按前句这个前提发展下去，将自然得到一个通常的结果，但是因为转折连词后边的句子的意思与这个前提不和谐，因此它通常表达超常的语义，并且得到强调。

虽然萨依巴格乡与乌鲁木齐远隔千里，但我们的心紧紧连在一起。（《新疆日报》，2018-08-04）

虽然两人一个是蒙古族，一个是哈萨克族，但她们相知相交了27年，谁家里有了困难，对方都会竭尽全力帮助……（《新疆日报》，2018-07-12）

上面两则新闻是较为典型的转折句。其强调的语义重点在后句上，前句是表示客观存在的困难及客观事实，但是这些客观存在并不能降低人们的心理期待，以及为实现正向的心理期待所付出的努力，通过后句表达了语篇主体的情感、语气和态度。这种转折有时是超越语义的转折，是语用转折。

大屏幕显示，这辆车时速69公里，而其运行地段限速60公里。（《新疆日报》，2018-07-13）

这则新闻中，"而"衔接的分句间的语义关系是转折关系，前后项是相互矛盾的关系，通过矛盾对比，做出判断。

3. 语义因果衔接

语义因果衔接让前后语义之间的联系清楚地显现出来，通过逻辑衔接词表现出来的语义上的原因和结果，可以是前因后果，也可以是前果后因。

　　但<u>由于</u>没有揭示社会发展规律……<u>因而</u>也就难以真正对社会发展发生作用。(《新疆日报》，2018-05-05)

这则新闻通过逻辑衔接词"由于……因而……"将语义中的因果关系表示出来，先讲述原因"没有揭示社会发展规律"，后提出结果"难以真正对社会发展发生作用"，使得语篇的语义信息更加明确清晰。

　　中国共产党<u>之所以</u>能够历经艰难困苦而不断发展壮大，很重要的一个<u>原因就是</u>我们党始终重视思想建党……(《新疆日报》，2018-05-05)

这则新闻是通过"之所以……原因就是……"在语篇语义上先提出"中国共产党不断发展壮大"的结果，进而阐释导致这一结果的原因是"我们党始终重视思想建党"，衔接了上下文，并清晰地阐明了前后项的因果关系。

第四节　语篇正文的概念隐喻衔接模式

新闻语篇在信息传递的过程中，受版面空间的制约，作者往往尽可能地对新闻信息进行提炼与压缩，以提高信息密度。同时，写作者还须构建高度衔接及语义连贯的语篇，使读者瞬时捕捉到需要的焦点信息，重建读者的经验和知识结构。因而，新闻语篇常常会在语言表达形式和谋篇机制方面倾向选择概念隐喻这一表达形式。

新闻语篇是从语言使用事件中抽象出来的，每一个使用事件是全面的概念化过程，概念化过程就是对概念隐喻化的过程，因而隐喻在思维和语言中具有普遍性。在对语篇进行认知分析的时候，就不能不将隐喻作为一个重要的中心部分来考察。

一、概念隐喻

隐喻最初是由古希腊思想家亚里士多德提出的，他在其著作《修辞学》和《诗学》中对隐喻的概念和现象进行了系统的阐述。他把隐喻的本质概括为："隐喻是用一个陌生的名词替换，或者以属代种，或以种代属，或者通过类推，即比较。"

概念隐喻也叫隐喻性概念，是指通过将人们已知的具象领域和人们未知或模糊的抽象领域相连接，使人们对复杂模糊的概念得到更清晰的认识。目前隐喻在语言学界被认为是人类的一种基本的认知思维方式，包括本体和喻体两个领域，通过隐喻这种思维方式将两个不同领域的概念联系在一起，会使得语篇达到一种不一样的效果。

实际上，隐喻不是修辞格，而是一种思维方式。它是使经验概念化并加以诠释的工具。概念隐喻的实质是由源域到目标域的投射和概念整合。人们将源域中相对陌生和抽象的目标域投射到熟悉和具体的概念，通过将两者的意象联想和叠加，使源域（本体）和目标域（喻体）之间发展出一种新的关系，从而有利于对新事物的了解和认知。

新闻语篇中有很多语句通过隐喻这一认知思维方式来表征，它有助于增强新闻语篇上下文结构和内容的连贯性。以下我们将分类论述概念隐喻在新闻语篇中的体现。

二、概念隐喻的类型与应用

莱考夫（Lakoff）等人 1980 年对概念隐喻做了细致的分类，包括基本概念隐喻、想象隐喻、一般层隐喻、具体层隐喻、结构隐喻、方位隐喻、实体隐喻、管道隐喻、规约性隐喻、意象隐喻、意象图式隐喻、大链条隐喻 12 类。本章将着重论述结构隐喻、本体隐喻、容器隐喻、方位隐喻、人际隐喻等几类。

1. 结构隐喻

结构隐喻是指用一种概念来构造另一种概念，用已知的、有形的概念谈论陌生的、抽象的概念。结构隐喻在新闻语篇中包含建筑隐喻、战争隐喻、历程隐喻、诊疗隐喻等类型。

（1）建筑隐喻

建筑隐喻在理解国家的发展中起着重要作用，在新闻语篇中出现的频率非常高。一个国家就好比一栋建筑、一项工程，国家的发展过程好比构建建筑的过程，全体中国人好比实现社会主义现代化这一伟大工程的建设者。这项复杂的"建筑工程"，涵盖社会生活的方方面面，包含各个领域的建设。通过"建筑"这个概念域我们可以将很多抽象概念具象化。

> 全面加强政协党组织的政治建设、思想建设、组织建设、作风建设、纪律建设，把制度建设贯穿其中，不断推进政协工作高质量发展。（《新疆日报》，2018-04-28）

上面这则新闻中提到了"党组织建设"中的"政治建设""思想建设""组织建设""作风建设""纪律建设""制度建设"。其中"党组织""政治""思想""组织""作风""纪律""制度"都是抽象名词，将这些抽象名词用"建设"这一名物化的词具体化、可视化、可接受化，读者就会将抽象的政治名词理解为"某一项工程的建设"，只不过这一工程并非普通"工程"，而是"党组织的建设"这一工程。

这则新闻中，"建设"原为动词，在语篇中名词化了。沈继荣（2010）认为名物化的词以较少的语言成分表达出更多的信息内容，这符合新闻语篇的表达需要。这是因为动态过程名物化，利用名词短语可以包含若干个修饰成分的语法特点，可增加名词短语的信息量，从而达到浓缩信息的目的（朱永生，2014）。

> 新时代党的建设要以加强党的长期执政能力建设、先进性和纯洁性建设为主线……（《新疆日报》，2018-07-03）

这则新闻中，抽象的名词"执政能力""先进性"和"纯洁性"被具体化隐喻为建筑工程，同时，"建设"也名词化了。这样，句子结构更加简洁，信息密度也更高了。

> 从站起来、富起来到强起来，中华民族的伟大复兴不但需要建造物质的大厦，更需要建造精神的大厦……（《新疆日报》，2018-07-02）

这则新闻较前面两则新闻的建筑隐喻特征更强。它是通过"建造……大厦"这样的固定组配来隐喻社会的物质文化建设和精神文明建设。因此，我们在对新闻语篇的信息进行编码时，要对其各元素，特别是概念隐喻的形式和意义进行组配，形成主、述位相统一的信息结构。

> 为组织实施好自治区天山工匠计划，加快我区高技能人才队伍建设……（《新疆日报》，2018-08-02）
> 全面推进经济建设、政治建设、文化建设、社会建设、生态文明建设，各项事业稳步推进……（《新疆日报》，2018-01-28）
> 我们要以庆祝改革开放 40 周年为契机，逢山开路，遇水架桥，将改革进行到底。（《新疆日报》，2018-07-02）

以上三则新闻语篇中同样使用了建筑隐喻，增强了语篇的连贯性和可接受度。

隐喻结构是部分性的，因为不是源域概念的所有方面都被用来说明和理解靶域概念。源域概念中有"被使用"的方面，也有"没被使用"的方面。源域中的基础（foundation）和外壳（shell）被用来理解理论，其他方面则没有被投射到靶域理论中，这是部分隐喻。新闻语篇中会出现这样的部分投射，例如：

> 全面聚集人才，着力夯实创新发展人才基础。（《新疆日报》，2018-05-29）

上面这则新闻中，"夯实"没有投射到"人才队伍建设"工程的整体上，而是投射到"人才基础"上，实际上这还与动词"夯实"所对应的名词论元有紧密联系。

（2）战争隐喻

战争隐喻是结构隐喻的一种表现形式。始源域为"战争"的隐喻常包括以下词语："战争""战斗""保护""威胁""战略""部署""任务""安全"等等。新闻语篇选用"战争"进行隐喻，是因为它强调个人的牺牲以及为了实现社会目标所要做出的斗争，有动员、号召人民为既定的目标共同努力奋斗之义，一方面可凸显新闻事件的重要性或实现目标的艰巨性，另一方面表现了讲话者在面对挑战和困难时的决心和信念，具有很强的号召力、感染力。

> 我们意识形态战线的同志们要坚决在反分裂斗争中站排头、当尖兵，必须打赢这场没有硝烟的硬仗。（《新疆日报》，2017-05-30）
>
> 新疆打赢脱贫攻坚战，南疆是关键。（《新疆日报》，2017-06-13）
>
> 建设现代化经济体系是跨越关口的迫切要求和我国发展的战略目标。（《新疆日报》，2018-12-30）
>
> 既要打好防范和抵御风险的有准备之战，也要打好化险为夷、转危为机的战略主动战……（《新疆日报》，2018-01-08）
>
> 把反腐败斗争进行到底，不获全胜决不收兵。巩固反腐败斗争压倒性态势、夺取反腐败斗争压倒性胜利，必须坚持和加强党的全面领导。（《新疆日报》，2018-02-03）

从以上几则新闻中可以看出，战争隐喻的使用不仅让新闻内容更加吸引眼球，并且能够让读者更强烈地感受到说话人的情感和态度。

（3）历程隐喻

历程隐喻是指类似"人生即是旅程"这样的隐喻。具体在新闻语篇中，历程隐喻通常指从某一起点开始到最终目的地所经历的过程。

> 我们要高举中国外交这面旗帜，引领人类前进方向，为中国和世界开辟一条共同发展的康庄大道。（《新疆日报》，2018-06-24）
>
> 坚持以相互尊重、合作共赢为基础走和平发展道路……我们要坚持走和平发展道路，其他国家也要一起走和平发展道路。（《新疆日报》，2018-08-02）

以上两则新闻中提出的"引领人类前进方向""走和平发展道路"都是在阐述我们在选择与其他国家外交道路上的政策，政策是抽象的，将可视、可实现的目标和方向投射给"政策"，可以使读者形象、直观地领会走什么样的路就是实行什么样的政策。通过经验感知，能具象理解抽象含义，新闻语篇应多采用这种隐喻的认知策略。

要在强化新思想武装上<u>走在前列</u>，……要在聚焦落实总目标上<u>走在前列</u>，……要在全面从严抓团建上走在前列……紧跟党<u>走在时代前列</u>、<u>走在青年前列</u>。(《新疆日报》，2018-08-02)

这则新闻反复使用"走在前列"，突出将"落实工作"这一抽象概念隐喻为具体的"走在前列"，强调要在各方面争做优秀、争做第一。

推动新思想不断<u>往深里走</u>、<u>往实里走</u>、<u>往心里走</u>……(《新疆日报》，2018-08-02)

这则新闻通过动态的路程，隐喻将新思想不断深入，使用历程隐喻使语义更加形象、清楚。

改革的<u>征程</u>，只有连续不断的<u>起点</u>。在一项项着眼长远的部署中，改革的<u>路径</u>更加清晰。(《新疆日报》，2018-08-06)

改革开放已<u>走过千山万水</u>，但仍需<u>跋山涉水</u>，摆在全党全国各族人民面前的使命更光荣……(《新疆日报》，2018-12-30)

上述两则新闻都隐喻了在改革开放的征途上没有终点，只有一个个新的起点，我们仍然要努力，沿着改革的路径继续走下去。

……始终坚持把以经济建设为中心同四项基本原则、改革开放这两个基本点统一于中国特色社会主义伟大实践，<u>既不走封闭僵化的老路</u>，<u>也不走改旗易帜的邪路</u>。(《新疆日报》，2018-12-30)

这则新闻是将社会主义伟大实践隐喻为历程，在走"伟大实践"的路程中，要注意不要走老路、邪路，隐喻不要犯过去的错误，也不能改变道路，通过历程隐喻，语义更加连贯清晰。

从形成更加成熟更加定型的制度看，我国社会主义实践的<u>前半程</u><u>已经走过了</u>，前半程我们的主要历史任务是建立社会主义基本制度，并在这个基础上进行改革。<u>后半程</u>，我们的主要历史任务是完善和发展中国特色社会主义制度，为党和国家事业发展、为人民幸福安康、为社会和谐稳定……(《新疆日报》，2018-12-30)

发展的历程可以分阶段。社会主义实践的历程要回顾，才能更好地完善。这则新闻使用历程隐喻，使语篇内容更加形象、具体，正如人在路程中要停下来对行程回顾、总结，有了这样对自身的直观体验，才能更好地理解国家发展的历程。这就是认知概念隐喻的作用。

（4）诊疗隐喻

诊疗隐喻，顾名思义就是将抽象的机体比作人的身体，人体在患病时需要医治，机体出现问题就如同人体生病一样，需要找到问题的根源，找到病源所在，并及时救治，机体才能恢复原来的状态。这一隐喻的核心是将抽象的机体看作人体。

把准改革发展之脉。（《新疆日报》，2018-08-06）

中国共产党的伟大不在于不犯错误，而在于从不讳疾忌医，敢于直面问题，勇于自我革命，具有极强的自我修复能力……（《新疆日报》，2018-12-30）

看到作风的顽瘴痼疾还没有得到根治，一些深层次问题才刚刚破题……坚持纪严于法、纪在法前，惩前毖后、治病救人……（《新疆日报》，2018-02-03）

以上三则新闻都是找到机体的问题——"病根"，并根治这些问题，最终才能治病救人或自我修复。

这无疑给我们吃了一颗"定心丸"，为我们企业长期健康有序发展提供了法律保障。（《新疆日报》，2018-01-08）

把党的政治优势、组织优势转化为发展优势，推动经济持续健康发展。（《新疆日报》，2018-01-04）

这两则新闻中用"健康"来隐喻机体良好的运行状态，收到了直观、通俗易懂的语用表达效果。

2. 本体隐喻

人类最初的生存方式是物质的，人类对物体的经验为我们将抽象的概念理解为实体提供了物质基础，由此派生出另一种隐喻——本体隐喻。在这类概念隐喻中，人们将抽象、模糊的思想、感情、心理活动、事件、状态等无形的概念看作具体的、有形的实体，对它们进行范畴化、指称、量化等处理。

要啃掉新疆脱贫攻坚最难啃的"硬骨头"……（《新疆日报》，2017-06-13）

改变以往撒胡椒面的扶贫模式，把资金、技术精准地投放到贫困户头上……（《新疆日报》，2017-06-13）

阳光是最好的防腐剂。（《新疆日报》，2018-12-30）

以上三则新闻中出现了"啃硬骨头""撒胡椒面""防腐剂"三个隐喻标记，"啃硬骨头"隐喻"困难和阻碍"，"撒胡椒面"隐喻"粗放式"模式，"防腐剂"隐喻"根治腐败的方法"。这三个隐喻标记形象、直观，用读者易于接受的方式使读者既明白了语义，又能更真切地体悟到其中的含义，这就是隐喻的最大特征。

在国际规则制定中发出更多中国声音、注入更多中国元素……（《新疆日报》，2018-12-30）

古丝绸之路打开了各国友好交往的新窗口……（《新疆日报》，2017-05-23）

这两则新闻同样用具体的行为动作来说明抽象语义。第一则新闻中用"发出更多中国声音"隐喻"中国应在国际规则制定中争取主动，更加积极"；第二则新闻用"打开……新窗口"隐喻古丝绸之路对文化交流的重要作用，将作者的心理期待有效传递给读者。

天山雪松根连根，新疆人民心连心。（《新疆日报》，2018-03-30）

像爱护自己的眼睛一样爱护民族团结，像珍视自己的生命一样珍视民族团结……（《新疆日报》，2018-03-30）

民族团结是各族人民的生命线……各民族要相互了解……相互包容、相互欣赏、相互学习、相互帮助，像石榴籽那样紧紧抱在一起……（《新疆日报》，2018-01-11）

上面这三则新闻，同样是用可直观感知的有形物体隐喻抽象的概念，收到了良好的表达效果。

> 无论前途是晴是雨，携手合作、互利共赢是唯一正确选择。(《新疆日报》，2018-12-01)

这则新闻用"晴"和"雨"隐喻国际形势未来的不确定性。天气状况是与人们的生活密切相关的，而国际形势在人们日常生活中是很少接触到的，通过这样的天气隐喻，生动形象地表现出了国际形势的状况，将上下文有机地衔接起来。

> 现代化机场"雁阵齐飞"亚欧交通地图上可以清晰地看到，密集的航线以乌鲁木齐为中心，向东和向西两个方向延展开来，就像一对蝴蝶的翅膀——向东连接的是我国中东部地区，向西连接的是中亚乃至欧洲。(《新疆日报》，2018-08-14)

新闻中"雁阵齐飞"和"蝴蝶的翅膀"隐喻乌鲁木齐机场航线。用大雁群体飞行的阵形和蝴蝶的翅膀与机场航线相联系，更直观地说明联系航线的密集度和发展的动态、方向，使读者在形象的语言中理解语义。

3. 容器隐喻

莱考夫和约翰逊（Lakoff，Johnson，1980）将容器隐喻作为本体隐喻的一种特殊类型，认为抽象的容器隐喻与人们日常生活接触到的各种"容器"认知息息相关。通过观察大量的语言事实后，他们发现人类的思维过程主要是隐喻性的。隐喻模式的构建机制是：Ideas or meanings are objects（思想或意义是物体），Linguistic expressions are containers（语言表达式是容器），Communication is sending（交际是传递的过程）。具体来说，说话者将意义（物体）放入词汇表达式（容器）中，沿着某种管道传递给受话者，受话者再将思想（物体）从词汇（容器）中提取出来进行信息解码和处理。在与客观世界互动的过程中，人们通过诸多相似的物理空间体验产生抽象的认知体验，将具象的、可视的容器图式抽象为心理空间容器。在从始源域到目标域的跨域映射中，容器隐喻以各种各样的容器图式向种类繁多的抽象概念进行跨域映射，具体体现为"内—外""上—下"等抽象关系。

交通基础设施建设迎来最好时期，交通建设步入快车道。(《新疆日报》，2018-09-09)

全球 100 多个国家和国际组织积极支持和参与"一带一路"建设，联合国大会、联合国安理会等重要决议也纳入"一带一路"建设内容。(《新疆日报》，2017-05-23)

国防和军队改革是全面深化改革的重要组成部分，也是全面深化改革的重要标志，必须纳入全面深化改革的总盘子。(《新疆日报》，2018-12-30)

以上三则新闻中使用"步入""纳入"这样的放置类动词，其后还有放置类的容器，分别是"快车道""总盘子"，形象地说明了事件的进展状态。

新疆历来就是各民族共同居住生活、共同发展建设的地方，新疆各民族是中华民族血脉相连的家庭成员。新疆是中华民族共同家园的组成部分。(《新疆日报》，2018-08-28)

这则新闻深刻说明中华大地是我国各民族人民的共同家园（容器），各民族兄弟姐妹血脉相连，每个人都是中华民族共同体的一员，要像石榴籽一样紧紧抱在一起，在共同的家园内同呼吸、共命运，共建美好家园。

4. 方位隐喻

方位隐喻又叫空间隐喻，是以空间为始源域，通过将空间结构投射到非空间概念上，赋予该非空间概念一个空间方位。方位隐喻是指参照空间方位而构建的一系列概念隐喻。空间、方位来源于人类与大自然的相互作用，是人类赖以生存的最基本的概念。方位词有上、下、前、后、深、浅、里、外等。人类将这些具体的概念投射于情绪、身体状况、数量及社会地位等抽象的概念上，从而形成了一些用方位词表达抽象概念的语言表达。

连续 5 年保持在 1300 万人以上；年末全国城镇调查失业率和 31 个大城市城镇调查失业率都在 5%以下……(《新疆日报》，2018-03-01)

2017 年 PM10、PM2.5 浓度年均值和 2015 年相比分别下降了 6.2%、10.1%；和 2016 年相比分别下降了 15.7%、22.8%……(《新疆日报》，2018-01-23)

汉语中可以用"上—下"这一组空间概念来描述数量概念，数量多隐喻为"上"，数量少隐喻为"下"。上面两则新闻就是用"以上""以下""下降"等隐喻事物的量的变化。人们用表示空间量度变化的词语来感知、衡量具体数量的多少、高低变化，这种相类比、系连的思维就是借助人对自我的认知和对客观世界的认识和探求。

> 她真切地感受到了新疆距离首都北京虽远，但全区各级党组织、广大党员干部和各族群众的心始终与以习近平同志为核心的党中央紧紧地贴在一起、紧紧地连在一起。(《新疆日报》，2018-03-03)

方位隐喻是人类认识世界的一种重要的认知方式，它来源于直接的身体经验，人们用感受到的上下、里外、前后、远近等表示空间的具体方位来理解表示数量、状态、范围、社会关系等抽象概念，从而完成对事物隐喻化的认知。这则新闻恰当地将物理上的距离和内心情感的距离对比，物理距离上的远并不能阻隔心理情感上的无限靠近。"紧紧贴在一起的心"超越了空间的限制，新疆各族人民的"心"和党中央的"心"跨越千里，紧紧相连。

> 农牧民人均收入稳步增长，各族群众的获得感、幸福感更加切实，形成了强大的凝聚力和向心力。(《新疆日报》，2018-03-03)

这则新闻中"凝聚力"和"向心力"就是对方位词"里"的隐喻使用。"里"由表方位的语义拓展延伸到范围域，在范围域内集中的是向心力，在范围域外构成的是离心力。因此，新闻语篇中的"凝聚力"和"向心力"就隐喻农牧民的获得感、幸福感增强，从而更紧密地团结在党中央周围。

5. 人际隐喻

新闻语篇传递的是发话者的主观意识形态，这首先体现为语气系统的多样性：除陈述语气外，新闻语篇在标题和正文中使用了相当多的疑问、感叹和命令语气，以表达作者的立场、观点和态度。人际隐喻包含情态隐喻和语气隐喻。情态是说话者对事物的判断，或对命题的主观态度或意愿。情态可从主观和客观两个角度表达，韩礼德（2011）称其为主观取向和客观取向。明确的主观取向和客观取向都是隐喻的，由小句表达。主观显性的情态隐喻介绍某一人物的观点和看法，多出现在直接引语中；客观显性的情态隐喻往往出现在作者对问题的评价中，隐含了作者的主观倾向。

（1）情态隐喻

情态隐喻是说话人态度和观点的语法小句化体现。新闻语篇为了表达主观性意见，常常会使用很多显性主观情态隐喻。发话者做出这样的调整是为了表达自己的主观判断和评价，有时也是为了建立和谐的人际关系。

> 于田县脱贫攻坚战役如何打，全面小康的蓝图怎么绘？定点帮扶于田县的央企和区属国企又将在这场战役中彰显怎样的担当和作为？记者深入于田县进行探访。（《新疆日报》，2018-05-01）

> 我们为什么会在国歌声中眼含热泪、在人民英雄纪念碑前心潮澎湃？我们为什么会为神舟飞天充满自信、为高铁奔驰无比自豪？我们为什么会在海外撤侨现场、抗震救灾一线喊出"共产党万岁"？因为，革命者、奋斗者的精神力量已经融入血脉，化为我们共同的精神家园。（《新疆日报》，2018-07-02）

> 什么使我们永远保持革命的斗志，在胜利和顺境时不骄傲不急躁，在困难和逆境时不消沉不动摇？问问奋战在脱贫攻坚一线的基层干部，问问党旗前庄严宣誓的新党员，真正的马克思主义者将给予响亮回答：革命理想高于天……今天，我们靠什么来战胜风险挑战，继续创造新的人间奇迹？答案仍是革命精神。（《新疆日报》，2018-07-02）

以上三则新闻使用的设问方式，借助小句、疑问副词等方式实现情态隐喻，表达了发话者的主观态度和评价，使得主观观点转为既定事实，加强了语篇的语用预设功能，使语篇的真实性增强，文章更加可信。

（2）情感隐喻

> 激发各类主体创新激情和活力……（《新疆日报》，2018-05-29）

> "房子是用来住的、不是用来炒的"，这一明确定位写入党的十九大报告，引发社会强烈共鸣。（《新疆日报》，2018-01-02）

> 未来的成色，要靠奋进者的激情与拼搏来打磨。立足新起点，迈

向新征程，期待各位委员不忘初心、牢记使命，始终保持<u>奋发有为</u>的精神状态……以高度的责任心、<u>强烈</u>的使命感，<u>积极</u>投身贯彻落实中共十九大决策部署的伟大实践，为实现中华民族伟大复兴的中国梦、实现人民对美好生活的向往<u>砥砺前行</u>、<u>不懈奋斗</u>。（《新疆日报》，2018-03-03）

"为有牺牲多壮志，<u>敢教日月换新天</u>。"对革命精神的呼唤，始终<u>激荡</u>在中国共产党人的百年奋斗征程中。（《新疆日报》，2018-07-02）

以上四则新闻从情感隐喻的角度看都是积极的情感隐喻，使用向上、进取的词语"激情""活力""强烈共鸣""砥砺前行""不懈奋斗""敢教日月换新天"等词语、短语表现了共产党人舍我其谁的革命精神。

在疏勒县阿拉力乡马木克村村委会大院里，<u>焦急</u>等待的村民们丝毫没有感到天气的寒冷。又能见到<u>日思夜想</u>的亲人了，村民们的心情如<u>冬日里的暖阳</u>，一片<u>灿烂</u>。（《新疆日报》，2018-01-11）

这则新闻通过"焦急""日思夜想"两个带有情感强度的词隐喻村民们对亲人的盼望。用"冬日里的暖阳""灿烂"隐喻即将见到亲人的喜悦。

第五节　小结

本章结合新闻语篇，具体探讨了新闻语篇正文的衔接模式。第一节为绪论，概括了衔接理论的相关内容，提出从语法衔接、语义衔接和概念隐喻衔接三个方面探讨《新疆日报》语篇正文的衔接模式。第二节举例分析了《新疆日报》语篇正文的语法衔接模式，主要包括照应、替代、省略、同构关系。其中照应衔接包括：人称照应、指示照应、比较照应、时间照应；替代包括名词性替代、小句替代；省略包括主谓结构省略、动词谓语省略、小句省略、缩略结构；同构关系包括重复、交替和添加。第三节阐述了《新疆日报》语篇正文的语义衔接模式，分为词汇语义衔接和逻辑语义衔接。词汇语义衔接包括词语复现、词语关联、词语搭配。逻辑语义衔接包括：语义并列衔接、语义转折衔接和语义因果衔接。第四节论述了《新疆日报》新闻语篇的概念隐喻衔接模式，具体从结构隐喻、本体隐喻、容器隐喻、方位隐喻和人际隐喻五个方面举例分析。

第七章
标题及语篇正文中的语用手段

第一节　标题及语篇正文中语用手段的使用

报纸新闻标题具有语义-语用双重功能，语义功能存在于语用功能之中，并通过语用功能得以实现。本节从《新疆日报》语用表达手段入手，分析新闻标题和语篇正文的语言特色。

一、新闻标题隐喻手段的运用

隐喻是一种认知手段和思维方式，认知和思维的结果会投射到语言结构上来。隐喻的本质就是通过一个事物来理解和体验另一个事物，从较熟悉、具体的、易于理解的始源域（source domain），映射到不太熟悉的、抽象的、较难理解的目标域（target domain），将一个结构投射到另一个结构上。通过跨域映射，人们用自己熟悉的认知域来认识不熟悉的认知域，以达到对客观世界的认识。

1. 谐音隐喻

谐音隐喻就是利用汉语字词的同音或近音手段来进行跨域喻指的隐喻现象。标题举例如下：

> 新疆大发"羊"财正是时候
> "农"墨重彩助春耕
> 只能同舟共济　不能同舟共挤
> 木垒河"羊贵妃"价格挫低引担忧
> 乌市商行为伊犁"贷"来新绿
> 成"公"之路
> 浴"雪"保畅通　大道有大爱
> "疆"南水乡风景好　秀美焉耆展新姿
> 谁不说咱疆南好
> 天涯共此"食"

谐音式新闻标题是对人们熟知的成语、常用语和专用语的活用，其特点是趣味性强、有新鲜度，能够增强新闻的可读性和吸引力。以上标题例句《"疆"南水乡风景好 秀美焉耆展新姿》中"疆"与"江"是谐音。"疆南"在新闻中特指"新疆的南部"，而在读者惯常的认知中所对应的是我国长江以南，由此"江南"到彼"疆南"，隐喻地处西北边陲的戈壁南疆——焉耆，也像江南一样秀美。谐音隐喻可以将读者从已知的认知域引向未知的认知域，扩大对未知域的理解范围，标题包含的信息量大大增加。

2. 指代隐喻

指代隐喻就是利用与某一事物有关联的事物来代替另一事物进行跨域喻指的隐喻现象。指代隐喻可以使语言简洁、生动、形象化，更容易唤起读者的联想。标题举例如下：

> "小龙人"一站式解决生活难题
>
> "红魔"迎战"红军"失意
>
> 新疆飞虎主宰"五棵松"
>
> 温宿有个现代"愚公"
>
> 莎车打造"甜蜜产业链"
>
> 保护我们的"饭碗"
>
> 伊吾将实行 14 年免费教育
>
> 铁路助新疆"红色产业"走红国内外
>
> 儿童片应走出"幼儿园"
>
> "铁公鸡"还要"铁"多久
>
> 常亮黄灯于心
>
> 守护百姓"舌尖上"的安全
>
> "光盘行动"需要制度保障

"红魔"是英格兰足球超级联赛球队曼彻斯特联队的绰号，"红军"是利物浦队的绰号，这是广大英超球迷熟知的。这两个绰号出现在新闻标题里，凸显了报纸的专业性，更具吸引力。

3. 仿拟隐喻

仿拟隐喻是仿照现成的语言形式，创造出一种新的语言形式，可以使表达更加生动活泼，以达到特殊的语用效果。标题举例如下：

> 兰新高铁乌哈段开行"满月"
>
> 专家"把脉"新疆财政经济发展
>
> 阜康：企业"认亲"贫困村
>
> 湖南新疆产业"联姻"
>
> 反垄断，给经济秩序补钙
>
> 哈密的"块头"
>
> 社会是"骨架"　人是"血肉"
>
> 变"输血"为"造血"
>
> 莫让电梯"带病"上岗
>
> 宗教极端思想是危害社会的"毒瘤"
>
> 实现由"洼地"向"高地"的跳跃
>
> 和田有望从"口袋底"变身"桥头堡"
>
> 别让大学生成为"体育病夫"
>
> 美图诚可贵　影德价更高
>
> 事在囧途
>
> 工作并快乐着
>
> 将惠民戏进行到底

标题《兰新高铁乌哈段开行"满月"》中"满月"原指新生儿出生一个月，表达了新生命带给人们的欣喜与快乐，用这个词隐喻新生的兰新高铁，表达了兰新高铁这一新生事物给新疆人民带来的欣喜与快乐，同时表达了新疆人民对兰新高铁的珍视之情。

再如标题《专家"把脉"新疆财政经济发展》中，"把脉"一词是中医学术语，指医生为病人通过号脉诊断疾病。用在新闻标题中隐喻对某事物进行调查研究，并做出分析判断。用人们耳熟能详的词语确定新闻标题使新闻语言更具活力，更有亲切感。

4. 反衬隐喻

反衬隐喻就是利用与主要形象相反、相异的形象从反面衬托隐喻对象，它利用事物的对立形象来启发读者的联想，使隐喻的对象更加突出。

标题举例如下：

> "上"与"下"
>
> 网上有"心声"　网下有"回声"
>
> "大"与"小"
>
> "大援疆"下的"小对口"
>
> 小改变体现大关怀
>
> 小公厕，大文明
>
> "小人物"眼中的"大会议"
>
> 小图画　大民生
>
> "微"观两会
>
> "疙瘩井"到"金疙瘩"

　　《小改变体现大关怀》这则标题通过"大"与"小"的对比，反衬出"一点点改变"蕴含了"深厚的关怀"。反衬隐喻的使用，可以激发想象，突出隐喻主体，使新闻标题更有聚焦性。

二、新闻标题长短句的运用

　　汉语里的长句是指结构较复杂、修饰语较多的句子；短句是指结构比较简单、没有修饰语或修饰语较少的句子。

　　长句中的修饰、限制成分较多，其特点一是修饰语多，二是并列成分多，三是某一成分的结构比较复杂。长句内涵丰富，能更具体、细致地表达思想，作为新闻标题出现时，多用于论说、表现较严肃的话题。如：

> 深刻认识新疆分裂和反分裂斗争长期性、复杂性、尖锐性　坚决把暴力恐怖分子的嚣张气焰打下去

　　这是一个长句，其中的"长期性""复杂性""尖锐性"是三个并列成分，具体地说明了新疆分裂和反分裂斗争的特点。再比如：

> 紧紧依靠各族干部群众　共同团结奋斗　建设团结和谐繁荣富裕文明进步安居乐业的社会主义新疆

此句的主干是"建设新疆"，前句中的"紧紧依靠各族干部群众　共同团结奋斗"是"建设"的状语，后句中的"团结和谐繁荣富裕文明进步安居乐业"是"新疆"的定语，状语和定语都由并列成分组成，起到了使标题表意严密、具体细致的作用。类似的长句标题还有：

紧紧围绕强军目标　全面加强部队建设　为确保新疆社会稳定和长治久安提供坚强力量支撑

青年要自觉践行社会主义核心价值观　与祖国和人民同行努力创造精彩人生

进一步加强地州领导班子建设　推进治理体系和治理能力现代化

巩固和拓展教育实践活动成果　以良好作风凝聚起推进社会稳定和长治久安的强大力量

贯彻落实中央自治区党委决策部署　做讲政治顾大局守规矩的好干部

以上长句标题都有较复杂的结构，内容丰富严谨，话题严肃，政论性强，一般用于发布包含政策指导性内容的新闻。

相比长句，短句结构简洁、句意凝练，多用于简明扼要的描写与叙事，作为新闻标题出现时，多表现对事实的概括陈述和描写，运用比较灵活。如：

年味

论勤劳

论感恩

家住沙湾

行胜于言

天山雄鹰

这几个标题只有几个字，简单明了，没有过多的修饰语，一看就明白它们陈述的对象是什么。再比如：

热爱篮球的理由

在沙漠植树护绿

别让关心成为负担

人才优先　投入为重

节约集约用地　实现永续发展

夯实公共卫生基础　提升医疗服务能力

动真情　用真功　收实效

以上的短句标题结构简单，主题鲜明，能简明扼要地叙述事实，使读者一目了然。有的短句标题如《人才优先　投入为重》《动真情　用真功　收实效》等富有节奏感，读起来朗朗上口。

新闻标题有目的地选择使用长句或短句，可以有效地提高表达效果。由于新闻标题的特定要求，短句在标题中运用更多。根据 2000—2018 年《新疆日报》新闻标题字数统计，在 43694 条标题中，字数超过 20 字的较长标题只占总标题量的 0.8%，20 字以下的标题占总标题量的 99.2%，其中 11～20 字的标题占总标题量的 55.7%，10 字及以下的标题占总标题量的 43.5%，而且这些标题绝大多数是结构简单、缺少修饰语的短句标题。

三、新闻标题中的复句的运用

复句是由两个或两个以上意义紧密联系、结构相互独立的单句构成的句子。单句间用关联词连接。复句各分句之间存在不同的逻辑关系。《新疆日报》的新闻标题为丰富表达形式，传达更多内容，也会选择复句做标题，但有时为了凝练语言，关联词会部分出现甚至不出现，通过分句之间的逻辑联系来表现语义关系。还有些复句取消了分句之间的语音停顿，省略了关联词语，成为紧缩形式。

1. 前后分句都带关联词的复句

这类复句前后分句之间靠关联词语联系，由于关联词语的作用，复句结构显得更严密，分句间的逻辑关系较明确。如：

　　　既要经济发展　也要碧水蓝天

　　　一边是电能过剩　　一边是淡季电荒

　　　要整改　也要问责

　　　教育不是灌输而是点燃火焰

　　　不是世界末日，也不是谣言末日

　　　既有严峻挑战　更有难得机遇

　　　是鼓舞　是激励　更是责任

　　　只有立足土地，才能出好作品

　　　只有民族团结　经济社会事业才会发展

　　　只要搞好民族团结，就没有办不到的事

　　　只要活着一天　就陪亚森江一天

　　　与其仰望　不如同行

　　　是长久战还是速决战

　　　资源再多也经不起挥霍

　　上述的例句前后都有关联词，逻辑关系比较明确。如表示并列关系的
"既……也……""一边……一边……""不是……而是……""不是……也
不是……"等，表示递进关系的"既……更……""是……更是……"等，
表示条件关系的"只有……才……""只要……就……"等，表示选择关系
的"与其……不如……""是……还是……"等，表示假设关系的"再……
也……"等。复句的逻辑关系也使其语义更加丰富，如表示并列关系的复
句"既要经济发展　也要碧水蓝天"，说明"经济发展"和"碧水蓝天"我
们都需要，同时也说明了两者地位平等，同样重要。表示条件关系的复句
《只要搞好民族团结，就没有办不到的事》说明搞好民族团结能办好所有的
事，更强调了民族团结的重要性，突出了民族团结是做好所有事情的基础；
《只要活着一天　就陪亚森江一天》强调了陪伴亚森江的坚定决心。因此，
复句的使用，一方面可以表达更多的内容，同时因为分句间存在逻辑关系，
可使复句语义产生更丰富的内涵。

　　2. 出现部分关联词的复句

　　这类标题中复句的结构形式是取消前一分句的关联词，只保留后一分

句的关联词，根据前后句的逻辑关系推导语义。如：

> 走基层 接地气 才能有灵气
>
> 敢于担当 才能实现跨越式发展
>
> 换位思考才能做好服务
>
> 讲实话，才是真履职
>
> 我们来得晚但赶得巧
>
> 被动地等待不如主动地去做
>
> 源自心 所以美
>
> 选对了路，就不怕路远
>
> 立了军令状 就要看结果
>
> 违反效能建设 都要一查到底
>
> 谁家有困难，就打我的"热线"
>
> 办大事更要抓小事
>
> 正"本"才能落实好"以人为本"

上述例句都是只有后一个分句带关联词的复句，虽然只有一个关联词，但通过语义关系，复句的逻辑关系并未改变。如"走基层 接地气 才能有灵气"可复原为"只有走基层 接地气 才能有灵气"，"被动地等待不如主动地去做"可以复原为"与其被动地等待，不如主动地去做"，"源自心 所以美"可以复原为"因为源自心 所以美"等。这些复句标题中虽然只有一个关联词，但并不影响其语义表达和读者的认知，反而使标题结构紧凑、言简意赅。

3. 不带关联词的复句

这类标题中前后句都不带关联词，但可以根据前后句的逻辑关系推导语义。如：

> 不信谣 不传谣
>
> 感慨 感谢 感恩
>
> 坚持着 快乐着
>
> 新气象 新变化 新开端

细节提升品质　责任铸就品牌

守法经营的多了　侵权的事少了

少了埂子　多了和谐

不有佳作　何申雅怀

不采取节水措施　工程一律不许开工

发展乡镇企业　促进农民增收

转变观念　就业天高地广

政府服务好　企业满意度高

农产品价格涨　黄土地变金贵

招商引资形势好　项目建设须跟上

预算执行总体较好　问题不容忽视

放开户籍限制　便利人口流动

转变思维方式　推动思想解放

上述例句中前后分句都没有出现关联词，可根据分句间的逻辑关系来推导标题语义。这类标题有一个特点，就是取消分句间起语气分隔作用的标点符号，以空格代替，前后句连在一起形成紧缩复句，结构更加紧凑。根据前后分句间逻辑语义关系，可以推导出复句结构类型，如"不信谣　不传谣""新气象　新变化　新开端"等是并列复句；"不有佳作　何申雅怀""不采取节水措施　工程一律不许开工"等是假设复句；"政府服务好　企业满意度高""农产品价格涨　黄土地变金贵"等是因果复句；"招商引资形势好　项目建设须跟上""预算执行总体较好　问题不容忽视"等是转折复句。这些复句，没有外显的关联标记连接，但前后句的联系依然紧密，逻辑关系清晰，语义凝练，富于韵律美。

四、新闻标题中的省略

省略是为了表达简洁，省去句子中的一个或多个成分。省略可以使句子简练紧凑，虽缺少某些成分，但仍能表达完整的意义，因此可以看作一种语用手段。新闻标题作为新闻内容的提示和概括，为了凝练语言、突出主题，常常使用省略用法。

1. 介词"在"省略

> 原创大型现代音乐剧《香妃》喀什首演
>
> 二千年汉代古建筑于田现身
>
> 15 万锭棉纺项目落户新和

这三个标题中,在地名"喀什""于田""新和"前都省略了介词"在",但这并不影响我们对这三个标题的理解。"在"的省略,使其后的"喀什""于田""新和"这三个地名在标题中的地位更加突出,起到了强化的作用。

2. 介词"于"省略

> 阿克苏地区农牧民受益有机农产品
>
> 温宿 5000 农户受益清洁能源
>
> 新源 3 万农牧民受益"诚信"

这三个标题中,"受益"后都省略了介词"于",但这并没有改变动词"受益"与其后名词之间的语义关系,而是增加了一种强调的语法意义,因此这种省略可以看作一种语用需要,可以形成新的韵律感,从而达到吸引读者的目的。

3. "的"字省略

> 讲述心灵故事
>
> 营造良好社会氛围
>
> 做好学生思想转化工作
>
> 做好企业思想政治工作
>
> 打造反腐倡廉坚实堡垒

隐去"的"字标记并不意味着语义关系的改变,只是在中心语的语用凸显方面有所淡化。从新闻标题的特征来看,为使标题更加凝练,语篇主题更加突出,应尽量少地使用虚词等标记性语词。

4. 主语省略

> 提升民族文化"软实力"

关注守边农牧民生活状况

打造丝路国际新地

建立常用药材种植基地

以上标题省略了主语，以动词为核心，表明这些标题强调的不是单位或个人，而是强调某种行为实施、推进的轨迹，强调的是言语行为。

5. 分句省略

如果汽车能住上"楼房"

沙雅不仅有石油

减排不是赔本买卖

如果没有阿拜

如果漂亮房子周围没有绿

以关联词"如果"引导的句子，后面一般应有"那么""就"等引导的分句与之对应，但只出现了假设，没有出现结果，就会突出假设的迫切性，给读者带来巨大的联想空间，起到新闻想要达到的目的。

五、新闻标题中新疆方言词汇的运用

新疆方言体现了新疆特有的地方文化，对于新疆人来说，听到这种方言会感到熟悉而亲切。因此，在《新疆日报》新闻标题里新疆方言也时有体现，让读者感到熟悉而贴切，产生一种归属感，语言也幽默诙谐，从而增强了报纸的亲和力。如：

见义勇为的儿子娃娃

莎车县巴旦姆产业咋崛起的

打车咋就这么难

闻"涨工资"南疆干部齐赞"歹得很"

爱"倒腾"的马国新

听新疆音乐攒劲得很

残疾人坐着轮椅乘出租，尕尕的事情

收入翻一番"麻达没有"

在新疆，"儿子娃娃"是表示耿直义气、豪爽热情、有胆有识、敢掏心窝子、敢于担当、敢于奉献、大气忠诚这一系列意思的称谓名词，几乎囊括了新疆人的所有优秀品质和精神风貌。"咋"是"怎么"的意思，新疆人常说"咋"而不说"怎么"，一个"咋"就把新疆人的干练体现出来了。"歹得很"就是"好得很"，这是新疆非常接地气的一个词，表示非常满意。"倒腾"说的是"折腾"，说明一个人不安分，喜欢尝试做不同的事。"攒劲"在新疆方言里用来夸赞人或事物，形容"非常好"。"尕尕的事情"指非常小的事情，"尕"是"小"的意思，新疆人说"尕尕的"，表现了新疆人乐观、幽默的精神。"麻达"指"麻烦""问题"，"麻达没有"就是"没有问题"，这里不仅用到了方言词，还借用维吾尔语的表述方式——动词放在宾语后面，这也是一个明显的地域特征。

除新闻标题外，新闻语篇正文中也使用新疆方言，使报纸的内容更本土化，也更人性化。例如：

> 以我的心愿，是希望大家给所有投篮成功者都鼓掌，客人投进去那么精彩的三分球，我们只是轻轻地赞叹一声太不够儿子娃娃了，把全场的"劳道"声送给所有的得分球员吧。(《这里是红山》)

> 我在街上看到了香槟色的出租车，有点民国时期老爷车的味道。攒劲得很呢，简直是高大上啊！(《昌吉市街巷出现英伦版出租车》)

> 窦世刚经常随身带个小本子，听见乡亲们喧荒蹦出个好词、好句就赶紧记下来。有时候在田里干活儿想出一句就连忙掏出笔来记，有时候忘了身边有人就开始自言自语，"弄得别人以为我是勺料子。"(《柳毛湾有个"新疆杂话"迷》)

> 在这所卫生院妇幼保健科担任科长的马金兰告诉我们，她所在的科室原来只有 5 名医务人员，整天忙得"跟头绊子"。(《住院不花一分钱》)

> 北京新开了一家新疆米粉店，就在西单商场后面，虽然不好找，但是是我无意中发现的，味道歹歹的。(《西单乡愁》)

"劳道"是"厉害"的意思；"攒劲"是"很好"的意思；"喧荒"是"聊天儿"的意思；"勺料子"也说"勺子"，是"智力障碍者"的意思；"跟头绊子"形容非常忙碌的样子；"歹歹的"就是"非常好"。这些方言词语的使用，反映了新疆人的语言特点。

六、新闻标题中的借词

新疆是多民族聚居区，各民族语言互相影响，相互借鉴。汉语中也出现了一些维吾尔语借词，这些借词在新疆广泛使用，成为全疆各族人民都能理解的词汇。这些词汇出现在新闻标题中，具有鲜明的新疆特色，突出了新疆本地文化元素。此外，受英语的影响，《新疆晚报》的新闻标题中也会出现一些英语借词。

> 金色撒边疆　满意"亚克西"
> 体育下乡"亚克西"
> 汉族好巴郎援手救大妈
> 新疆"好巴郎"的荆楚情
> 阿达西你好
> 巴扎上的草根宣传员
> 相声巴扎为残友送欢乐
> 木卡姆再迎春天
> "青苗麦西来甫"传递美好祝愿
> 我区机电产品进出口：机遇 PK 挑战
> 城填居民收入增长与 GDP 基本同步
> 乌市 BRT 项目获中国人居环境范例奖

"亚克西""巴郎""阿达西""巴扎""木卡姆""麦西来甫"都借自维吾尔语。这些维吾尔语借词对新疆人来说十分熟悉和亲切，用它们做新闻标题，具有浓郁的地域文化色彩。

"PK"是英语 player killing（对决）的缩写，近年来在网络、电视节目中经常出现。"GDP"是英语 gross domestic product（国内生产总值）的缩写，在各种媒体中随处可见，每年 GDP 的增长率也成了各个媒体关注的对象。"BRT"是英语 bus rapid transit（快速公交系统）的缩写。

除在标题中出现外，一些常用的维吾尔语借词也会在新闻语篇正文中出现。如：

> 刘尧一边砌砖，一边给乃买提尼亚孜解释：火墙砌到一定高度，他就会将内侧砖缝用水泥砂浆抹好，质量上尽管放心。"胡里麻唐的事情没有。"（《安居房工地上的义务质监员》）
>
> 我依依不舍地抚摸着她两个女儿的头与她们道别。虽然她汉语说得非常流利，但我还是用维吾尔语说了"霍西"。（《回首凝视的一瞬》）
>
> 馕、奶茶、抓饭、拌面和皮牙子成为我们一日三餐的主角，我们的饮食在不知不觉中民族化。（《把自己融入村子成为村民》）

"胡里麻唐"是"糊弄人"的意思，"霍西"是"再见"的意思，"皮牙子"就是"洋葱"，这些词已经成为新疆人日常语言的一部分了，它们出现在新闻标题或新闻内容中，拉近了与读者的距离。

七、新闻标题中歌名和歌词的使用

选取歌名和歌词做新闻标题是新闻作者的一种表达手段，用意在于吸引读者，产生共鸣，达到预想的语用表达效果。如：

> 掌声响起来……
> 乘着歌声的翅膀
> 花儿为什么这样红
> 美丽的草原我的家
> 友谊地久天长
> 敢问路在何方
> 掀起你的盖头来

可以看出，将这些脍炙人口的歌曲名称作为新闻标题，它们所传达的意境与所报道的新闻内容相互契合，读者可以利用对歌曲的感受来理解和接受语篇内容。不仅歌名做标题有这样的语用效果，歌曲中的某句歌词也同样会起到类似的作用。如：

> 请把我的歌带回你的家

春天就在那美丽的笑容里

港澳台：我们都有一个家

中国出了个毛泽东

停靠在 8 楼的 2 路汽车

八、新闻标题中诗词、成语与俗语的运用

诗词、成语和俗语往往蕴含着丰富的内容，可表达深远的意境。新闻标题运用这些语言表达方式，可以收到良好的表达和传信效果。如：

心急吃不了热豆腐

酒香不怕巷子深

精诚所至　金石为开

一片冰心在玉壶

谁言寸草心　报得三春晖

忽如一夜春风来

路漫漫其修远　吾将上下而求索

这些表达方式对于突出新闻主题、吸引人们的阅读兴趣具有画龙点睛的作用。

第二节　媒体中的网络高频结构"××族"

网络新媒体的兴起，对传统媒体造成了巨大的冲击与影响，不断分流着传统媒体的受众群。为了与新兴媒体争夺受众群，传统纸媒在标题的创制和内容的组织上也加入了一些网络上比较流行的网络语体与网络热词，体现传统媒体的灵活求变。《新疆日报》作为新疆的主流传统媒体，近年来也出现了这样的变化，一些网络流行结构如"××族""××体"等也出现在新闻标题和语篇中。

"××族"中的"族"，原指事物中有共同属性的一大类，如"水族"

"家族"，因为人们依据词语模（李宇明，1999）用"××族"的构式迅速构造了大量的新词语，"族"已成为一个构词能力强、使用范围广的类后缀。"族"原是名词，其意义逐渐虚化后，成为构词词缀，表示具有相同爱好或属性的人群。衍生出"奔奔族""毕婚族""帮帮族""CC族""蹭饭族""考碗族""校漂族""海蒂族""晒黑族""闪跳族""辣奢族""月光族""啃老族"等。"族"类新词大多率先在网络上流行，而后通过大众媒体传播到整个社会，甚至出现于传统媒体中。据我们所收集到的材料，现在网络中使用的"××族"结构有不少，统计的数量有数百个之多，如：

奔奔族："东奔西走"族，最新的网络名词。他们多以"80后"为主，是目前中国社会压力最大、最热爱玩乐却最玩命工作的族群。

工薪族：指那些靠拿工资生活的人。

月光族：指将每月赚的钱都用光、花光的人。

隐婚族：因各种原因不便向他人透露已婚身份而隐藏已婚事实的一类人。

晒黑族：晒黑族热衷"揭黑"，一旦了解到社会上的不平事，即通过网络详细披露，以警示其他网民。

一、"××族"的构成形式

1. 动宾式

由一个动宾词组加"族"组成。如："考碗族""上班族""啃老族""有车族""追星族""晒黑族""潜水族""炒房族""飙车族""试衣族"等。

2. 偏正式

由一个偏正词组加"族"组成。如："蜗婚族""早退族""暴走族""不婚族""合吃族""晚睡族""乐活族""代购族""慢活族""蛰居族"等。

3. 名词加"族"式

由一个名词加"族"组成，名词可以是物、是人。如："榴梿族""草莓族""麦兜族""国货族""电脑族""奶瓶族""咸鱼族""飞鱼族""蚁族""跳蚤族""彩虹族""背包族""月光族""蘑菇族""向日葵族""标题族""药丸族""候鸟族""袋鼠族"等。

4. 形容词加"族"式

由一个形容词加"族"组成。如："穷忙族""酷抠族""辣奢族""透明族""过劳族""优悠族"等。

5. 重叠式

由一个重叠词加"族"组成。如："泡泡族""粉粉族""哈哈族""帮帮族"等。

6. 音译或字母式

由一个外文音译词或外文词加"族"组成。如："飞特族""海蒂族""威客族""NONO 族""YOYO 族""LATTE 族"等。

二、"××族"的标记化

"××族"最早在网络上出现被认为是一种网络语言，归为社会方言的范畴，被认为是一种新语体。但有些学者如李宇明（1999）则把类似"××族"的结构命名为"词语模"，他认为大多数新产生的词语都有一个现成的框架背景，就像造词模子（简称为"词语模"），能批量产生新词语，形成词语簇，其中"族"是一种模标。还有学者如陈光磊（1994）、赵国（2007）、陈昌来、朱艳霞（2010）、曹大为（2007）等认为"××族"中的"族"应该算一个类词缀，因为"族"放在某一词根后可构成新词，并且它的构词能力很强。

"××族"结构中无论"××"是什么结构，如"上班""彩虹""北漂""恐归""候鸟""啃老""穷忙""乐活""优悠"等，后面加上"族"字，就变成了一个名词，成了具有某种共同爱好或属性的人。因此，"××族"具有与"××师""××家""××门""××化"一样的构词功能。我们认为，"××族"与其说是一种新语体，不如说是构词形态标记更为妥当。

第一，由于语法化的作用，当一些词的实际意义不再起主导作用的时候，其词汇意义不再处于强势地位，而是逐渐过渡、虚化为一个构词标记，具有一定的语法意义，接近词缀的功能。与其他后缀"师""家""门""化""性""者""客"等一样，"族"成为一个新的、表群体性名词的后缀。基于此，我们将"族"视为一类构式的属格标记，称为"名词类属格标记"。这样归类，一是从语法范畴和语法意义上符合两者的相互对应，语法属性和外在表现手段都可以反映出来，它是一种语法手段，在一类词后加上一个尾缀构成另一个新词，表示一个类别的语法意义。二是在形态变化丰富的语言中，如俄语、维吾尔语，它们的名词都具有这样的属格范畴，表达一定的语法意义。如维吾尔语的名词有六个格——主格、领格、宾格、位格、向格、从格，这些格的语法手段都是在名词或名词词根后附加不同的形式表示名词的领属关系、支配关系等语义指向。

第二，汉语中虽然没有维吾尔语等黏着语那样丰富的语法手段，但是"族"这类标记从某种程度上已经虚化为一个形态标记、一种语法手段。因此，具有同等功能（表示一个类群关系）的后缀彼此可以相互替换，表达同样的意义，这样它们自然聚合成一类，即名词类属格标记。"××族"的功能也是这样，从语法特质和形态表现上与这类标记的功能相同。但是需要指出的是，"××族"在性质上与"××师""××家""××门""××化""××性"相同，它们与维吾尔语中的名词格功能一样，是词缀格标记，是比较典型的格范畴。

第三，"××族"具有较强的生成性和创造力，可以复制和仿拟，已经虚化为一个真正意义上的形态标记，因而我们将其称为"真名词格标记"。

三、"××族"在《新疆日报》及新疆新媒体中的运用

1. "××族"结构在《新疆日报》中的运用

在《新疆日报》标题中，我们收集到了一些"××族"结构，如：

> 土地流转让农民成为"双薪族"
> 下月起我区 105 万工薪族免缴个税
> 给啃老族"断奶"是个技术活儿
> 不当文化"啃老族"
> 靠卖肉成了有车族
> 绘出东京蚁族的生活
> 沙雅农民争做科技"追星族"

近年《新疆日报》标题中一些网络高频结构时有出现，数量虽然不多，但可以看出"××族"的传播已经相当广泛，如上面的"啃老族""工薪族"

"有车族""蚁族"等。

"××族"在《新疆日报》新闻正文中出现更多。如：

> 拼车这种伴随时代进步出现的现象是否合法？拼车族如何才能更好地维护自身权益？

> 据新华社报道，春节期间，不少正处于毕业季的高校学生因为担心"中国式家长"关于就业的"唠叨"而成为"恐归族"。

> 晚上巡逻的饥饿是最难忍受的。队员小胡说："我们都是月光族，每月收入 1000 多元，夜里买零食吃就花掉不少。"

> 随着油价上涨，有车族养车压力渐大，拼车出行悄然升温。

> 晚上 12 点，演唱会结束，激情过后，多数的无车族最担心的是这么晚了，怎么回家，估计是打不上车了。

> 记者搜集整理了我们顺手可以做到的 20 件环保小事，可以让我们成为"低碳"族，请您对照一下，多少是自己已经做到了，多少需要从现在开始培养：1. 顺手关水龙头……7. 争做公交族或自行车族……

> 在外辛苦一年的打工族无论是荣归故里还是衣锦还乡，为自己或为家人在家乡买一套住宅成了大多数返乡人的心愿。

以上的例子中出现了"拼车族""恐归族""月光族""打工族"等，同时根据文中的"有车族"和"公交族"，相应出现了"无车族"和"自行车族"。看到这些词，我们都可以理解它们是指具有相同特征的一类人，在认知心理上已成为一种共知潜势。可见，"××族"已经虚化为一个形态标记、一种语法手段。

2. "××族"结构在新疆新媒体中的运用

"××族"除了在传统媒体《新疆日报》新闻标题和正文中出现外，在网络新媒体中更是大量出现。我们在新疆天山网、亚心网和 2014 年才开通的微信公众平台"最后一公里"的文章中发现了大量的"××族"。举例如下：

下班顺道买菜遇意外算工伤 工薪族心里暖暖的（亚心网 2014-08-21）

寻找同路人：亚心网为拼车上班族开专栏（亚心网，2009-09-09）

都市隐婚族：爱在心头口难开（天山网，2007-5-05-15）

淘宝族网购年刷卡 5 万却零积分 银行：因未收费用（天山网，2013-03-11）

"啃老族"与"被啃族"的僵持（天山网，2006-10-31）

手机族最关注的是什么？有没有无处不在又安全的免费 wifi！手游族最期待的是什么？有没有本土化游戏，能呼朋唤友一起玩！（亚心网，2015-03-19）

"网络红包点亮中国年""红包大战暗藏电商野心""低头族毁了春节"……尽管褒贬不一，但网络红包的人气却一路飙涨。（亚心网，2015-02-25）

载着人们上班的地铁公交如沙丁鱼罐头，挤满面无表情的人——他们是"穷忙族"或"捧车族"；星巴克沦为网吧，手提电脑前的人看起来根本没有时间喝咖啡——他们是"草莓族"或"房奴"；写字楼楼高三十层，进出其中的人渺小如蚂蚁——他们成分复杂，可能是"月光族"或"候鸟族"，也可能是"烧包族"或"乐活族"。（亚心网，2009-07-16）

其中喜欢半夜网购的"夜淘族"达 2283.2 万人，拥有 107.6 万人的"剁手族"最活跃，"尝新族"最少，仅 6.9 万人！（天山网，2013-04-12）

到底是什么原因导致现在年轻人相爱越来越不容易？又是什么因素造就了越来越多的恐婚族和晚婚族？（亚心网，2015-01-27）

16.5%的未婚族愿意接受"姐弟恋"，如今来办结婚手续的，不少女孩子年龄要大于男孩子。（亚心网，2015-02-12）

我们是今年上半年才走到一起的，全运会时她到沈阳来看我比赛，所以有人说我们是闪婚族我也不否认。（亚心网，2013-12-15）

性格差异大、忍让包容少、父母干涉多、彼此易猜忌成为"80 后"青年选择结束婚姻的最主要原因。"80 后"的离婚族们婚姻平均持续年限仅有 3 年 9 个月。（亚心网，2013-10-12）

从上面的例子可以看出，在新疆新媒体中，"××族"的使用比《新疆日报》这样的传统媒体要广泛得多。不仅如此，"××族"的应用更是灵活多变。"××族"从某种程度上已经虚化为一个形态标记，套入"××族"格式，就形成了指某一类人的名词属性，我们把"××族"称为名词格标记是完全可行的。

第三节　网络高频结构"××体"

"××体"是网络流行语中使用频率很高的一种语言结构形式。首先，它有规定的结构类型，有一定的构造格式；其次，它的能产性很高，具有很强的生成力；再次，它被媒介和大众广泛关注、使用，形成了"××体"热，无数网友争相效仿。我们就近几年来网络上较为流行的"××体"进行了搜集整理，数量达到 75 种之多，包括：凡客体、梨花体、知音体、咆哮体、撑腰体等。本节将对这一构式做语法、语义、语用等层面的初步分析。

一、"××体"词法构造

1."体"意义的虚化——词缀化

"体"在现代汉语中是表实义的名词，《现代汉语词典》中有指作品的体裁和文字的书写形式的义项，如"文体""语体""字体"等。语体是指不同的语言风格类型，如我们常说的"书面（语）体""政论（语）体""新闻（语）体""广告（语）体""公文（语）体"等等，这些词项中的"语"已经省略，缩略为"××体"，也通常把某位作家的写作语言风格称为"××体"，如"老舍体""雨果体"等。汉字的字体，是指汉字不同的书写形式，如楷体、宋体、黑体等。可以看出，这一义项的"体"已稳固地居于词根后，与词根结合构成新词。正如后缀"家""门""化""性""者"一样，由实到虚成为一个构词语素。"体"在进入这一固定构式后其实义已趋于淡化，而逐渐虚化为半实半虚的构词词缀，它的语法功能就是产生新词。

特别是"体"进入网络语言中与网络热词结合，经过传播和仿造，不断构成新的"××体"，这时"体"实际的词义作用完全弱化，它仅仅是一个代名词、一个附加成分、一个身份标记。因为它已经进入语用交际层面，它的功能转化为，或者说扩大为一个话语标记、话题标记，起到强化焦点、凸显主题的作用。"体"之前的核心成分才是起到视觉和听觉冲击作用的焦点。也就是说，一个构式经言语主体在一定的会话环境临时、偶然的使用后，其意义从实到虚的演变、凝固就表现为语法化过程，且最终成为语法构式。

2."体"作为构式的标记化

"词根+词缀标记"构成派生式合成词，这一构式区别于语义的部分是在词根部分，后一部分的词缀标记"体"是一个符号标记，它表示一类事物的属性，区别于其他事物类。词缀标记"体"和"族"一样，其实际意义已经淡化，也是一类标记。

"××体"从形式上看与"××族"是一样的构造，"体"也是一个标记，但是它有别于作为构词格标记的"族"。"体"是一个构式标记，把它当作一个构式标记，就不必再为究竟把"体"类构式看作一种语体还是一种社会方言而纠缠，因为"体"的内部类推机制的特殊性，"体"是对一个构式的概括和抽象，而不仅是一个词的形态后缀，还是一个表达方式的提炼，正如前文所说的"文体""语体""字体"等。所以，"××体"不是一个个带有"体"后缀的格名词，而是带有"体"这一构式标记的语篇构式。我们将这类带有"体"名词焦点标记的语篇构式称为"语篇构式名词格标记"，简称"语篇构式格标记"。

朱惠华（2011）从模因论的角度出发，指出"××体"不是字词模因现象，而是一种语篇的模因现象，是从某语篇中选择性地保留其基本结构，根据自己的需要替换具体的内容，从而进行同构异义型复制。俞燕、仇立颖（2009），邵敬敏（2011）从框填式或框式结构出发，指出"××体"是从句段语篇中提炼出框架式结构，使之具有一定的语用功能和语法意义，然后再往框架空缺处填装合适的词语就行了，从而形成新的句段语篇。由此可以看出，"体"与"族"不同，它不是构词格标记，而是一种语篇构式格标记。

3. "××体"构成形式

（1）人名+体

如陈欧体、葛优体、王家卫体、本山体、元芳体、丹丹体、郭德纲体、亮叔体、甄嬛体、琼瑶体、蓝精灵体、海燕体、陆川体、马伊琍体等。

（2）物名+体

如剪刀体、蜜糖体、子弹体、秋裤体、菜刀体、高铁体、土豆体、羊羔体、梨花体等。

（3）（杂志、网络、电视）品牌名+体

如凡客体、淘宝体、知音体、新闻联播体、新浪体、QQ 体、TVB 体、360 体等。

（4）事件名+体

如私奔体、撑腰体、乡愁体、投身体等。

（5）表达方式+体

如咆哮体、排比体、剑雨体、告白体、怨妇体、天气预报体、幸福体、回音体、省略体、纺纱体等。

（6）书名+体

如红楼体等。

（7）其他语言/方言名称+体

如 Hold 体、埋汰体、亚克西体等。

（8）其他名称+体

如走进科学体、校内体等。

我们认为，与其把"××体"看作一种新语体、新文体、网络语体或网络文体，不如视为一类构式标记。"体"本身是一个标记化后缀，每一类新生成的"××体"不是一个个词，而是一个个不同的语篇构式，所以我们将"××体"称为语篇构式标记，归入"名词格标记"的第二类——"语篇构式格标记"。如图 7-1 所示。

构词格标记：　　　　××族、××家、××门、××化
名词格标记：　　　　××性、××者、××客、××漂
语篇构式格标记：　　××体、××式

图 7-1　语篇构式格标记

二、"××体"句法构造

与构词名词格标记不同,"××体"作为语篇构式格标记的特点是不同名物的"××体",语篇内容不同,但每一个命名体都有大体固定的结构模式,如,凡客体的框式结构是"爱[　],爱[　],也爱[　],我不是[　],也不是[　],我是[　]……"只要采用凡客体,就可以把具有相同功能的词填充到其框架内,构成一个完整的凡客体语篇,表达这种体式的语用含义。不同的命名体有不同的构造格式,形成较为固定的构句框式。其框式结构不同,语篇内容不同,表达的语篇功能自然也不同。以下将按照不同体式中其框式结构的语义与语用特征分类详细讨论。

1. "××体"的结构关系

(1)并列关系

① 凡客体

从凡客体中,可以提取出"爱[　],也爱[　],我不是[　],也不是[　],我是[　]……"这样类似的叙述结构而进行填充。例如:

爱[网络],爱[自由],爱[晚起],爱[夜间大排档],爱[赛车],也爱[29块的T-Shirt],我不是[什么旗手],不是[谁的代言],我是[韩寒],我[只代表我自己],我[和你一样],我是[凡客]。

② 秋裤体

其格式为"有一种[思念]叫[望穿秋水]!有一种[寒冷]叫[忘穿秋裤]!"由此,"秋裤"成了一个网络热词,将秋裤体运用到各种语用范式中,可以创造一种新奇、幽默的语言风格。如:

有一种节日叫春节

有一种悲哀叫冷漠

有一种责任叫敢于担当

(2)顺承关系——葛优体

其结构为"你们想想,你[　],还[　],突然[　]……",借用这种构式表达一种心情。如:

（加班，任何时候都要取消！）不取消不行。你们想想，你下了班回了家，跟着男女朋友，吃着火锅还唱着歌，突然就告诉你要加班了……悲剧啊！所以没有加班的日子才是好日子！

（3）对举关系——见与不见体

对举是一种反衬，表达的是一种"不管什么样的情况，都会怎样"的语义。

"见与不见"体中提取的语篇框架为："你[ ]，或者不[ ]，[ ]就在那里，不[ ]不[ ]；你[ ]，或者不[ ]，[ ]就在那里，不[ ]不[ ]；你[ ]，或者不[ ]，[ ]就在那里，不[ ]不[ ]。"如：

> 你转，或者不转发，微博就在那里，不多不少；
> 你冒，或者不冒泡，粉丝就在那里，不离不弃；
> 你辛，或者不辛苦，心疼就在那里，不多不少；
> 你幸，或者不幸福，牵挂就在那里，不增不减。

（4）配饰关系——本山体

其句式结构为：一句古典诗词+一句赵本山的小品名句。经典例句是"问君能有几多愁，树上骑个猴，地下一个猴"。可以看出，前一部分的诗句在整个语篇中不起直接的表义作用，与后句的中心语句也没有语法、语义上的关联，仅仅起到一个引子的作用，与后句相搭配，具有陪衬和修饰的作用。类似这样的本山体还有：

> 人生得意须尽欢，过了山海关都是赵本山
> 众里寻他千百度，没病你就走两步

（5）假设关系——撑腰体

撑腰体内容是："你是北大人，看到老人摔倒了你就去扶。他要是讹你，北大法律系给你提供法律援助，要是败诉了，北大替你赔偿！"其格式是："你是[ ]，看到[ ]你就去[ ]，他要是[ ]，你就[ ]，[ ]替你[ ]！"如：

> 你是人大人，看到老人摔倒了你就去扶。他要是讹你，人大法学院给你提供法律援助，要是败诉了，人大替你赔偿！

你是华农人，看到老人摔倒了你就去扶。他要是讹你，华农法学院给你提供法律援助，要是败诉了，华农酸奶替你赔偿。

2.“××体”的语类关系

（1）夸张类——咆哮体

咆哮体的特征就是语气极度夸张，或表达不满、埋怨，或表达提醒、警告，往往在句末带有感叹号。常用的词有“有没有”“有木有”“伤不起”等。如：

学摄影的你们伤不起！

我是文科，读的文学院啊有没有！

上来讲摄影师就开始讲蛋清显影法，硝酸银氯化银有没有！

（2）劝诫类——丹丹体

其格式为：“［称谓语］，我就是个［ ］，没多少钱，我请你［ ］，别再［ ］了，真的，求你了！”。如：

老总，我就是个灰领员工，没多少钱，我请你告诉我过完年加薪吗，别再忽悠我了，真的，求你了！

（3）拟古类——甄嬛体

其特点一是常用某类古代的词汇称呼自己，如“本宫”“臣妾”“嫔妾”“朕”“哀家”“孤”；二是描述事物常用“方才”“想来”“极好”“左右”“罢了”；三是句式常用“若是……想必是极好的，但……倒也不负……”“这真真是极好的”。

（4）反问类——元芳体

其构式为“［元芳］，［此事］你怎么看？”如：

今天好像要下雨，元芳，你怎么看？

3.“××体”的特征

“××体”从语义构成及结构关系上看，是语篇构式格标记；从语用层面看，是一种语用范式，有以下特征。

（1）构式规定性

这种范式是在语言运用功能域限制下形成的。对于语言使用者来讲，它应具有一种无形的、潜在的规定性。这种潜在的规定性使得语言交际者不论进入怎样的功能域，都必须从特定语用范式所要求的规则出发，去进行交际，否则便是"失体"，或是不得体。

（2）生成转换性

这种范式要按照功能域的需要来选择进行交际，选择适应功能域需要的语言材料和表达手段进行交流，并能随着交际中话题、角色、参与者的变换，采用不同的范式结构，从而达到语用目的，实现新闻语篇中内容的传递、意图的沟通。

第四节 "××体"在媒体中的运用

"××体"在大众传媒中得到广泛传播，我们试以其在《新疆日报》及新疆新媒体天山网、亚心网和微信公众平台"最后一公里"中的运用来分析。

一、"××体"在《新疆日报》新闻标题中的运用

1. 元芳体

当人生理想是"吃货""土豪"时，你怎么看？
"乱过马路，罚款没带钱"，你怎么看？

2. 马伊琍体

虚实之间 且购且珍惜

3. 航母体

艰难困苦，走你！

走你，南山！

4. 见与不见体

你来，或者不来，我就在这里

5. 秋裤体

有一种悲哀叫冷漠

有一种责任叫敢于担当

有一种使命叫坚守

6. 任性体

网上昵称也不要"任性"

心中有"戒" 让权力不再"任性"

二、"××体"在《新疆日报》新闻语篇正文中的运用

1. 咆哮体

好不容易辗转行程，一路奔波回到了家，可是不断穿梭于各种应酬、各种饭局、各种聚会……还没来得及与家人好好地聚上一聚就上班了！春节假期太短有木有？

2. 淘宝体

"亲，我限高 4.5 米，超高的车辆不可通过哟！"这是安装在乌鲁木齐河滩快速路华凌市场立交桥路段的 LED 电子显示屏上显示的"淘宝体"警示语。

3. 元芳体

"元芳，近日有人发短信，让我给他账号汇钱，你怎么看？"这种网络上最火的"元芳体"，是长江路派出所在新浪微博上发布的预警信息，提醒居民谨防上当。

4. 任性体

　　"滑野雪"可能隐藏的危险却不被大家所知。记者走访了专家和户外专业人士，他们均不赞同大家无准备地去"滑野雪"，莫用生命任性。

5. 甄嬛体

　　看春晚时，人们不惜与手机、电脑里的"小黄鸡"对话，还不打紧；若是领导的真身在台上做报告，听众还觉得不如虚拟的机器人说得实在、生动，那可就真真不好办了！

6. 马伊琍体

　　老爸就像大树，现在也是枝繁叶茂。我们也清晰地知道他在慢慢变老，且珍惜。

7. 航母体

　　只要有坚定的信念支撑着我们，我们就可以克服各种困难，笑对我们的基层工作和生活，走在村里的大路上，我笑着对同事们说："艰难困苦，走你！"

三、"××体"在新疆新媒体中的运用

在新疆新媒体微信公众平台"最后一公里"及天山网、亚心网中，我们也可以看到不少"××体"构式。

1. 咆哮体

　　图书编辑你伤不起：编辑听上去很文艺，有木有！从此踏上不归路啊！作者难伺候啊，拖稿啊，玩失踪啊，电脑重装稿子都丢了有木有！

2. 元芳体

　　患者在医院停车或不再免费。元芳：你怎么看？

3. 甄嬛体

乌鲁木齐要下雪了！本宫该宠幸哪条秋裤？

4. 淘宝体

公示牌下又是一段"淘宝体"：亲，感谢您支持单位化管理哦！很荣幸认领到了您所在的这片"责任田"，今后您遇到困难或需要办理社区事务时，我们会尽最大努力为您效劳的哦！

5. 马伊琍体

各类官博也纷纷在微博上借用网络上最火的"马伊琍体"幽默呼吁人们文明出行。"各位亲，司德警官提醒您：挣钱容易、掏钱难，且行且珍惜，好好走路，莫上头条哟!""行路虽易，文明不易，且行且珍惜!"……哈哈哈，阿Sir们都是网络达人啊！

6. 航母体

一份体面的工作，是一个人体面生活的根本。新的一年到了，想找工作的你，走起！

7. 秋裤体

请记得，有一种色彩叫作昭苏，这种色彩是油菜花海的鲜活。
变天啦，有一种寒冷叫忘穿秋裤。

8. 撑腰体

政协委员建议的"新疆撑腰体"为：你是新疆人，看到老人摔倒了你就去扶。他要是讹你，新疆律师公益团给你提供法律援助，要是败诉了，政府将用专项基金替你赔偿！

9. 亚克西体

兵团驻边干部亚克西！
新疆拉条子亚克西！

10. TVB 体

情人节：送什么不重要　重要的是在一起开心

四、"××体"在新疆媒体中的运用特点

从上文可见，"××体"在《新疆日报》及新疆新媒体中的运用十分广泛，这些"××体"的运用，都带有固定的模因或框式，衍生出的不是一个个带有"体"后缀的格名词，而是带有"体"这一名词格标记的语篇构式。我们看到"××体"，就会套用它固有的语篇构式，或看到某种固有的语篇构式，就会想起"××体"，因此"××体"已成为一种语用手段，表达不满、调侃、劝诫等语用意义。"××体"语篇构式格标记在运用中还具有以下特点。

1. 同一话题采用不同构式

传统媒体多以书面、规范的语言与形式来阐述一个事件或新闻，随着网络、微信等现代媒体的快速发展，不同媒体所采用的表达范式也从书面语体向灵活、多元化的语言形式转变，概括起来就是语言的四化三性，即：多元化、口语化、通俗化、幽默化、即时性、仿拟性、广泛性。如在"最后一公里"微信公众号中关于天气变化的描述就采用了不同的语篇构式。

（1）秋裤体

我要穿秋裤，冻得扛不住。一场秋雨，十三四五度。我要穿秋裤，谁也挡不住。翻箱倒柜找，藏在最深处。说穿我就穿，谁敢说个不。未来几天内，还要降几度。若不穿秋裤，后果请自负！

有一种思念叫望穿秋水，有一种寒冷叫忘穿秋裤！天凉了，朋友们，呵呵。

（2）元芳体

元芳，秋裤这事儿你怎么看？大人！我以为，咱们秋裤必须穿。新疆温差大，马上又要下雪，不穿就成疙瘩啦。

（3）咆哮体

哦吼，要下雪了！秋天才刚刚开始，怎么冬天就要来了！

（4）甄嬛体

降温、降雪，本宫该宠幸哪条秋裤呢？话说，只有一条秋裤，能温暖雪天的本宫吗？

2. 不同话题采用不同构式

不同的语篇构式也表达了不同的语用意义，对于不同的话题也要选择合适的构式。如：

（1）陈欧体（代言）

俺是胡萝卜的代言人，俺为胡萝卜代言。

（2）本山体（调侃）

新疆人："众里寻他千百度，本人堵在大桥上。"

（3）咆哮体（不满）

今天下午虽然阳光明媚，但是也掩饰不住北风的强劲！这个天儿，只想在家裹着被窝安安静静睡觉，看肥皂剧、吃零食，有木有！

（4）淘宝体（亲切）

众亲，让我们一起和"最后一公里"一起继续身前冲！冲！冲！

第五节　网络媒体流行语在媒体中的运用

丰富多彩的网络生活创造了大量的新词汇和表达方式，除了"××族"及"××体"等网络高频结构外，网络媒体流行语在《新疆日报》和新疆新媒体中也多有运用。如：

1. 草根

　　"草根"宣讲员受热捧

　　帕尔哈提——草根达人的音乐梦

2. 点赞

　　兑现承诺获"点赞"

　　"为你真心点个赞！"

　　我为这样的团队点个赞

　　为习大大点赞

　　民生 110 赢得干部群众点赞

3. 蛮拼的

　　朋友，新疆人蛮拼的

　　2014 年驻疆全国政协委员蛮拼的

4. 新常态

　　楼市新常态下多元化开发模式占主导

　　国土部：新常态下向养老产业等新经济增长点供地

　　适应经济发展新常态　精心谋划明年主要工作

　　奋发有为适应新常态　与时俱进开拓新局面

5. 正能量

　　凝聚强大正能量

　　库尔班：用乡音传递正能量

　　用新疆故事传递新疆正能量

6. 晒

　　中小学教师将网上"晒课"

新疆晒政府信息 公开成绩单

7. 山寨

截断"山寨救护车"的利益链条

山寨大黄鸭乌鲁木齐卖萌

8. 心塞

心塞，来新疆"虐"初恋

上班第一天，你心塞了吗？

9. 这是……的节奏

这是好朋友的节奏

以上网络用语在网络上广泛流传，并在报纸媒体中应用和传播，成为大众能普遍理解的句式，从语用学的角度来说，有人认为这是一种文化模因。我们将它理解为一种语篇构式的语用标记。这些标记在使用过程中不断被模仿、复制，从而形成固定的构式。

第六节　微信公众平台的语言使用状况

随着"互联网+"的迅猛发展，微信公众平台也日渐崛起。具有流动、即时、多功能化等特点的、依赖于手机等移动终端的各种应用，诸如手机新闻客户端、社交媒体移动终端，逐渐成为人们获取信息的主要方式，微信也是其中之一。根据腾讯公司调查，微信的主要用户群是大学生，占总用户群的 64.50%。当下微信公众平台的发展也愈来愈迅猛，微信公众账号层出不穷，碎片化阅读已成快节奏的当代生活的主要阅读形式，而微信阅读，由于其便携性、免费性、分享性等特点，正逐步呈上升态势。

我们对"最后一公里""言江""新疆好"以及"XJ 土话大百科"这几

个关注度、阅读量较高的新疆本土汉语微信公众平台进行了调查，以小见大，对目前汉语微信公众平台整体的语言使用状况做简要分析。

1. 时刻关注新疆工作

"介绍新疆，我最全面；说明新疆，我最深刻；解读新疆，我最权威。"这是"最后一公里"这样一个全面性的微信公众平台的自我介绍。在这个公众平台中，会经常发布关于新疆工作的政策性的文章，目的是宣传新疆，报道新疆，让更多的人了解新疆。

在"最后一公里"为代表的微信公众平台中，我们能翻阅到关于新疆工作的各类讲话精神，深刻体会党和国家对新疆工作的大力支持和深切愿望，如：

要精心做好宗教工作，积极引导宗教与社会主义社会相适应，发挥好宗教界人士和信教群众在促进经济社会发展中的积极作用。

新疆在建设"丝绸之路经济带"中具有不可替代的地位和作用，要抓住这个历史机遇，把自身的区域性对外开放战略融入国家"丝绸之路经济带"建设、向西开放的总体布局中去。

实现新疆社会稳定和长治久安，关键在党，根本靠坚强的干部队伍、严密的基层组织体系、管用的群众工作机制。

发展要落实到改善民生上、惠及当地上、增进团结上。

近几年，新词新语的出现频率很高，其中有很多关于时政的表达。如：

不忘初心、牢记使命

为中国人民谋幸福，为中华民族谋复兴

脱贫攻坚、访惠聚

绿水青山就是金山银山

树立四个意识，增强四个自信，做到两个维护

"一带一路"倡议、"丝绸之路经济带"

人类命运共同体

各民族要向石榴籽一样紧紧抱在一起

社会稳定、长治久安

反对民族分裂、维护国家统一

依法治疆、团结稳疆、长期建疆

严厉打击暴恐活动

2. 多用接地气的网络流行语

"最后一公里"等微信公众平台相对于传统媒体而言，传播更具有广泛性。原因在于"最后一公里"除时事政治之外，还会使用一些接地气的流行语做标题。如：

有图有真相

萌萌哒

晒一晒

美哭了

药不能停

就是任性

赞一个

心中充满淡淡的忧桑（忧伤）

画风变得有点快

画面太美，不忍直视

我和我的小伙伴都惊呆了

友谊的小船说翻就翻

3. 使用亲切幽默的新疆方言

由于历史上内地各方言区移民的进入，新疆方言中包含了多地方言的成分，如河南话、甘肃话、陕西话、山东话、上海话等。在新疆汉语微信公众平台中能体会到这一特点，尤其是在"XJ 土话大百科"这一独具新疆方言特色的微信公众平台中，展现得淋漓尽致。

从语音上看，许多新疆本地人平翘舌音混淆，如把"老师"说成"老 sī"，把"谁"说成"séi"，这样带有新疆方言特色的口语化形式，出现在微信公众平台中，显得别有一番风味。如：

我把你一波膝盖子。

放哈你手航的抓饭、烤包子、烤肉，丁丁地坐正。

小时候大家都有过犯错误的四候，免不了招来父母的一顿勾尖。

赞赏给给撒！

微信现在珍珍的，四普及到了每个人了袄！

究竟杂么个不一样？

我不想给你佛话。

丫头子们，再博学我。

撒情况？

我咋勾掉了撒！

以上例子中，或在用词和语法上采用了方言形式，或用某个同音字表达了新疆方言中的特殊语音，使人读起来有亲切感，并能体会其中的幽默味。不光只有"XJ 土话大百科"用新疆方言的形式来发布文章，就连"最后一公里"也跟上了方言的潮流，并且在越来越多的新疆汉语微信公众平台中，新疆方言的使用也屡见不鲜。我们整理出如下使用频繁的特色方言词。

（1）新疆方言中的固有词，如：

尔出去（扔出去）

哦吼（感叹词）

零干（完、尽）

组撒呢（干嘛呢）

劳道（厉害）

攒劲（好）

丁丁地（乖乖地，老老实实地）

勺料子（智力障碍者）

骚情（厉害）

你佛的撒（你说的什么）

哪起呢（去哪呢）

一曼（全都是）

歹得很（好得很）

泼烦（麻烦）

尔视（理视）

胡里麻汤（随便，乱整一气）

等一哈（等一下）

丧眼（令人讨厌的）

谝传子、喧慌（聊天儿）

跟头绊子（忙乱）

（2）新疆方言中的维吾尔语借词，例如：

海麦斯（全部）

皮牙子（洋葱）

巴郎子（男孩）

外江（哎呀）

白卡尔（白白地、徒劳）

麻达（问题）

亚克西（好）

阿达西（朋友）

卡瓦甫（烤肉）

麦格来（过来）

　　微信公众平台的免费性、公众性、及时性、快捷性、分享性等特点，为大家提供了一个很好的获取信息的平台，而碎片化阅读也已成为当代人的主要阅读方式。在新疆，微信公众平台的发展日益快捷，越来越多的新疆人希望借助微信平台，推出更多具有新疆特色的微信品牌，宣传新疆，讲好新疆故事，发现新疆的美。比如随着自媒体的发展，越来越多的年轻人乐于向内地人介绍新疆，介绍新疆的美食、新疆的旅游攻略、新疆的历史文化等。可以说，新媒体技术的不断发展，拉近了新疆与内地的时空距离，借助网络，人们可以了解新疆，了解新疆独特的风土人情、文化底蕴和新疆人厚重的家国情怀。

第七节　小结

本章就《新疆日报》和新疆新媒体标题和语篇正文中的语用手段及网络高频结构进行了论述。

在语用表达手段方面主要阐述了以下内容。

（1）《新疆日报》标题语言中的隐喻表达，有谐音隐喻、指代隐喻、仿拟隐喻、反衬隐喻，并结合实例说明论证其语用效果。

（2）结合大量实例论述《新疆日报》标题和语篇正文中的长短句形式、复句、省略、关联词、新疆方言词汇、借词、歌名和歌词及诗词、成语、俗语等的使用情况，阐释这些语用手段在标题和语篇正文中的语用效果和语言特色。

在网络高频结构方面主要论述了两方面问题。

（1）"××族"结构特点和运用，提出"××族"实际上是一个名词格标记，"族"是构成名词的一个标记缀，它具有生成性。

（2）"××体"是一种语篇构式标记，而非社会方言或语体。"××族"和"××体"具有构成规定性和生成转换性，结合《新疆日报》标题和语篇以及新疆新媒体中出现的"××族"和"××体"加以说明。此外，分析了《新疆日报》和新疆新媒体中的社会流行语。从中发现，《新疆日报》中出现的高频结构在数量上要少于新媒体。这说明《新疆日报》在吸收具有时代特色的语言结构和词汇的同时，始终秉承了传统媒体的理念，保持了官方媒体的独特性。

在我们收集到的材料中，《新疆日报》中近几年出现的热点词汇与新媒体有所差异：网络新媒体更口语化，语言更靠近特定受众，《新疆日报》则更侧重从宏观视角发现社会热点问题，关注国家和社会民生。此外，我们还调查了新疆本土较受欢迎的微信公众平台，关注其语言生活、语言现象。随着国家"一带一路"倡议的深入推进，处在一带一路核心区的新疆，迎来了新的历史机遇，目前新疆正处于历史上最好的发展时期，如何抢抓机遇，迎头赶上，讲好新疆故事，谱写中华民族伟大复兴中国梦的新疆篇章，是媒体工作者的历史使命和责任担当。

参考文献

白兰，张明辉，2014. AABB 重叠式研究综述[J]. 辽东学院学报（社会科学版）（3）：114-119.

曹大为，2007."族"的类词缀化使用分析[J]. 山东社会科学（5）：150-152.

曹婧一，2018. 并列复句分类的拓展研究[J]. 太原师范学院学报（社会科学版）（5）：62-68.

曾庆娜，2008. 试论缩略语的规范问题[J]. 呼伦贝尔学院学报（5）：36-37，40.

曾庆娜，2008. 数字缩略语浅析[J]. 语言学刊（10）：105-106.

陈昌来，2005. 现代汉语介词的语用功能分析[J]. 广播电视大学学报（哲学社会科学版）（2）：46-49，55.

陈昌来，朱艳霞，2010. 说流行语"×党"：兼论指人语素的类词缀化[J]. 当代修辞学（3）：64-70.

陈光磊，1994. 汉语词法论[M]. 上海：学林出版社.

陈海英，2011. 新闻标题的批评性语篇分析[J]. 新闻爱好者（17）：84-85.

陈明瑶，莫莉莉，2001. 网上新闻英语篇章特殊性探析[J]. 外语教学（1）：79-82.

陈平，1987. 汉语零形回指的话语分析[J]. 中国语文（5）：363-378.

陈平，1996. 汉语中结构话题的语用解释和关系化[J]. 徐赳赳，译，国外语言学（4）：27-36.

陈前瑞，2003. 汉语内部视点体的聚焦度与主观性[J]. 世界汉语教学（4）：22-31.

陈望道，2008. 修辞学发凡[M]. 上海：复旦大学出版社.

陈曦，2018. 隐性衔接机制与篇章的连贯性[J]. 山西大同大学学报（社会科学版）（4）：87-90，98.

程丽霞，2006. 左偏置结构频率统计与话题结构的显现[J]. 外语教学与研究（2）：101-107，160.

程山，2012. 消息标题语言特征研究[D]. 长春：吉林大学.

程训令，2008. 汉语焦点标记词研究述评[J]. 沙洋师范高等专科学校学报（1）：65-67.

储诚志，1994. 知识图式、篇章构造与汉语阅读教学[J]. 世界汉语教学（2）：51-57.

楚军，周军，2006. 报纸新闻标题的功能研究[J]. 四川外语学院学报（4）：89-93.

崔希亮，1995. "把"字句的若干句法语义问题[J]. 世界汉语教学（3）：12-21.

戴浩一，黄河，1988. 时间顺序和汉语的语序[J]. 国外语言学（1）：10-20.

戴浩一，薛凤生，1994. 功能主义与汉语语法[M]. 北京：北京语言学院出版社.

单胜江，2011. 新闻语篇的批评性话语分析[J]. 外语学刊（6）：78-81.

丁声树，等，2009. 现代汉语语法讲话[M]. 北京：商务印书馆.

董革非，2010. 英汉新闻中的概念隐喻所体现的认知策略对比[J]. 东北大学学报（社会科学版）（3）：267-272.

董丽梅，2011. 新闻标题中的直解修辞[J]. 新闻爱好者（13）：94-95.

董秀芳，2003. 无标记焦点和有标记焦点的确定原则[J]. 汉语学习（1）：10-16.

董秀芳，2007. 词汇化与话语标记的形成[J]. 世界汉语教学（1）：50-61.

董又能，2010. 英文新闻标题的批评话语分析[J]. 新闻爱好者（12）：116-117.

董育宁，2007. 新闻评论语篇的语言研究[D]. 上海：复旦大学.

董育宁，2007. 新闻评论语篇的语用标记语[J]. 修辞学习（5）：75-77.

端木义万，2002. 解释性报道的文体功能及语篇结构特点[J]. 解放军外国语学院学报（2）：21-24.

范红，2002. 报刊新闻语篇及其宏观、微观结构[J]. 清华大学学报（哲学社会科学版）（1）：34-38.

范晓，1996. 三个平面的语法观[M]. 北京：北京语言文化大学出版社.

范振强，韩玮，2009，间接回指的分类及认知阐释[J]. 西南交通大学学报（社会科学版）（1）：28-33，38.

方梅，1995. 汉语对比焦点的句法表现手段[J]. 中国语文（4）：279-288.

方梅，2000. 自然口语中弱化连词的话语标记功能[J]. 中国语文（5）：459-470，480.

方梅，2005. 篇章语法与汉语篇章语法研究[J]. 中国社会科学（6）：165-172.

房红梅，马玉蕾，2008. 言据性·主观性·主观化[J]. 外语学刊（4）：96-99.

冯光武，2004. 汉语语用标记语的语义、语用分析[J]. 现代外语（1）：24-31，104-105.

冯光武，2006. 语言的主观性及其相关研究[J]. 山东外语教学（5）：26-33.

付习涛，2005. 论言语行为的性质[J]. 南京社会科学（4）：81-86.

高晴，2010. 英语新闻语篇的主观性[J]. 南昌教育学院学报（11）：162，166.

顾建敏，2011. 汉英报纸新闻标题的互文性研究[J]. 中国出版（20）：49-52.

顾日国，1994. John Searle 的言语行为理论：评判与借鉴[J]. 国外语言学（3）：10-16.

管志斌，田银滔，2012. 指称与语篇互文：兼论互文概念向语言学的转化[J]. 当代修辞学（4）：49-60.

郭锐，2003. "把"字句的语义构造和论元结构[C]//北京大学汉语语言学研究中心《语言学论丛》编委会. 语言学论丛（第 28 辑）. 北京：商务印书馆.

韩蕾, 魏梦晓, 2006. 名词化结构在新闻语篇中的衔接方式[J]. 中文自学指导 (2): 48-51.

韩礼德, 2010. 功能语法导论[M]. 2 版. 彭宜维, 等译. 北京: 外语教学与研究出版社.

韩礼德, 哈桑, 2007. 英语的衔接: 中译本[M]. 张德禄, 王珏纯, 韩玉萍, 等译. 北京: 外语教学与研究出版社.

何志强, 2012. 评价理论视角下的新闻语篇分析[J]. 北方文学 (下半月) (6): 142.

何自然, 冉永平, 1998. 关联理论: 认知语用学基础[J]. 现代外语 (3): 92-107.

侯东阳, 黄璀, 2010. 新闻文本的网络流行语分析[J]. 暨南学报 (哲学社会科学版) (6): 156-160, 164.

侯福莉, 2008. 英语新闻语篇中的互文性与语义隐含[J]. 现代传播 (中国传媒大学学报) (6): 123-124.

胡德明, 张清霖, 2008. "连接"与"联结"辨[J]. 语文学刊 (1): 58-60.

胡范铸, 2006. 试论新闻言语行为的构成性规则[J]. 修辞学习 (1): 1-7.

胡裕树, 范晓, 1995. 动词研究[M]. 郑州: 河南大学出版社.

胡壮麟, 1994. 语篇的衔接与连贯[M]. 上海: 上海外语教育出版社.

胡壮麟, 朱永生, 张德禄, 等, 2005. 系统功能语言学概论[M]. 北京: 北京大学出版社.

黄伯荣, 廖序东, 2011. 现代汉语: 增订本[M]. 5 版. 北京: 高等教育出版社.

黄大网, 2001. 话语标记研究综述[J]. 福建外语 (1): 5-12.

黄国文, 1988. 语篇分析概要[M]. 长沙: 湖南教育出版社.

黄国营, 1982. "的"字的句法、语义功能[J]. 语言研究 (1): 101-129.

黄缅, 2013. 微博新闻多模态话语的符际关系及意义建构[J]. 西南民族大学学报 (人文社会科学版) (7): 172-175.

黄敏, 2008. 事实报道与话语倾向: 新闻中引语的元语用学研究[J]. 新闻与传播研究（2）：10-16，93.

黄敏，李昇兰，2003. 网络新闻的语用学分析：以中、美官方网站有关中东和会的新闻报道为例[J]. 语言文字应用（4）：96-104.

惠天罡，2013. 新闻发言人的语篇传播模式初探[J]. 首都师范大学学报（社会科学版）（S1）：15-20.

纪云霞，林书武，2002. 一种新的语言理论：构块式语法[J]. 外国语（上海外国语大学学报）（5）：16-22.

姜望琪，2006. 篇章与回指[J]. 外语学刊（4）：33-41.

姜雪，2009. 新闻报道的语篇分析[D]. 上海：复旦大学.

蒋平，2004. 零形回指现象考察[J]. 汉语学习（3）：23-28.

金立鑫，1997. “把”字句的句法、语义、语境特征[J]. 中国语文（6）：415-423.

康喆文，2017. 汉语数字缩略语俄译探析：以中央文献中的数字缩略语为例[J]. 俄语学习（4）：38-43.

匡鹏飞，2011. 语气副词“明明”的主观性和主观化[J]. 世界汉语教学（2）：227-236.

赖彦，2009. 新闻语篇的互文中介性分析[J]. 外语与外语教学（3）：19-22.

赖彦，辛斌，2012. 英语新闻语篇互文修辞功能分析：从评价理论的视角[J]. 当代修辞学（3）：25-32.

郎曼，2013. 预设连贯功能的认知研究：以德语新闻报道语篇为例[J]. 解放军外国语学院学报（4）：51-56.

黎锦熙，2007. 新著国语文法[M]. 长沙：湖南教育出版社.

李芳，2007. 现代汉语数字缩略语浅析[J]. 现代语文（语言研究版）（8）：19-21.

李芳，2008. 现代汉语数字缩略语自动提取研究[D]. 石家庄：河北大学.

李凤吟，2006. 双音节性质形容词ABAB式的重叠：兼与AABB式比较[J]. 集美大学学报（哲学社会科学版）（2）：58-62.

李福印，2007. 语义学概论[M]. 北京：北京大学出版社.

李洪琳，2015. "但是"的语法化再探[J]. 现代语文（语文研究）（1）：55-57.

李剑锋，2000. "跟×一样"及相关句式考察[J]. 汉语学习（6）：71-76.

李劲荣，陆丙甫，2016. 论形容词重叠式的语法意义[J]. 语言研究（4）：10-20.

李连伟，邢欣，2012. 论言语行为的语篇实现[J]. 山西财经大学学报（S4）：211.

李临定，1984. 究竟哪个"补"哪个？："动补"格关系再议[J]. 汉语学习（2）：1 10.

李凌燕，2010. 新闻叙事的主观性研究[D]. 上海：复旦大学.

李绍群，2007. 现代汉语"名$_1$+（的）+名$_2$"定中结构篇名研究[J]. 福建师范大学学报（哲学社会科学版）（4）：163-166.

李守纪，2007. AB 式双音节形容词 AABB 重叠式的语义语用考察[M]//上海师范大学《对外汉语研究》编委会. 对外汉语研究：第三期. 北京：商务印书馆.

李曙光，2006. 新闻语篇对话性初探：情态语言资源视角[J]. 外语与外语教学（6）：60-63.

李曙光，2007. 语篇对话性与英语书面新闻语篇分析[J]. 外语学刊（6）：109-114.

李勇忠，2003. 语用标记与话语连贯[J]. 外语与外语教学（1）：60-63.

李勇忠，2004. 言语行为转喻与话语的深层连贯[J]. 外语教学（3）：14-18.

李勇忠，2005. 祈使句语法构式的转喻阐释[J]. 外语教学（2）：1-5.

李宇明，1997. 疑问标记的复用及标记功能的衰变[J]. 中国语文（2）：97-103.

李宇明，1999. 词语模[M]. 北京：北京语言文化大学出版社.

李志雪，1999. 从语用和图式角度来看语篇的连贯[J]. 解放军外国语学院学报（5）：3-5.

连晓慧，2010. 中西方新闻语篇中隐喻的对比[J]. 新闻爱好者（15）：83-84.

梁鲁晋，2003. 新闻英语中的连贯[J]. 外语教学（5）：72-76.

梁兴莉，罗凤文，2002. 隐喻推理机制及其认知功能[J]. 东北大学学报（社会科学版）（3）：214-216.

廖美珍，2007. 隐喻语篇组织功能研究：标题与正文之间的组织关系[J]. 外语教学与研究（3）：177-183，240.

廖秋忠，1988. 篇章中的论证结构[J]. 语言教学与研究（1）：86-101.

林纲，2008. 网络新闻语言的隐性功能分析[J]. 传媒观察（7）：46-47.

林纲，2009. 网络新闻语言中的预设解读[J]. 传媒观察（10）：42-43.

林纲，2011. 网络新闻语言的主观性与新闻事实构建[J]. 新闻爱好者（1）：62-64.

林纲，2012. 略论网络新闻语篇的衔接手段[J]. 湖南社会科学（4）：232-234.

林纲，2013. 新闻来源与网络新闻话语的主观性[J]. 编辑之友（3）：58-60.

刘晨，2013. 及物性理论视角下的新闻语篇分析[J]. 科技信息（21）：22.

刘丹青，2001. 语法化中的更新、强化与叠加[J]. 语言研究（2）：71-81.

刘丹青，2002. 汉语中的框式介词[J]. 当代语言学（4）：241-253，316.

刘丹青，2011. "有"字领有句的语义倾向和信息结构[J]. 中国语文（2）：99-109，191.

刘丹青，1986. 苏州方言重叠式研究[J]. 语言研究（1）：7-28.

刘丹青，徐烈炯，1998. 焦点与背景、话题及汉语"连"字句[J]. 中国语文（4）：3-5.

刘金龙，戴莹，2012. 英语新闻标题中的仿拟辞格及其翻译研究[J]. 上海翻译（4）：31-35.

刘丽华，2005. 用关联理论解析零形回指[J]. 日语学习与研究（3）：1-5.

刘丽艳，2005. 口语交际中的话语标记[D]. 杭州：浙江大学.

刘丽艳，2006. 话语标记"你知道"[J]. 中国语文（5）：423-432，479-480.

刘连芳，肖文辉，2009. 新闻英语中的词汇衔接手段分析[J]. 邵阳学院学报（社会科学版）（3）：82-85.

刘宁生，1995. 汉语偏正结构的认知基础及其在语序类型学上的意义[J]. 中国语文（2）：81-89.

刘培玉，2001. "把"字句研究评述[J]. 河南师范大学学报（哲学社会科学版）（4）：85-88.

刘文霞，2009. 汉语零形回指研究综述[J]. 青海师范大学学报（哲学社会科学版）（6）：100-105.

刘云，2002a. 汉语篇名的篇章化研究[D]. 武汉：华中师范大学.

刘云，2002b. 篇名中的冒号[J]. 江汉大学学报（人文科学版）（6）：58-61.

刘云，2002c. 篇名中的隐含[J]. 华中科技大学学报（人文社会科学版）（5）：113-116.

刘云，2003a. 汉语的七音节篇名[J]. 语言文字应用（2）：122-127.

刘云，2003b. 篇名的称名性说略[J]. 云南师范大学学报（3）：73-76.

刘云，2003c. 篇名的话题性说略[J]. 暨南大学华文学院学报（2）：69-76.

刘云，2003d. 篇名的篇章化[J]. 语言研究（3）：29-32.

刘云，李菡，2006. 标题中的语词标记面面观[J]. 江汉大学学报（人文科学版）（1）：83-87.

刘志影，2020. 社会新闻类微信订阅号语篇衔接研究[D]. 长春：吉林大学.

柳淑芬，2013. 中美新闻评论语篇中的元话语比较研究[J]. 当代修辞学（2）：83-89.

娄开阳，2007. 连续新闻报道和系列新闻报道的语篇联结方式[J]. 修辞学习（3）：36-39.

娄开阳，2008a. 连续统：从新闻语篇的叙述结构到论证结构[J]. 学术交流（7）：184-187.

娄开阳，2008b. 试论新闻要素之间的形式关系[J]. 修辞学习（3）：45-50.

娄开阳，2010. 从篇章结构看新闻主线与副线之间的连续统关系[J]. 现代传播（中国传媒大学学报）（3）：149-150.

娄开阳，徐赳赳，2010. 新闻语体中连续报道的互文分析[J]. 当代修辞学（3）：25-31.

卢卫中，路云，2006. 语篇衔接与连贯的认知机制[J]. 外语教学（1）：13-18.

陆俭明，2004. "句式语法"理论与汉语研究[J]. 中国语文（5）：412-416，479.

陆俭明，2009. 构式与意象图示[J]. 北京大学学报（哲学社会科学版）（3）：103-107.

罗仁地，潘露莉，2002. 信息传达的性质与语言的本质和语言的发展[J]. 中国语文（3）：203-209，286.

罗耀华，刘云，2008. 揣测类语气副词主观性与主观化[J]. 语言研究（3）：44-49.

吕晶晶，2011. 转述事件框架与转述的多维研究[J]. 外语研究（2）：20-26.

吕叔湘，1979. 汉语语法分析问题[M]. 北京：商务印书馆.

吕叔湘，1980. 现代汉语八百词[M]. 北京：商务印书馆.

吕叔湘，1982. 中国文法要略[M]. 北京：商务印书馆.

吕万英，2005. 英文新闻标题批评性分析[J]. 广东外语外贸大学学报（3）：49-52.

吕文华，1985. "由"字句：兼及"被"字句[J]. 语言教学与研究（2）：17-28.

马立春，王莹莹，2006. "将"字句和"把"字句消长考因[J]. 河南机电高等专科学校学报（2）：74-75.

马平平，2011. 预设在新闻语篇中的语篇功能[J]. 扬州大学学报（人文社会科学版）（1）：117-122.

马清华，2005. 并列结构的自组织研究[M]. 上海：复旦大学出版社.

马庆株，1995. 多重定名结构中形容词的类别和次序[J]. 中国语文（5）：357-366.

马小玲，2005. 从报纸新闻标题的语言特征看空间因素对语法的制约[D]. 上海：华东师范大学.

苗兴伟，1999. 言语行为理论与语篇分析[J]. 外语学刊（1）：3-5.

苗兴伟，2004. 人际意义与语篇的建构[J]. 山东外语教学（1）：5-11.

莫建萍，2013. 英语新闻标题的语用特征及汉译研究[J]. 前沿（6）：133-134.

聂仁发，杜纯梓，2002. 新闻语篇的语境分析[J]. 湖南师范大学社会科学学报（1）：104-110.

彭兵转，2011. 从情态角度看语言意义的主观性[J]. 外语学刊（3）：76-80.

彭朝丞，1995. 新闻标题的辞格艺术：警策[J]. 新闻与写作（9）：33-34.

彭朝丞，2010. 对新闻标题语法结构的品评（一）[J]. 新闻与写作（6）：88-90.

彭宣维，2000. 英汉语在语篇组织上的差异[J]. 外语教学与研究（5）：329-334.

钱建成，2011. 英语新闻报道的语篇结构和文体特征[J]. 新闻爱好者（8）：102-103.

裘燕萍，洪岗，2012. 新闻语篇中部分引用评价功能的实现[J]. 外语研究（5）：24-28.

冉永平，2000. 话语标记语的语用学研究综述[J]. 外语研究（4）：8-14.

任芳，2002. 新闻语篇句式模型的批评性分析[J]. 解放军外国语学院学报（5）：19-23.

任凤梅，2012. 互文视域下的英汉新闻语篇分析[J]. 新闻爱好者（12）：104-105.

任绍曾，2006. 概念隐喻和语篇连贯[J]. 外语教学与研究（2）：91-100，160.

任鹰，2001. 主宾可换位动结式述语结构分析[J]. 中国语文（4）：320-328，384.

商务印书馆辞书研究中心，2000. 应用汉语词典[Z]. 北京：商务印书馆.

尚智慧，2011. 新闻语篇的对话性及其对意识形态的构建[J]. 外语与外语教学（4）：43-47.

邵敬敏，1994. 现代汉语选择问研究[J]. 语言教学与研究（2）：49-67.

邵敬敏，1996. 现代汉语疑问句研究[M]. 上海：华东师范大学出版社.

邵敬敏，2008. "连 A 也/都 B"框式结构及其框式化特点[J]. 语言科学（4）：352-358.

邵敬敏，2011. 汉语框式结构说略[J]. 中国语文（3）：218-227，287.

邵军航，2006. 概念隐喻类型述评[J]. 南通大学学报（社会科学版）（1）：83-88.

申佳琪，2020. 习近平系列讲话的语篇衔接研究[D]. 喀什：喀什大学.

沈继荣，2010. 新闻语篇中语法隐喻的工作机制及功能[J]. 当代修辞学（2）：85-91.

沈家煊，1999. 转指和转喻[J]. 当代语言学（1）：3-5.

沈家煊，2001. 语言的"主观性"和"主观化"[J]. 外语教学与研究（4）：268-275，320.

沈家煊，2002. 如何处置"处置式"？：论把字句的主观性[J]. 中国语文（5）：387-399，478.

沈家煊，2009. "计量得失"和"计较得失"：再论"王冕死了父亲"的句式意义和生成方式[J]. 语言教学与研究（5）：15-22.

石毓智，1996. 试论汉语的句法重叠[J]. 语言研究（2）：1-12.

宋玉柱，1981. 关于"把"字句的两个问题[J]. 语文研究（2）：39-43.

苏丹洁，陆俭明，2010. "构式—语块"句法分析法和教学法[J]. 世界汉语教学（4）：551-567.

孙淑芳，王钢，2012. 21 世纪言语行为理论研究：回眸与展望[J]. 中国俄语教学（4）：12-15.

太清艳，2014. 新闻语篇研究[D]. 长春：吉林大学.

谭卫国，2004. 英语新闻的用词特点初探[J]. 外语与外语教学（2）：11-14.

谭文辉，2012. 新闻评论语篇中的隐性衔接研究[J]. 中国报业（10）：70-71.

滕翀，2007. 从态度系统理论看英语新闻的主观性[J]. 黑龙江教育学院学报（11）：113-115.

童富智，2019. 论中央文献数词略语的日译策略：基于对《2017年政府工作报告》的考察[J]. 哈尔滨学院学报（10）：126-130.

汪小艳，2008. 汉语经济新闻语篇研究[D]. 南京：南京师范大学.

王超，2007. 语篇的人际意义研究及其教学启示[J]. 辽宁工学院学报（社会科学版）（2）：129-130.

王德亮，2010. 语篇回指的认知图式分析[J]. 河北大学学报（哲学社会科学版）（1）：87-90.

王福祥，1989. 汉语话语语言学初探[M]. 北京：商务印书馆.

王国凤，庞继贤，2013. 语篇的社会认知研究框架：以新闻语篇的言据性分析为例[J]. 外语与外语教学（1）：41-45.

王红旗，2003. "把"字句的意义究竟是什么[J]. 语文研究（2）：35-46.

王金玲，2009. 俄语政治新闻语篇的批评分析[J]. 外语学刊（3）：90-93.

王力，2011. 中国现代语法[M]. 北京：商务印书馆.

王丽，2010. 英语新闻语篇及词汇特点分析[J]. 新闻爱好者（16）：110-111.

王莉娟，2013. 系统功能语言学在新闻语篇分析和阅读中的应用[J]. 语文建设（3）：65-66.

王倩，2013. "人民时评"专栏的语篇研究[D]. 长春：吉林大学.

王瑞昀，2005. 英汉网络新闻标题中缩略词使用对比研究[J]. 语言文字应用（1）：102-108.

王怿旦，张雪梅，2012. 从合作原则看新闻语篇中的模糊限制语[J]. 中国报业（2）：124-125.

王寅，2007. 认知语言学[M]. 上海：上海外语教育出版社.

温锁林，2012. "有＋数量结构"中"有"的自然焦点凸显功能[J]. 中国语文（1）：29-37，95-96.

文炼，胡附，1955. 谈宾语[J]. 语文学习（12）：31-33.

翁玉莲，2011. 新闻评论标题的语体标记性研究[J]. 新闻界（3）：83-85.

翁玉莲，2012. 新闻评论话语动词选择中的功能差异[J]. 西北大学学报（哲学社会科学版）（6）：144-149.

吴安萍，李发根，2009. 语篇主题与词汇语法评价模式间的认知研究[J]. 江西社会科学（9）：247-249.

吴剑锋，2009. 言语行为动词的句类标记功能[J]. 语言科学（4）：387-395.

夏齐富，1998. 关于"把"字句的几点思考：兼与郭德润等先生商榷[J]. 安庆师院社会科学学报（3）：3-5.

夏征农，陈至立，2009. 辞海：第六版彩图本[Z]. 上海：上海辞书出版社.

晓红，1997. 新闻标题的语法结构和语用价值[J]. 新闻与写作（9）：34-35.

辛斌，1998. 新闻语篇转述引语的批评性分析[J]. 外语教学与研究（2）：3-5.

辛斌，2000. 批评语言学与英语新闻语篇的批评性分析[J]. 外语教学（4）：44-48.

辛斌，2006.《中国日报》和《纽约时报》中转述方式和消息来源的比较分析[J]. 外语与外语教学（3）：1-4.

辛斌，2008. 语篇研究中的互文性分析[J]. 外语与外语教学（1）：6-10.

辛斌，2012. 批评话语分析中的认知话语分析[J]. 外语与外语教学（4）：1-5.

邢福义，1999. 汉语法特点面面观[M]. 北京：北京语言文化大学出版社.

邢欣，1992. 试析兼语式动词"使"的特点[J]. 新疆师范大学学报（哲学社会科学版）（4）：81-85.

邢欣，2007. 视角转换与语篇衔接语[J]. 修辞学习（1）：5-11.

邢欣，白水振，2008. 语篇衔接语的关联功能及语法化：以部分感观动词语法化构成的衔接语为例[J]. 汉语学习（3）：15-21.

熊学亮，1992. 语篇程式、知识结子及话语分析[J]. 外国语（3）：40-44.

熊学亮，1996. 语用学和认知语境[J]. 外语学刊（黑龙江大学学报）（3）：1-7.

熊学亮，梁晓波，2004. 论典型致使结构的英汉表达异同[J]. 外语教学与研究（2）：90-96.

熊仲儒，2007. 汉语式话题句的结构分析[J]. 安徽师范大学学报（人文社会科学版）（2）：202-207.

熊仲儒，2007. "是……的"的构件分析[J]. 中国语文（4）：321-330，383.

徐赳赳，2010. 现代汉语篇章语言学[M]. 北京：商务印书馆.

徐烈炯，2006. 语义焦点[J]. 东方语言学（0）：1-9.

徐阳春，2003. 关于虚词"的"及其相关问题研究[D]. 上海：复旦大学.

许丽芹，杜娟，2009. 批评语篇分析视角下的新闻解读[J]. 外语教学（4）：58-61.

许余龙，2002. 语篇回指的认知语言学探索[J]. 外国语（上海外国语大学学报）（1）：28-37.

薛凤生，1987. 试论"把"字句的语义特性[J]. 语言教学与研究（1）：4-22.

晏菲，2018.《习近平谈治国理政》语篇研究[D]. 武汉：华中科技大学.

杨才英，2005. 论语篇人际意义的连贯[J]. 中国海洋大学学报（社科版）（2）：69-74.

杨才英，2006. 论英语语篇中的人际意义衔接[J]. 西安外国语学院学报（3）：1-5.

杨才英，2006. 语气隐喻言语功能扩展的机制[J]. 外语研究（3）：1-5，15，80.

杨才英，叶瑞娟，2016. "必须"的语义特征及其主观化：兼与"must"

比较[J]. 外语学刊（2）：60-66.

杨婕，2008. 新闻标题中流行语的模因论研究[J]. 外语学刊（1）：79-82.

杨娟，段业辉，2006. 新闻语言中的焦点标记词"是"与主观性[J]. 修辞学习（6）：37-38.

杨萌萌，2014. 虚词"和"的句法 [D]. 北京：中国社会科学院研究生院.

杨萌萌，胡建华，2017. 何以并列？：跨语言视角下的汉语并列难题[J]. 外语教学与研究（5）：719-731，800.

杨萌萌，胡建华，2018."和"的句法[J]. 语言教学与研究（3）：58-70.

杨石泉，1986. 趋向补语及其引申义：说补语（二）[J]. 逻辑与语言学习（1）：36-38.

杨素英，1998. 从情状类型看"把"字句（上）[J]. 汉语学习（2）：3-5.

叶向阳，2004."把"字句的致使性解释[J]. 世界汉语教学（2）：25-39，2-3.

殷志平，1995."X 比 Y 还 W"的两种功能[J]. 中国语文（2）：105-106.

殷志平，1999. 构造缩略语的方法和原则[J]. 语言教学与研究（2）：3-5.

殷志平，2002. 数字式缩略语的特点[J]. 汉语学习（2）：26-30.

尹世超，1991. 标题说略[J]. 语文建设（4）：6-8.

尹世超，1992a. 标题中标点符号的用法[J]. 语文研究（3）：21-29.

尹世超，1992b. 说几种黏着结构做标题[J]. 语言文字应用（3）：93-100.

尹世超，1995. 报道性标题与称名性标题[J]. 语言教学与研究（2）：53-57.

尹世超，1999. 现代汉语标题语言句法研究的价值与方法[C]//陈太章，戴昭铭，佟乐泉，等. 世纪之交的中国应用语言学研究. 北京：华语教学出版社.

尹世超，2001. 标题语法[M]. 北京：商务印书馆.

尹世超，2005a. 标题用词与格式的动态考察[J]. 语言文字应用（1）：95-101.

尹世超，2005b. 语体变异与语言规范及词典编纂：以标题语言为例[J]. 修辞学习（1）：5-11.

尹世超，2006. 标题中动词与宾语的特殊搭配[J]. 江汉大学学报（人文科学版）（1）：78-82.

尹世超，2008. 汉语标题的被动表述[J]. 语言科学（3）：291-299.

游汝杰，2002. 现代汉语兼语句的语法和语义特征[J]. 汉语学习（6）：1-6.

于淼，2013. 数字略语的语用功能与翻译策略[J]. 长春师范学院学报，（5）：63-64.

俞燕，仇立颖，2009. 框填式流行语何以如此流行？[J]. 修辞学习（6）：71-80.

袁雪梅，2010. 转折连词"然"和"然而"的形成[J]. 四川师范大学学报（社会科学版）（5）：52-56.

岳好平，汪虹，2009. 基于空间合成理论的情感隐喻分类及认知解读[J]. 外语与外语教学（8）：15-18.

詹全旺，2012. 新闻词汇语用过程的关联论阐释[J]. 安徽大学学报（哲学社会科学版）（2）：69-74.

詹卫东，1998. 关于"NP+的+VP"偏正结构[J]. 汉语学习（2）：3-5.

张伯江，1999. 现代汉语的双及物结构式[J]. 中国语文（3）：3-5.

张伯江，方梅，1994. 汉语口语的主位结构[J]. 北京大学学报（哲学社会科学版）（2）：66-75，57.

张赪，1998. 汉语处所介词词组和工具介词词组的词序变化[D]. 北京：北京大学.

张德禄，2001. 论衔接[J]. 外国语（上海外国语大学学报）（2）：23-28.

张德禄，2000. 论语篇连贯[J]. 外语教学与研究（2）：103-109.

张德禄，2002. 衔接与文体：指称与词汇衔接的文体特征[J]. 外语与外语教学（10）：1-7.

张德禄，2005. 语篇衔接中的形式与意义[J]. 外国语（上海外国语大学学报）（5）：32-38.

张德禄，2006. 语篇连贯的宏观原则研究[J]. 外语与外语教学（10）：7-10，13.

张德禄，刘汝山，2003. 语篇连贯与衔接理论的发展及应用[M]. 上海：上海外语教育出版社.

张德禄，张爱杰，2006. 情景语境与语篇的衔接与连贯[J]. 中国海洋大学学报（社会科学版）（1）：44-47.

张红，2009. 英语报纸与广播新闻语篇衔接的对比研究[J]. 新疆大学学报（哲学人文社会科学版）（4）：143-146.

张积家，陆爱桃，2007. 汉语心理动词的组织和分类研究[J]. 华南师范大学学报（社会科学版）（1）：117-123，160.

张济卿，2000. 有关"把"字句的若干验证与探索[J]. 语文研究（1）：28-37.

张娟，2013. 国内汉语构式语法研究十年[J]. 汉语学习（2）：65-77.

张蕾，苗兴伟，2012. 英汉新闻语篇隐喻表征的比较研究：以奥运经济隐喻表征为例[J]. 外语与外语教学（4）：20-24.

张敏，1998. 认知语言学与汉语名词短语[M]. 北京：中国社会科学出版社.

张明尧，2013. 基于事件链的语篇连贯研究[D]. 武汉：武汉大学.

张韧，2007. 认知语法视野下的构式研究[J]. 外语研究（3）：35-40.

张荣，2010. 人民日报与人民网新闻标题语法比较研究[D]. 保定：河北大学.

张秀伟，2009. 修辞结构理论在能源新闻语篇中的应用[J]. 山东外语教学（1）：107-112.

张亚军，1996. 与"NP 的 V"有关的歧义问题[J]. 汉语学习（1）：28-31.

张谊生，2009. "一"和"该"在当代新闻语篇中的指称功用与照应方式：兼论"该"与"本"在语篇中的指称纠葛[J]. 上海师范大学（哲学社会科学版）（2）：81-90.

张莹. 2010. 并列连词来源探析[J]. 宁夏大学学报（人文社会科学版）（2）：34-40.

张志公，1953. 汉语语法常识[M]. 北京：中国青年出版社.

赵芳，2012. 英汉经济新闻语篇的衔接手段对比分析[J]. 太原理工大学学报（社会科学版）（5）：66-68，73.

赵刚健，2000. 新闻标题机智语言的机制[J]. 修辞学习（Z1）：41-42.

赵国，2007.“×族”的语言学分析[J]. 云南师范大学学报（对外汉语教学与研究版）（6）：86-89.

赵俊海，李世强，2011. 新闻语篇中流行语“××门”的模因论阐释[J]. 云南民族大学学报（哲学社会科学版）（6）：153-156.

赵清永，孙刚，2005. 汉语焦点理论及其在对外汉语教学上的应用[J]. 语言文字应用（S1）：48-50.

赵霞，尹娟，2010. 中英经济语篇中概念隐喻映射模式的比较分析[J]. 内蒙古大学学报（哲学社会科学版）（6）：143-148.

郑融，2019. 汉英翻译中的语篇衔接：《中国文化要义》（第 7 章）翻译实践报告[D]. 广州：广东外语外贸大学.

郑元会，2008. 语气系统和人际意义的跨文化建构[J]. 外语学刊（4）：80-84.

中国社会科学院语言研究所词典编辑室，2002. 现代汉语词典（汉英双语）[Z]. 北京：外语教学与研究出版社.

中国社会科学院语言研究所词典编辑室，2017. 现代汉语词典（第 7 版）[Z]. 北京：商务印书馆.

周锦国，2006. 鲁迅《野草》中转折连词“然而”的修辞功能[J]. 湖州师范学院学报（5）：9-11.

周静，2008. 新闻标题与隐喻：以危机传播新闻语篇为例[J]. 武汉理工大学学报（社会科学版）（5）：777-780.

周明强，付伊，2004. 新闻标题的语言特点[J]. 修辞学习（5）：47-48.

朱德熙，1982. 语法讲义[M]. 北京：商务印书馆.

朱德熙，1985. 语法答问[M]. 北京：商务印书馆.

朱冠明，2005. 情态与汉语情态动词[J]. 山东外语教学（2）：17-21.

朱惠华，2011.“××体”现象的模因论分析[J]. 煤炭高等教育（6）：106-109.

朱景松，2003. 形容词重叠式的语法意义[J]. 语文研究（3）：9-17.

朱敏，2012. "然而"的语法化研究[J]. 北方文学（下半月）（4）：112.

朱庆祥，方梅，2011. 现代汉语"化"缀的演变及其结构来源[J]. 河南师范大学学报（哲学社会科学版）（2）：152-155

朱永生，1996. 试论语篇连贯的内部条件（上）[J]. 现代外语（4）：17-19，45.

朱永生，1997. 试论语篇连贯的内部条件（下）[J]. 现代外语（1）：11-14.

朱永生，2005. 框架理论对语境动态研究的启示[J]. 外语与外语教学（2）：1-4.

朱永生，2014. 汉语词汇化中的词汇语法互补性[J]. 中国外语（2）：39-45.

朱永生，郑立信，苗兴伟，2001. 英汉语篇衔接手段对比研究[M]. 上海：上海外语教育出版社.

朱昱，2004. 英汉新闻语篇衔接手段对比分析[J]. 首都师范大学学报（社会科学版）（S2）：147-150.

祝畹瑾，1992. 社会语言学概论[M]. 长沙：湖南教育出版社.

邹艳菁，2014. 新闻语篇理解研究方法探讨[J]. 中国报业（12）：20-21.

BAKHTIN, 1986. Speech Genres and Other Late Essays[C]// C. Emerson and M Holquist (eds). Austin University of Texas Press.

CHAO-FEN, SUN, TALMY GIVÓN, 1985. On the So-called SOV word order in Mandarin Chinese: a quantified text study and its implications[J]. Language (61): 329-351.

CINQUE G, 1993. A null theory of Phrase and Compound Stress[J]. linguistic inquiry (2): 239-297.

DAVIS M, 1996. Empathy: A Social Psychological Approach[M]. Oxford: Westview Press.

DOWTY D, 1979. Word meaning and Montague grammar: The Semantics of Verbs and Times in Generative Semantics and Montague's PTQ[M]. Dordrecht: Reidel.

E OCHS, B SCHIEFFELIN, 1989. Language has a heart [J]. In E. Ochs (ed) The pragmatics of Affect, Special issue of Text (9): 7-25.

FAUEONNIER G, 1998. Mental Spaces, Language Modalities, and Conceptual Integration[M]. London: Lawrence Erlbaum Associates Publishers.

Feng-fu Tsao, 1987. A Topic-comment Approach to the BA Construction [J]. Journal of Chinese Linguistics (15): 1-54.

GOLDBERG A E, 1995. Constructions: A Construction Grammar Approach to Argument Structure [M]. London: The University of Chicago Press.

GOLDBERG A E, 2003, Constructions: A new theoretical approach to language[J]. 外国语 (上海外国语大学学报) (3): 1-11.

GOLDBERG A E, 2004. JACKENDOFF R.The English Resultative as a Family of Constructions[J]. Language: 532-568.

GOLDBERG A E, 2005. English Constructions[D]. Ms.:Princeton University.

GOLDBERG A E, 2006. Constructions at work[M].Oxford: Oxford University Press.

GOLDBERG A E, 2009. The nature of generalization in language[J]. Cognitive Linguistics (includes Cognitive Linguistic Bibliography), 20 (1): 93-127.

HALLIDAY, HASAN R, 1976. Cohesion in English[M]. London: Longman.

HARRIS, ZELLIG S, 1952. Discourse Analysis[J]. Language 28 (1): 1-30.

IAROVICI E, AMEL R, 1989. The strategy of the Headline[J]. semiotics (4): 441-459.

J L AUSTIN, 1962. How to do things with words[M]. Boston: Harvard University Press.

JOAN BYBEE, REVERE PERKINS, WILLIAM PAGLIUCA, 1994. The

Evolution of Grammer[M]. Chicago and London: The University of Chicago Press.

KUNO, SUSUMU, 1987. Empathy and Syntax[M]. Cambridge: Cambridge University Press.

LAKOFF G, 1987. Women, fire and dangerous things: What categories reveal about the mind[M]. Chicago: The University of Chicago Press.

LAKOFF, G JOHNSON, 1980. Metaphors we live by[M]. Chicago: The University of Chicago Press.

LAKOFF, GEORGE, MARK TURNER, 1989. More than Cool Reason: A Field guide to poetic metaphor[M]. Chicago: University of Chicago Press.

LYONS J, 1977. Semantics [M]. 2 vols. Cambridge: Cambridge University Press.

PALMER F R, 1986. Mood and Modality[M]. Cambridge: Cambridge University Press.

PALMER F R, 1990. Mood and the English Modals[M]. 2nded. London: Longman.

SEARLE J R, 1969. Speech Acts [M]. Cambridge: Cambridge University Press.

SHIBATANI M, 1991. Grammaticalization of topic into subject[A]// In E C TRAUGOTT, B H, eds. Approaches to Grammaticalization[c]. Amsterdam: Benjamins.

SPERBER, WILSON, 1986. Relevance: communication and cognition [M]. Oxford: Basil Blackwell.

SUN CHAOFEN, GIVÓN, 1985. On the So Called SOV Word Order in Mandarin Chinese: A Quantified Text Study and Its Implication[J]. Language (61): 329.

VAN DIJK, 1988. News Analysis[M]. London: Lawrence Erlbaum Associates Publishers.

VENDLER Z, 1967. Linguistics and Philosophy[M]. Ithaca: Cornell University Press.